古镇丽阳

GUZHEN
LIYANG

中共景德镇市昌江区委党史地志办公室 组编

江西高校出版社
JIANGXI UNIVERSITIES AND COLLEGES PRESS

图书在版编目(CIP)数据

古镇丽阳/中共景德镇市昌江区委党史地志办公室
组编.--南昌:江西高校出版社,2023.8
ISBN 978-7-5762-4004-7

Ⅰ.①古⋯　Ⅱ.①中⋯　Ⅲ.①乡镇—文化史—
景德镇　Ⅳ.①K295.65

中国国家版本馆 CIP 数据核字(2023)第 132140 号

出 版 发 行	江西高校出版社
社　　　址	江西省南昌市洪都北大道 96 号
总编室电话	(0791)88504319
销 售 电 话	(0791)88522516
网　　　址	www.juacp.com
印　　　刷	浙江海虹彩色印务有限公司
经　　　销	全国新华书店
开　　　本	700mm×1000mm　1/16
印　　　张	16.5
插　　　页	28 面
字　　　数	226 千字
版　　　次	2023 年 8 月第 1 版 2023 年 8 月第 1 次印刷
书　　　号	ISBN 978-7-5762-4004-7
定　　　价	298.00 元

赣版权登字 -07-2023-485

北宋状元彭汝砺塑像

宋故仕郎梧州司户曹兼司录刑曹事张公墓志铭
朝议大夫显谟阁待制致仕长安县开国伯食邑七百户赐紫金鱼袋彭汝霖撰
姪婿朝散郎试守太常少卿史翊书篆

北宋侍御史彭汝霖撰《张公墓志铭》拓片

黑韃事畧

黑韃之國即北號大蒙古沙漠之地有蒙古山韃語

謂銀曰蒙古女真名其國曰大金故韃名其國曰銀

其主初僣皇帝號者小名曰忒沒真僣號曰成吉思

皇帝今者小名曰兀窟觖其耦僣號者八入

其子曰濶端曰濶除曰河西觖立為偽太子讀漢曰文書甘師馬祿事曰

合剌直

其相四人曰按只觖謀而能黑韃人宵曰移剌楚才字晉卿入

書侍郎曰粘合重山緫將軍或共理漢事曰鎮海回回

入專理回回國事

霆至草地時按只觖已不為矣粘合重山隨屈术

偽太子南侵次年屈术死按只觖代之粘合重山

復為之助移剌及鎮海自號為中書相公緫理國

南宋重庆知府彭大雅撰《黑韃事略》明代刻本书影

昭德先生讀書志四卷蓋兩得南
陽井氏藏書也井氏始收之蜀道聚
于盧山之陽皺乃歸先生徒而置之
獨存宜春古趙希弁公族之秀博學
好古藏書而富遂以屬之校正因即
其而藏書之目參焉已載者不復取
有者補其缺其間五出者蓋祥略

王藏之下書令不可得蓋見笑而志

北平故宮博物院圖
書館藏宗淳祐泰州
刊本上海涵芬樓印

景印四部善本
叢刊第一輯
昭德先生郡齋讀書志
第八册

王雲五主持

臺灣商務印書館發行

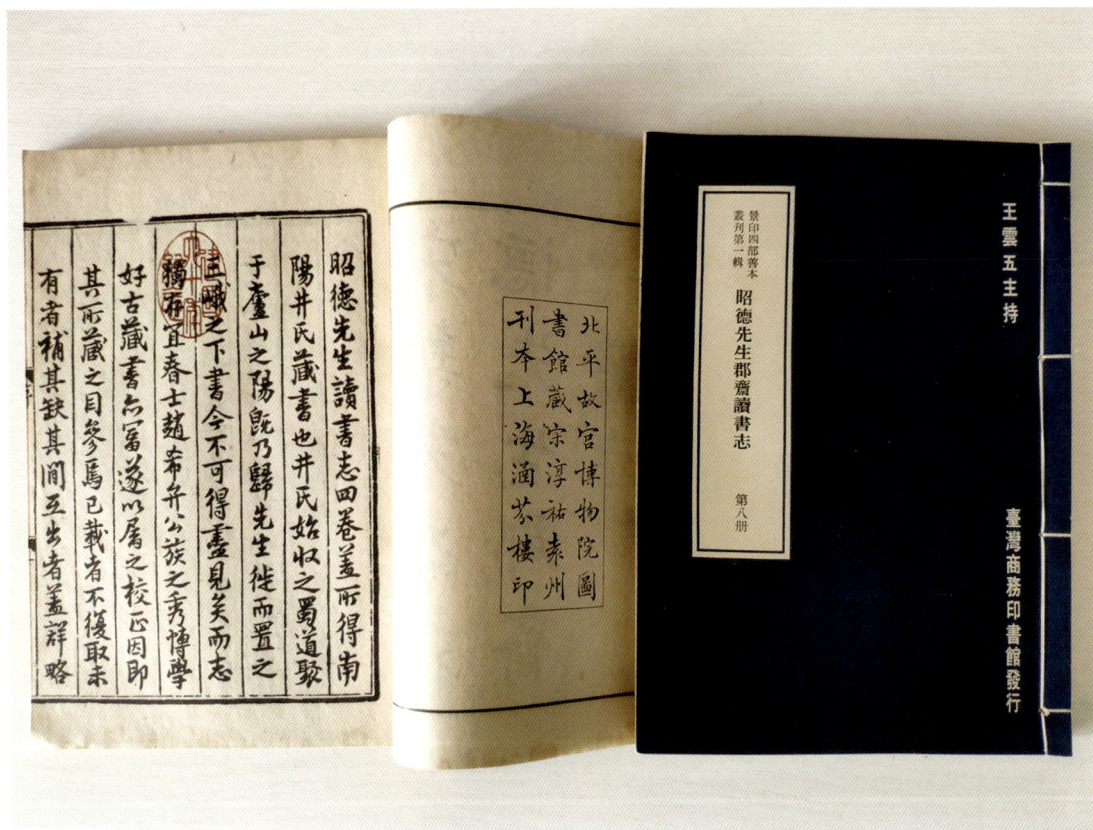

南宋大理寺少卿黎安朝刊《郡斋读书志》书影

明代理学家史惺堂先生祠匾额

全国重点文物保护单位——丽阳窑址

丽阳元代龙窑遗址中未开窑的匣钵柱

丽阳窑址出土文物——仿龙泉釉瓷靶杯（明代）

丽阳窑址出土文物——青花瓷靶杯（明代）

丽阳窑址出土文物——青花瓷碗（明代）

丽阳窑址出土文物——紫金釉靶杯局部（明代）

丽阳古戏台

山田永济桥（明代始建）

丽阳种德桥（1936 年建）

G35 济广高速景(德镇)鹰(潭)段景德镇南收费站

山田水库（月亮湖）风光

亮 湖

山田老屋下风光

鱼丽工业园和丽阳镇乡村俯瞰

景德镇南交通枢纽和枫林村俯瞰

景德镇农产品批发市场

昌江区鱼丽电子信息产业园暨美科项目开工仪式

张五常收藏艺术陈列馆

昌江区"文艺进基层"戏剧演出

昌江丽阳段风光

昌江港南段风光

编纂委员会

前　　言

漫步昌江多彩大地，感受浓郁乡村文化。丽阳之古色，荷塘之红色，鲇鱼山之绿色，常为人们所称道。

古镇丽阳人文璀璨，是昌江区古色文化的重要组成部分。

这里是兵家必争之地。秦汉之际，名将英布在此修筑土城；三国时期，此处发生了"山民暴动"；宋元至明清，该地为各方军事力量所重视。宋代始设镇，明初修筑城防，更加凸显其军事战略地位。清末，太平军盘踞江西 10 年之久，利阳镇成为太平军与清军必争之地。革命年代，方志敏在这里开展革命活动，成立中共浮（梁）鄱（阳）边区支部，组织发动"山田暴动"，并建立丽阳乡和武宁乡苏维埃政权。

这里是水土宜陶之域。相传有古窑 18 座，已发掘蛇山五代窑址、碓臼山元代龙窑窑址和瓷器山明代葫芦窑窑址各 1 座。2013 年，丽阳窑址入选"第七批全国重点文物保护单位"。

这里是人文荟萃之乡。北宋状元彭汝砺，南宋重庆知府彭大雅、大理寺少卿黎安朝、诗人黎廷瑞，明代著名理学家余祐、史桂芳等历史名人交相辉映。《黑鞑事略》《郡斋读书志》《鄱阳五家集》《史惺堂先生遗稿》等多部典籍载入《四库全书》或存目，承载了璀璨、厚重的历史文化信息，为黄宗羲、王国维、胡思敬、张元济等著名学者所重视。

这里是商品集散之埠。丽阳沿昌江设镇,自古水运发达,物阜民丰,是赣东北重要的商品集散地,是远通皖浙、近达鄱(阳)乐(平)的水陆通衢。古丽阳柴棚码头、古田渡口帆樯往来,商贸繁忙。

2014年,丽阳镇获评"江西十大文化古镇"称号。时至今日,丽阳镇仍较好地保存有古窑、古城、古民居、古宗祠、古桥、古寺、古书院、古戏台、古渡口等历史遗存,或卓然存世,或深埋地下,或载之典籍。丽阳古镇是昌江区古文化的美丽缩影和最佳代表。

在深入贯彻落实党中央关于可持续发展理念和文化自信自强的今天,历史文化已成为一种宝贵的稀缺发展资源,是一个地方繁荣昌盛的软实力。正基于此,我们有义务、有责任编纂出版本书,全面系统地将丽阳镇的历史文化及经济社会发展成果进行梳理,以飨读者。

目录

丽阳镇概况

景德镇市昌江区丽阳镇，古称"利阳镇"，始兴于两汉，昌盛于唐宋。宋代以来，丽阳镇成为远通皖浙、近达鄱（阳）乐（平）的水陆通衢，是古饶州名镇之一，是重要的陶瓷产地和商品集散地。2013 年 5 月，丽阳古窑入选"第七批全国重点文物保护单位"。2014 年 12 月，丽阳镇荣获"江西十大文化古镇"称号。今日丽阳镇，更是借助天时、地利、人和之优势，成为景德镇市城市西扩、产业西迁的重要承接平台，千年古镇正蓄势待发。

地理位置

丽阳镇位于昌江区西南部，处于景德镇市区与乐平市的连接地带，东南临昌江区鲇鱼山镇，北与景德镇市浮梁县洪源镇、上饶市鄱阳县金盘岭镇接壤。景德镇市的母亲河——昌江，自港南村流入丽阳镇，经余家村、丽阳村、洪家村、古田村出境，经鄱阳县凰岗镇入鄱阳湖后，通江达海。镇域高速公路、国道路网交会，G35 济广高速（景德镇至鹰潭段）东南斜穿镇域并建有景德镇服务区（原月亮湖服务区）和景德镇南收费站，杭（州）（南）昌高铁（景德镇至南昌段）在镇域东侧周边掠过，206 国道位于镇东侧。

人口面积

2000 年，全镇共辖 13 个行政村、65 个村民小组、70 个自然村，共有 3505 户、15 360 人，其中农业人口 14 706 人。2020 年，全镇共辖 10 个行政村、70 个自然村，共有 4526 户、2.05 万人。

2000 年，镇域总面积 73.9 平方千米。2014 年，镇域总面积 113 708.4 亩，其中耕地面积 32 690.26 亩、林地面积 60 054.39 亩、居民点及工矿用地面积 4 842.11亩、交通用地面积 2 396.22 亩、水域面积 9 175.59 亩。2020 年，镇域总面积约 113 平方千米,其中耕地面积 1.818 万亩、林地面积 63 900 亩、公益林面积 12 645 亩,森林覆盖率 43.8%。

名称由来

丽阳镇今名,始于 2014 年 1 月 6 日丽阳乡撤乡设镇,此前称"丽阳乡"。民国时期,此处一度称鄱阳县第五区"义阳乡"。中华人民共和国成立后,辖地一度变更,为荷塘垦殖场、鲇鱼山乡(公社)所辖,至 1987 年设立丽阳乡。"丽阳"之名,过去称"利阳"居多,如《明史》《续资治通鉴》《鄱阳县志》《彭氏宗谱》《黎氏宗谱》等。另有宋黎泰墓志铭称"丽阳";道光版《鄱阳县志》卷二十九《茔墓》之余祐、史桂芳墓称"溧阳镇";同治版《饶州府志》卷二十三《人物志》之六介绍于光、李逢春时,称"黎阳镇"。"溧阳镇"之称,源于丽阳史氏为江苏溧阳市"溧阳侯"后裔。"黎阳镇"之称,源于丽阳镇黎氏为大宗族。此外,当地方言称丽阳镇为"亮镇","亮"音当为"利阳"或"丽阳"二字合音。

历史沿革

丽阳古镇历史悠久。春秋战国时期,地属楚国东南境;秦属九江郡番县。汉属豫章郡鄱阳县。唐代至清代末期为饶州鄱阳县所辖。清代辖地属鄱阳县里仁乡、和风乡、和南乡,清末及民国初属保和局、常新镇。民国二十七年(1938),成立和义乡、丽阳乡、鱼山乡,属鄱阳县第五区。民国三十年(1941),和义、丽阳合并为义阳乡。义阳乡辖 22 保、185 甲,乡公所驻地在丽阳镇。义阳乡对应保和局,旧里仁乡三十七、三十八、三十九都及和风乡四十三、四十四都。

中华人民共和国成立初改称"丽阳乡",辖地部分划鱼山乡。1951 年,属鄱阳县第六区丽阳乡、山田乡、丰田乡、芦源乡。1956 年,由 4 个乡合并为丽阳乡、山田乡。1958 年并入鱼山人民公社,1961 年由鱼山人民公社析出成立丽阳人民公社、山田人民公社。1964 年,丽阳人民公社与山田人民公社合并为丽阳人民公社,隶属波阳县(今鄱阳县)凰岗区。1968 年,丽阳人民公社从凰岗区划出并入荷塘人民公社(垦殖场),划为永忠、团结、飞跃 3 个大队。1972 年,荷塘人民公社与荷塘垦殖场分开,原丽阳、留阳、鱼山 3 个人民公社合并为"鱼山人民公社"。1974 年,原丽阳人民公社划分为丽阳、联村、山田、江联、枫林、丰田、古田、余家、芦源 9 个大队。1983 年 7 月,随波阳县鱼山人民公社划归景德镇市昌江区管辖。1984 年,鱼山人民公社改乡建制,始称鲇鱼山乡,大队改村民委员会。1987 年 4 月,丽阳村、山田村、江联村、枫林村、港南村、洪家村、古田村、联村村、芦源村、余家村、丰田村 11 个村民委员会从鲇鱼山乡划出成立丽阳乡。1990 年,从山田村、联村村析出陈家潦、平家棚、余家洼等 12 个自然村,增设勾田村、双溪村 2 个村委会。2005 年,古田村合并到丽阳村,勾田村合并到山田村,双溪村合并到联村村。2018 年 3 月,成立丽阳社区居民委员会。至 2020 年,全镇共辖丽阳村、丰田村、江联村、芦源村、山田村、联村村、枫林村、余家村、港南村、洪家村 10 个村委会(行政村)及 70 个村小组。

山川河流

丽阳镇地势北高南低,境内西北多山,最高点为杨树尖,海拔 170 米。共有 4710 亩杉林、湿地松、薪炭林和茅竹林,活立木(天然林)6612 立方米。主要山峰有毛公尖、李垄尖、倒笔尖、杨树尖、黄牛山、西山等。

昌江发源于安徽省祁门县境内,旧志载:"入鄱阳界者为鄱江,在浮梁者为昌江。"昌江从鲇鱼山镇良港村沙嘴头入镇境,流经港南村、石口村、丽阳村、洪家村、古田村,境内干流约 6 千米。境内山田垄、汪源垄两条溪流,自北向南至丽阳村寺山口交汇,流入昌江,河道在古田村出镇境,与鄱阳湖相连。

历代建置

丽阳古时建有城镇。相传,秦汉时期番君吴芮的女婿英布在此修建土城,称"英布城",后毁于战火。据清代史珥《利阳镇考》记载,三国时期,吴国在此置历陵县,后废于刘宋王朝,历陵县即"利阳镇"。正德版《饶州府志》卷一《建置沿革》记载:"三国吴孙权置鄱阳郡为治所。""历陵今九江德安,枭阳今南康都昌,葛阳今广信弋阳。"可见,史珥《利阳镇考》所称的"历陵即利阳镇",有待进一步考证。

丽阳村《黎氏宗谱》记载:"西汉文帝时,黎氏先祖景熙公驻守英布城。唐睿宗太极壬子年(712),曾在江西为官的湖广行省尚阳人黎柏高,举族迁于此,称'利阳'。"港南村《余氏宗谱》记载:"灏公任利阳镇巡宰,绍兴十年(1140)迁于此。"据丽阳村《黎氏宗谱》可知,利阳镇在南宋初便已设置。丽阳镇《彭氏宗谱》记载:"南宋彭大雅侄子彭义孙为利阳镇监镇往川省,至恩州遇李全作乱,起兵伐之。"宋代利阳镇当设置监镇职守。

道光版《鄱阳县志》卷之十四《武事》记载:"恭帝德祐元年(1275)二月壬戌,元兵徇饶州,谢枋得迎战不利,通判万道同以城降。知州事唐震、故相江万里死之。乙丑张世杰复饶州,邑人常福生寻以城降。时,元兵陷饶州,设利阳镇。秋,方登代之。"又记载,"(至正)二十一年(1361),明大帅王思义克鄱阳之利阳镇,擒贼首杨文友,戮之。遂会金院邓愈兵于三洞源,义取浮梁。"道光版《鄱阳县志》卷之十七《古迹》记载:"丽阳镇城,在郡城东北一百四十里。元季于光保障于此,因筑城以守,周五里许。及光移镇浮梁,徙石增筑浮梁县城。今垣堑尚存。"

民国二十五年(1936)乐平《钟氏宗谱》记载:"(元)有仲公任利阳镇巡检。"正德版《饶州府志》卷三《古迹》记载:"利阳镇巡检司,元废。"

综上可知,丽阳镇在宋元之际设镇,并设有监镇、巡检职官。

经济发展

2016年,丽阳镇大力发展生猪、蛇类、优质稻、甘蔗、蔬菜五大农业产业,建有万头以上生猪养殖场2个、千头以上生猪养殖场5个,蛇类养殖1.2万条;有千亩以上粮食优质稻种植大户1个、500亩以上4个、200亩以上10个。洪家村甘蔗种植面积达千亩以上,枫林村蔬菜种植面积400余亩,农产品科技含量得到逐步提升,初步形成具有城郊特色的现代农业。2017年,丽阳镇大力发展休闲农业、观光农业、体验农业等新业态,优化稻作品种,打造尚康休闲农业试点。全镇新增农民专业合作社(家庭农场)23家。至2021年,全镇共改造高标准农田2万亩,农业现代化水平不断提升,机收、机耕率达90%以上。洪家甘蔗、枫林蔬菜、芦源中药材等特色产业,种植面积不断扩大,品质优良。2021年,丽阳镇农副食品加工厂建成,精心推出"古镇丽阳"品牌。

2006年,昌江区沿206国道在丽阳镇与鲇鱼山镇接壤处,建立鱼(山)丽(阳)工业平台,现总面积已扩大至约1800亩,近40家企业入驻。2016年,丽阳镇大力打造电子、机械制造、木材加工等产业集群,帮助 5 家企业成功申报规模以上企业。总部经济得到大力发展,先后引进上海谷德物流、井冈山北汽恒远基金、顺通基金、远博达物流等 7 家总部经济,位居全区第一。2020 年,规模以上企业工业产值达 13.03 亿元,引进赣州银行、景德镇博德新材料科技有限公司、景德镇瓷千谷文化艺术有限公司、景德镇市宏佳家政有限公司丽阳分公司、广东中天阳光建设有限公司丽阳分公司、景德镇市斯路升建工科技有限公司 5 家企业,新增深圳安鹏股权投资基金管理有限公司、北京联众宝义恒久久物流有限公司丽阳分公司等总部经济,总部经济达 16 家。2021 年,景德镇国家粮食储备库还建项目建成使用。2022 年,景德镇现代冷链物流中心及现代农副产品批发市场项目建成使用,项目总占地面积 275.5 亩,总投资 8.7 亿元。

2021 年,全镇共完成财政收入 17 353 万元,其中地方财政收入 7763 万元;完成规模以上固定资产投资 7.58 亿元,招商引资 9.9 亿元。农民人均可支配收入达 14 041 元。

社会事业

教育事业。丽阳地区教育事业发展起步较晚,民国时期仅建有完全小学 1 所。中华人民共和国成立后,教育事业得到较快发展。1987 年成立丽阳乡后,幼儿园、小学、初级中学等各层次教育办学规模及办学水平均得到较快提升。2020 年,建有初级中学 1 所(丽阳中学)、完全小学 4 所(丽阳中心小学、余家希望小学、八一小学、丰田小学)、教学点 5 个(港南、洪家、枫林、芦源、江联)、幼儿园 8 所。适龄儿童入学率 99.5%,基本普及九年义务教育。全镇各学校教学设施齐全,教育质量不断提高,先后通过"两基"(基本普及九年义务教育、基本扫除青壮年文盲)国家验收、义务教育省级督导评估、义务教育均衡发展省级和国家验收。

文化生活。随着经济的快速发展,全镇群众文化生活水平得到较大提高,建有大小数十个文化体育活动场所,覆盖全镇各村(社区)。镇本级建有综合文化站,村级建有文化室、农村图书室和村民娱乐中心。全镇共安装直播卫星"户户通"1249 户。全镇 10 个村委会和 1 个居委会均建立开通全国文化信息资源共享平台,党员电教室实现全镇村(居)委会全覆盖,有线电视实现农家全覆盖,4G 网络光纤实现村组全覆盖。

医疗卫生。全镇现有镇中心卫生院 1 个、村卫生室 10 个。积极推进镇中心卫生院改建工程,做好各村(居)委会村(居)民新型农村合作医疗工作。全镇参合农业人口参合率 100%,居民参合率 100%。

乡村建设。2011 年,全乡 5 个新农村建设点涉及街下、姜家、福建、吴家 4 个自然村。在村民自筹资金 77.55 万元的支持下,全面启动"三清六改"(清垃圾、清淤泥、清路障,改水、改厕、改路、改房、改栏、改环境)工程,村容村貌得到明显改观,实现了"走平坦路、喝干净水、上卫生厕"的基本目标。2016 年,共投入资金 245 万元,重点打造山田村老屋下中心村,凤凰、方家新村 2 个新农村建设示范点。2017 年,全镇新农村建设共涉及 8 个自然村 24 个建设点。2018 年,共投入资金 500 余万元,做好 18 个建设点位的新农村建设,并采取服务外包的方式委托北京环卫集团景德镇京环环境服务有限公司,全年常态化对全镇各自然村主、次干道进行清扫保洁和垃圾清运。2019 年,共投入资金 1000 万元进行美丽乡村建设。2020 年,完成枫林村草鞋墩(新畈)村小组、余家村石口村小组、丰田村董家村小组秀美乡村建设。

历史文化

兵家必争之地。古镇丽阳地处昌江之滨,上通皖浙,下达鄱阳湖,地理位置十分优越。汉代以后,人口繁盛,为饶州府名镇,历来为兵家必争之地。秦汉时期,英布在此修筑土城。三国时期,这里曾发生"山民暴动"。南宋诗人黎廷瑞称:"南北军旅往来之衢,马足摇摇压吾境屡矣。"宋末元初,饶州沦陷,设"利阳镇"。

道光版《鄱阳县志》记载:"元季于光保障于此,因筑城以守,周五里许。及光移镇浮梁,徙石增筑浮梁县城。今垣堑尚存。"于光(?—1369),都昌县人,初为徐寿辉部将,跟随徐寿辉镇守浮梁。徐寿辉被陈友谅杀害后,于光献浮梁城并投降朱元璋,被授予枢密院判。《景德镇市志》记载:"元至正十六年(1356),农民起义军徐寿辉部将于光镇守浮梁州,至正二十年(1360),取饶州归朱元璋。"《续资治通鉴》记载:"至正二十年(庚子,1360)秋,七月……乙丑,陈友谅浮梁守将于光等以其县降于吴。"

《续资治通鉴》之《元纪》卷三十四记载,至正二十一年(1361)六月,"丙午,吴雄锋翼元帅王思义,克鄱阳之利阳镇,遂会邓愈兵攻浮梁。"《明史》之《明太祖本纪一》记载:"帅王思义克番利阳。邓愈发兵议取浮梁。"《大明太祖高皇帝实录》卷九记载:"丙午,雄峰翼分院元帅王思义克番阳(即鄱阳)之利阳镇,擒贼首王文友及其部属,戮之。"

于光在利阳镇兴修城防,是战时所需,却导致当地人口骤减,对利阳古镇影响极大。《利阳镇彭氏老基图志》称:"观大明参政于光寨兵筑城时,吾姓迁去者已多,十中而存之三四……想自唐宋以前,于光未筑城时,吾姓繁衍于斯为盛,既筑城以后,或离城内或迁城外附近而居者皆彭氏之后,迁居者不一。"

此外,丽阳村寺山是传说中朱元璋与陈友谅发生战争的地方。至今,当地仍流传有"水打四季港"的故事。

清末,太平军盘踞江西10年之久,利阳镇成为太平军与清军的必争之地。清咸丰八年(1858),江西水师将领李逢春(余干人)一路攻克丰城、新淦(今江西新干)、临江(今江西樟树)、抚州、饶州,移驻黎阳镇,攻景德镇踞逆。(见《饶州府志》卷二十三《人物志》六)清咸丰九年(1859),湘军名将刘方伯(湖南湘乡人)"守利阳镇"(见《信丰守城纪略》)。另据丽阳村《黎氏宗谱》记载:"清咸丰三年(1853)七月,粤匪攻陷饶城及乐邑,复自城审镇,旌旗蔽空,船艘殆以千计,滩干水涸,大船不能进。八月初六日由港南渡登岸,纷纷往镇,两河居民惊走,如鸟兽散。""至十一日,兵退。""十月,粤匪复至。"

水土宜陶之域。丽阳窑址位于丽阳镇彭家村和丽阳村的瓷器山和碓臼山,为元代龙窑和明代葫芦窑遗址。经发掘证实,该窑址的烧制起讫时间为元代到明代,是景德镇市城区外一处相对集中的瓷器生产地。瓷器山西坡明代窑炉的发现,填补了景德镇御窑遗址明初葫芦形窑和湖田窑址明代中期葫芦窑之间的空白,完善了葫芦形窑炉的演变顺序,印证了《天工开物》对葫芦窑形制的记载。此外,据传丽阳一带有古窑18座。除在丽阳村碓臼山、瓷器山发现窑址外,还于洪家村蛇山发现五代遗址 1 座。

人文荟萃之乡。聚族而居是农耕社会的一种主要居住形式。丽阳古镇自古以来人口繁盛,彭姓、黎姓、史姓、方姓、张姓等诸多宗族在此繁衍生息,有"士望冠于饶郡"之说。宋代诗人黎廷瑞曾说:"宋三百年,鄱郡方千里,而王侯之风独见于吾乡。"彭氏在丽阳居住历史最为悠久。丽阳彭氏自七世祖欲公始迁丽阳承庆坊,至今已有近两千年的历史。三十世祖梦鲤公彭构云,唐中宗嗣圣元年(684)为六合县令,归居丽阳承庆坊与黎氏比邻而居。彭氏著名人物有彭汝砺、彭大雅等。唐代黎柏高自湖广行省(现湖南省、湖北省地域)参政江西,因避乱迁鄱阳利阳镇,为黎氏迁鄱始祖。此后,黎氏历经唐、宋、元,登进士第者达数十人。其中,黎安朝、黎廷瑞为著名人物。明代,以史桂芳为首的史氏,成为继彭氏、黎氏之后的望族。史桂芳官至"两浙运使"(两浙,即浙东、浙西的合称,泛指今浙江全省及江苏南部。运使,古代官名,水陆运使、转运使、盐运使的简称),早年在南康府(今庐山市)白鹿洞书院求学,是明代晚期较有影响的学者、诗人、古文家。丽阳村附近的福建村,村民以张为姓。据丽阳镇《张氏宗谱》记载,张氏于清代乾隆年间自福建汀州清流(今三明市清流县)迁丽阳繁衍生息,今已发展成为人口过千的大宗族。唐昭宗天复三年(903),饶州刺史甄贵通举家迁鲁东村,现鲁东村村民仍以甄姓为主,保存有古门楼。饶坪方氏于元末始迁现址建村,保存有古门楼。

商品集散之埠。丽阳古镇是水土宜陶之域,又是山水险要之地、水运码头之镇,还是靠山近水、土地肥沃、物阜民丰之地。古代丽阳以水上交通为主要运输线,是重要的商品集散地,也是丽阳地区及上饶市鄱阳县金盘岭、上兰、合禄等地柴炭、农副产品运输交易的重要码头,又是安徽祁门木材、浮梁茶叶、景德镇瓷器外销及其原料、燃料进出口的必经之地,是远通皖浙、近达鄱(阳)乐(平)的水上通衢。丽阳因集市昌盛成镇,主要源于其突出的地理位置。宋元以来,人们在昌江西岸建窑烧造瓷器后,人口逐渐稠密,加之水上交通便利,各行各业相继兴起,商贾云集,逐渐形成了繁荣集镇。

丽阳镇大事记（4—2022）

汉平帝元始四年（4）

据丽阳《彭氏宗谱》记载，丽阳彭氏一世祖越公，世居曹州，西汉初佐高祖。六世祖阅公，于公元4年由淮南迁安徽婺源（今属江西）御林桥。七世祖欲公，官金紫光禄大夫，始自婺源御林桥迁丽阳承庆坊。

吴大帝黄武五年（226）

12月，彭绮举兵反吴，攻取鄱阳城。

吴大帝嘉禾五年（236）

彭旦起义反吴。乡人彭材、彭绮、彭虎、彭旦为首，发动"十万宗民暴动"。

唐高宗永隆元年（680）

法云寺创立。

唐中宗嗣圣元年（684）

彭氏三十世祖梦鲤公彭构云，为六合县令，归居利阳承庆坊与黎氏比邻而居。

唐睿宗太极元年（712）

在江西为官的湖广行省尚阳人黎柏高，举族迁于此，称"利阳"。

北宋英宗治平二年（1065）

彭汝砺中乙巳科状元。

南宋理宗绍定五年（1232）

彭大雅出使蒙古汗国，撰《黑鞑事略》。

南宋理宗淳祐年间（1241—1252）

黎安朝（大理寺少卿、进士）始率乡人立祠宇，奉诏赐"仁祐庙"为额。

南宋理宗淳祐十年（1250）

黎安朝守袁州（今宜春市），刊《郡斋读书志》。

南宋恭帝德祐元年（1275，元至元十二年）

2月，元兵进犯饶州，谢枋得迎战不利，故丞相江万里投湖而亡。元兵攻陷饶州后，设"利阳镇"。

元顺帝至正十六年（1356）

徐寿辉部将于光攻克浮梁，驻守利阳镇。于是筑城以守，长达五里。于光移守浮梁，徙石增筑浮梁县城。今垣堑尚存。

元顺帝至正二十一年（1361）

6月，吴雄峰翼元帅王思义，攻克饶州鄱阳县利阳镇，遂会合邓愈攻取浮梁。

明武宗正德三年（1508）

山东巡抚为刘莘立进士牌坊（位于今丽阳镇童子坞村）以示纪念，上书"山东参议刘莘告老"。

明神宗万历二十八年（1600）

史桂芳墓葬丽阳古田村白石山。耿定力撰碑文，祝世禄书写，林欲厦篆额。

清圣祖康熙八年（1669）

史简辑《鄱阳五家集》，共15卷。

清高宗乾隆十九年（1754）

重修判官桥，石砌。

清高宗乾隆三十八年（1773）

史惺堂祠建成，匾额书"史惺堂先生祠""乾隆癸巳冬月""歙治后学朱苑会题"。

清仁宗嘉庆十年(1805)

重修黎氏宗祠。

清仁宗嘉庆十九年(1814)

重修永济桥,石砌。原名道观桥,以傍方寸观得名。原为木桥。

清宣宗道光四年(1824)

在四十三都二图古田坑(今丽阳镇古田村),建古田坑渡。凰岗贡生徐享捐资造船,并捐田地25亩。

清文宗咸丰三年(1853)

8月、10月,太平军两度进入利阳镇。

中华民国十四年(1925)

王国维撰《黑鞑事略笺证》。

中华民国十六年(1927)

8月,方志敏到鄱阳县义阳乡红花园村(今丽阳镇山田村)秘密会见鄱阳县早期革命领导人之一的汪辰(1903—1935),并于汪辰家中取走三条枪。

中华民国十八年(1929)

5月,中共浮(梁)鄱(阳)边区支部在红花园村成立,并组织发动"山田暴动",为土地革命奠定基础。土地革命时期,在丽阳村、芦源村陈家分别成立丽阳乡和武宁乡苏维埃政府。

中华民国二十年(1931)

著名出版家张元济于上海涵芬楼影印出版宋刻黎安朝刊刻"袁本"《郡斋读书志》。

中华民国二十二年(1933)

8月中旬,丽阳画眉尖游击队与赣北游击队第五中队配合作战,取得"八甲里大捷"。

中华民国二十五年（1936）

种德桥建成。

中华民国三十年（1941）

鄱阳县第五区和义乡、丽阳乡合并为"义阳乡"。

1949 年

4 月 29 日，丽阳乡全境解放。

9 月，丽阳 5 家私塾合并成立丽阳乡中心小学。

1952 年

景德镇市人民政府以 200 万斤大米作为工程经费，炸毁昌江丽阳港南段马家垄礁石，加深河道 0.47 米。

1958 年

丽阳乡、山田乡并入鱼山人民公社。

1959 年

春，山田水库（中型水库）建成蓄水，灌溉沿线农田 1.3 万亩。该水库于 1958 年 10 月兴建，鱼山人民公社负责施工。

1961 年

丽阳从鱼山人民公社析出，成立丽阳人民公社、山田人民公社。1964 年，丽阳人民公社与山田人民公社合并为丽阳人民公社，隶属波阳县（今鄱阳县）凰岗区。

1968 年

丽阳人民公社从波阳县凰岗区划出，并入荷塘人民公社（垦殖场），成立永忠大队、团结大队、飞跃大队 3 个大队。

1972 年

丽阳人民公社从荷塘人民公社（垦殖场）划出，与留阳人民公社、鱼山人民公社合并为"鱼山人民公社"。

1983 年

7 月 27 日,经中华人民共和国国务院批复,境域随鱼山人民公社划归景德镇市昌江区管辖。次年鱼山人民公社改乡建制,大队改村民委员会。

1985 年

7 月 16 日,经景德镇市人民政府审核确定并报江西省老区建设委员会审核批准,荷塘乡和鲇鱼山乡(含丽阳乡全境)为全市 10 个游击区乡之一和 15 个革命老根据地特困乡之一。

1987 年

4 月,联村、山田、枫林、江联、丰田、丽阳、洪家、港南、古田、余家、芦源 11 个村民委员会从鲇鱼山乡划出,成立丽阳乡。4 月 15 日至 16 日,丽阳乡第一届人民代表大会第一次会议召开。4 月 17 日,中共丽阳乡第一次代表大会召开,选举产生首届中共丽阳乡委员会。

9 月,丽阳中学成立。

1991 年

9 月,投资 17 万元在丽阳柴棚村建成丽阳中学教学楼,建筑面积 916 平方米。

11 月 5 日,丽阳村丽阳桥建成通车。

1993 年

9 月,丽阳乡人民政府驻地由丽阳村迁至余家村黄牛山,即现址。

1994 年

5 月 28 日,景德镇市公安局昌江分局丽阳派出所成立。

11 月 28 日,昌江区第一家股份制林场在丽阳乡丰田村成立。

1997 年

9 月,由上海爱心人士沈启华联系、美国友邦保险公司上海分公司资助 20 万元建设的余家希望小学竣工,为村级完全小学。

1998 年

6 月 26 日,昌江水位超警戒线 5.77 米,丽阳乡沿昌江区域大面积受灾。

投资 200 万元建设的鱼(山)丽(阳)三级标准水泥混凝土路竣工。

1999 年

7 月 16 日,山田小流域治理项目被列入"全国水土保持生态环境建设示范工程"。

2000 年

9 月,撤并山田小学、勾田小学、双溪小学、联村小学,成立"丽阳乡八一小学"。

2002 年

月亮湖风景区(山田水库)被景德镇市旅游局评为景德镇"新十景"之一。

2005 年

7 至 10 月,故宫博物院、江西省文物考古研究所和景德镇陶瓷考古研究所联合考古队对丽阳乡彭家村与丽阳村之间的瓷器山和碓臼山的古陶瓷窑址进行考古发掘,发掘明代早期偏晚葫芦形窑 1 座、元代龙窑 1 座。

11 月 23 日,《中国文物报》报道丽阳古瓷窑发掘重大成果。

2007 年

4 月,总投资 1.5 亿元的富祥药业项目在鱼丽工业平台开工建设,填补了昌江区辖区无投资规模超亿元项目的空白。

月亮湖风景区(山田水库)被评为"国家水利风景区"。

G35 济广高速公路(景德镇至鹰潭段)建成通车,并在山田村区域建有月亮湖服务区(现景德镇服务区),在程家村区域建有交通枢纽。该高速公路于 2005 年开工建设。

2008 年

丽阳乡中心小学明德楼建成并投入使用。

2013 年

5 月,丽阳窑址公布为"第七批全国重点文物保护单位"。

2014 年

1 月 6 日,丽阳乡撤乡设镇揭牌仪式举行。

3 月,国家"十二五"时期重点图书出版规划项目《黑鞑事略校注》由兰州大学出版社出版发行。

12 月,丽阳镇荣获"江西十大文化古镇"称号。评选活动由江西日报社、江西省社会科学界联合会共同举办。

2015 年

12 月 22 日,江西富祥药业股份有限公司在深圳证券交易所挂牌上市,为昌江区第一家上市区属企业。

2017 年

5 月,丽阳镇人民调解委员会调解员胡名辉被司法部授予"全国模范人民调解员"荣誉称号。

10 月,张五常收藏艺术馆落户丽阳镇山田村。

12 月,丽阳窑址保护棚改项目 100 余户征收任务圆满完成。

2018 年

1 月 1 日,G35 济广高速公路(景德镇至鹰潭段)景德镇南收费站在丽阳镇枫林村建成并开通运营。该收费站总投资约 1.2 亿元,于 2016 年 8 月开工建设。

7 月 6 日,南昌大学生物工程研究中心"景昌蛇制品产业研发产业化基地"成立。

12 月,景德镇国家粮食储备库搬迁还建项目在丽阳镇黄牛山开工建设。该粮库总投资 3.7 亿元,仓容 16 万吨,2021 年 11 月建成使用。

2019 年

7 月,206 国道景德镇南至乐平北道路扩建工程开工。该工程起点位于鱼丽路口,总投资 4.85 亿元,全长 15.3 千米。

9 月 24 日,王鲁湘工作室、李可染画院、景德镇陶艺中心落户山田水库。

12 月 21 日,联合国教科文组织总部战略规划局副局长穆罕默德·杰里德一行到月亮湖考察。

2020 年

8 月,枫林村草鞋墩(新畈)农村污水处理工程竣工。

11 月,景德镇现代冷链物流配送中心项目在 206 国道丽阳镇枫林村及周边区域开工建设。该配送中心总投资 2.4 亿元,2021 年底建成使用。

11 月,江联村被中央精神文明建设指导委员会评为"全国文明村镇"。

12 月,丽阳村 1000 亩高标准农田改造项目启动。

年底,全镇所有贫困村、贫困人口全部如期实现脱贫摘帽。

2021 年

3 月,丽阳镇中心幼儿园在余家村黄牛山开工建设。该幼儿园总投资 1200 万元,2022 年底基本建成。

7 月,昌江区委常委、副区长彭新建兼任丽阳镇党委书记,成为丽阳乡(镇)成立以来首位副县级的党委书记。

9 月,枫林村被中央农村工作领导小组办公室评为"第二批全国乡村治理示范村"。

12 月,丽阳镇被江西省"五型"政府建设领导小组办公室评为"江西省第二批'五型'政府建设示范乡镇"。

2022 年

3 月,丽阳镇被江西省爱国卫生运动委员会评为"2021 年度江西省卫生乡镇"。

8 月 27 日,景德镇农产品批发市场在 206 国道丽阳镇枫林村及周边区域建成开业。该批发市场总投资 10 亿元,占地面积 275 亩,总建筑面积 20 万平方米,2020 年 9 月开工建设。

12 月 30 日,昌江区委常委、副区长彭新建不再兼任丽阳镇党委书记,由昌江区委副书记、区委党校校长江智峰兼任。

第一篇 古镇春秋

第一节 历代人物

一、人物传记

北宋状元彭汝砺

1. 丽阳彭氏源流与彭汝砺世系

彭汝砺（1042—1095），字器资，北宋英宗治平二年（1065）状元，以为人正直、敢于谏言著称于时，官至吏部尚书，著有《易义》《诗义》《鄱阳集》。《宋史》有传。苏轼在《答彭舍人启》中称颂彭汝砺"对策决科，尝魁天下之士；犯颜逆指，有古名臣之风"。

以彭汝砺为代表的彭氏，在古代饶州历史上留下了不灭的印记。现昌江区丽阳镇是赣东北彭氏的祖居地和渊源地。据丽阳镇《彭氏宗谱》《彭氏世系谱》以及鄱阳县滨田村、乐平市天济村各彭氏所撰宗谱资料记载，彭氏先祖以袭封彭城而得"彭"姓。丽阳彭氏七世祖欲公，生于汉成帝乙巳年（前16），官至金紫光禄大夫，始迁利阳承庆坊，至今有 2000 多年的历史。三十世祖梦鲤公彭构云，唐中宗嗣圣元年（684）为六合县令，归居利阳承庆坊（今属丽阳镇丽阳村）与黎氏比邻而居。

利阳承庆坊不仅是赣东北彭氏的发祥地，也是整个江南彭氏的肇始地。宋代利阳彭氏名人辈出，有"士望冠于饶郡"之说。

彭汝砺父亲彭思泳(字季昌),为人敦厚,常往来于鄱阳、乐平、浮梁之间,以货殖为业,后迁利阳镇下滨田(今属上饶市鄱阳县)。生有汝发、汝砺、汝霖、汝方四子。彭汝砺为利阳彭氏四十一世,终官宝文阁待制知江州,去世后葬鄱阳县药炉山仙坛观(今属上饶市鄱阳县鄱阳镇)。明代重建彭汝砺墓,进士刘莘(今昌江区鲇鱼山镇义城村人,后隐居今丽阳镇枫林村童子坞村小组)为其撰写墓志铭。从刘莘所撰墓志"彭维巨姓,侨寓昌江""初居浮梁,游学郡庠"等内容可知,彭汝砺与"昌江""浮梁"关系十分密切。现存彭汝砺《鄱阳集》1130首诗歌中,有大量诗篇涉及昌江和浮梁的人文风物。

彭大雅于南宋理宗嘉熙四年(1240)撰《彭氏源流序》记载:"汝砺公治平乙未科状元,授吏部、礼部尚书加宝谟阁大学士,置祭田以祀祖宗,置义田以贻子孙者也。"据刘莘《汝砺公重修墓志铭》记载,彭汝砺状元及第后,宋英宗敕命迁入鄱阳县城,并以"锦标"为其世系名称。彭汝砺后代三世祖彭焕自县城迁居宾贤(今上饶市鄱阳县滨田村)。彭汝砺后裔迁播各地。其幼子彭戤(名修)之三子渊燀,因利阳的同族伯父彭汝乡(一作卿)家境富裕无子嗣,遂回迁利阳承庆坊,此后又分迁各地。此外,彭汝方之孙渊德公由鄱阳县城迁利阳栎源。

利阳彭氏,后被称为"上七族"(指彭氏居住的新田、大畈上、小源坞、三门、陶家嘴、桐源桥、上兰7个村落,其中桐源桥、上兰今属鄱阳县金盘岭镇)。

东汉政公、唐构云公、宋汝执公、大雅公、思尧公等历代彭氏先祖安葬在利阳(今丽阳村)。

另据湖北省彭祖文化研究会编《状元彭汝砺文献集》(香港天马图书有限公司出版,2012年10月第1版)载,彭汝砺去世后第二年"正月某甲子日,葬公于饶州某县某乡某原(浮梁县)。越九年,宋徽宗崇宁元年(1102)壬午,奉敕葬湖北兴国州(州府在今湖北省阳新县)南三十里,下彭源走马仓狮子口,同姚文节夫人刘氏合葬,俗称彭尚书墓。墓侧有祠"。关于"彭尚书墓",《钦定四库全书·明一统志》卷59有类似记载。湖北阳新《彭氏宗谱》记载:彭汝砺去世后,幼子彭尧辅任湖北兴国路(今湖北省阳新县)仓官,母亲刘氏随子彭尧辅居于此。今湖北省以阳新县为代表的鄂东南彭氏以彭汝砺为先祖。

彭汝砺是丽阳乃至赣东北彭氏的骄傲,是昌江先贤中的翘楚,受到后人敬仰。昌江区、鄱阳县、浮梁县均将其视为当地历史文化名人。鄱阳县将其列为"十大历史文化名人"之一。现鄱阳县农科所滨田村建有彭汝砺纪念馆。

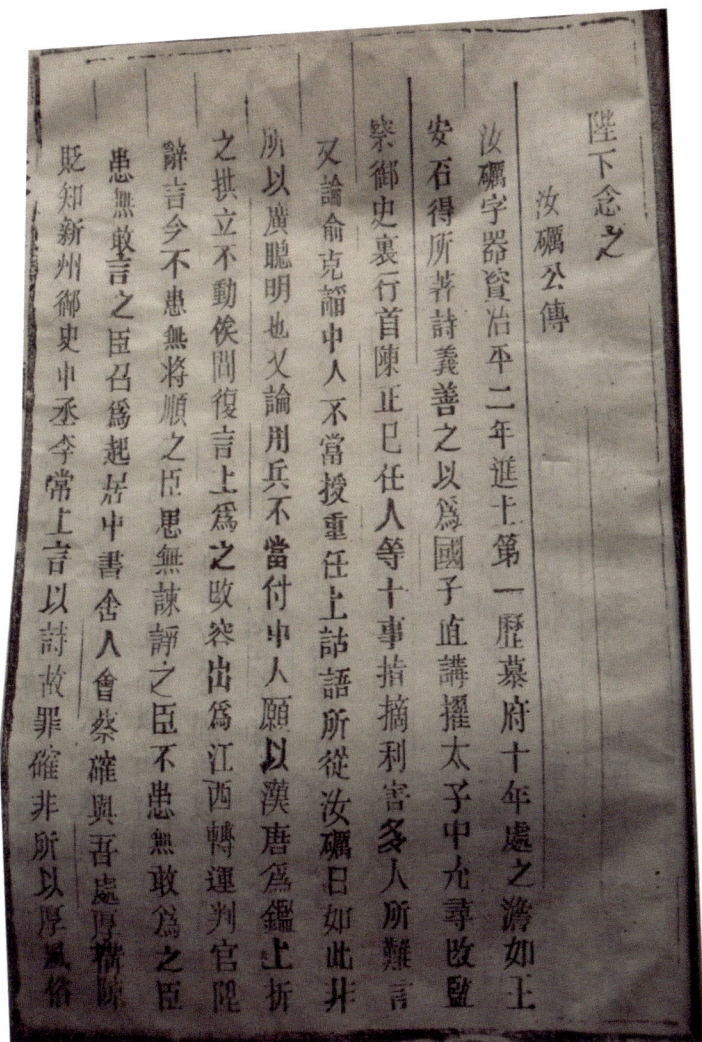

陛下念之

汝礪公傳

汝礪字器資治平二年進士第一歷幕府十年處之澹如王
安石得所著詩義善之以為國子直講擢太子中允尋改監
察御史裏行首陳正巳任人等十事指摘利害多人所難言
又論俞克諧中人不當授重任上詰語所從汝礪曰如此并
崇以廣聰明也又論用兵不當付中人願以漢唐為鑑止折
之拱立不動俟間復言上為之改容出為江西轉運判官陛
辭言今不患無將順之臣思無諫靜之臣不患無敢為之臣
患無敢言之臣召為起居中書舍人會蔡確與吾處厚構隙
眨知新州御史中丞李常上言以詩故罪確非所以厚風俗

《彭氏宗谱·汝砺公传》书影

2. 彭汝砺读书处及师承关系

彭汝砺及其父亲彭思泳在浮梁暂住时,长山都(今浮梁县东部寿安镇屏山一带)宁锡招彭汝砺为婿,并与其子宁洵同师桐庐倪天隐。据道光版《浮梁县志》记载,"景德镇湖田都西涧草堂为彭汝砺读书处"。范仲淹任饶州太守时建州学,20年后,彭汝砺在此读书并高中状元。

彭汝砺师从倪天隐。倪天隐,浙江桐庐人,曾主持桐庐讲席,弟子多达千人,著有《周易口义》传世。倪天隐与北宋名臣范仲淹之子范纯仁同为著名理学家胡瑗(993—1059)的弟子。彭汝砺幼年家贫,后得到德兴张潜资助,并在张家与张氏子侄一同读书。彭汝砺生性颖悟,非常仰慕倪天隐的学识与才华。张潜知晓后,不惜重金聘请倪天隐到德兴。为此,彭汝砺与德兴张潜结为世交,并拜奉倪天隐为师。据曾肇撰《彭待制汝砺墓志铭》记载:彭汝砺中状元后,初任保信军(今安徽合肥)节度推官,将倪天隐请来以弟子礼待之。倪天隐与其母亲、妻子去世后,葬礼均由彭汝砺操办。后来,彭汝砺还拿出自己的俸禄,资助倪天隐的女儿。彭汝砺的仁义厚道,一度传为佳话。

3. 彭汝砺为官经历

彭汝砺中状元后,历任保信军推官、武安军掌书记、潭州军事推官等职。后王安石举荐其为国子直讲,后又改任大理寺丞,升太子中允。不久,神宗以彭汝砺为监察御史。彭汝砺首陈十事,言他人所不敢言。当时宦官王中正受宠,神宗甚至让他统兵,彭汝砺知道后,直言进谏,令朝野叹服。北宋哲宗元祐二年(1087),任起居舍人。次年,升迁中书舍人,赐"金紫(北宋元丰年间四品以上赐紫衣,高官显爵)"。元祐六年(辽大安七年,1091),出使辽国。在蔡确案件中,他正直无私,不计前嫌,以致被诬陷为蔡确〔1037—1093,福建晋江人,北宋嘉祐四年(1059)进士,元丰年间任宰相,权倾一时,屡遭弹劾,宋高宗即位后削夺其官职〕同党而落职徐州。彭汝砺回京后,加集贤殿修撰之职,不久后任兵部、刑部侍郎,后又迁任礼部、吏部侍郎,进而升任吏部尚书。北宋哲宗元祐八年(1094),彭汝砺再次被诬告与反对王安石变法的刘挚有牵连,被贬以宝文阁直学士知成都府,还未及上任,又降为待制,任江州(今江西九江)知府。到任江州数月后,彭汝砺即病逝,享年54岁。

彭汝砺以敢于直言著称,曾言:"今不患无将顺之臣,患无谏诤之臣;不患无敢为之臣,患无敢言之臣。"彭汝砺临终遗表言:"土地已有余,愿抚以仁;财用非不饶,愿节以礼。佞人初若可悦,而其患在后;忠言初若可恶,而其利甚博。"

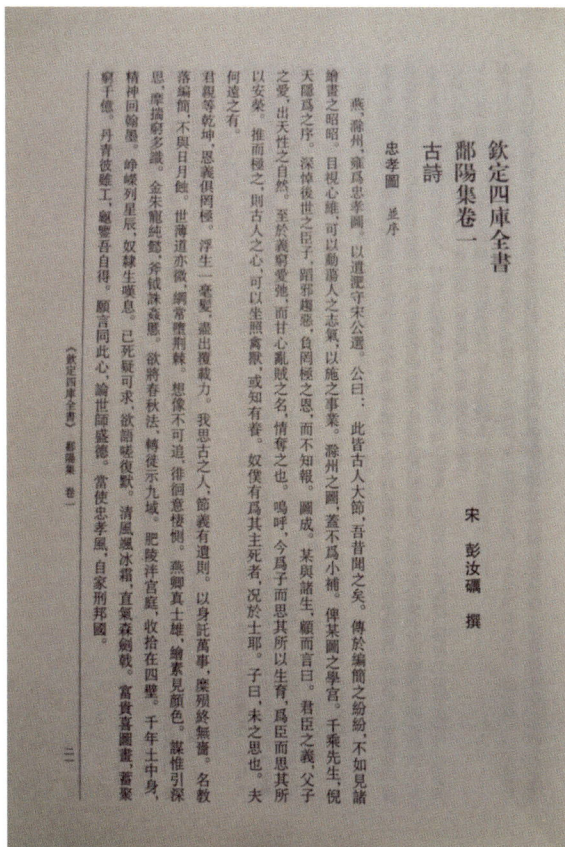

《四库全书·鄱阳集》书影

4. 彭汝砺的昌江情结

(1)彭汝砺与浮梁宰执的诗交

浮梁县是位于昌江流域的古县,有置县 1300 多年的历史,以瓷茶文化著称。生长在昌江之滨、两度在江西为官的彭汝砺,与昌江之滨的浮梁县衙多位县令交往密切,并与许屯田、郭知章、程筠、王太博、张景修等县令多有诗文往来。

彭汝砺《送许屯田》诗中"浮梁巧制瓷,颜色比琼玖"一句在景德镇常常被提及。这首诗因被南宋著名文学家洪迈收入《容斋随笔》而广为流传。

据乾隆版《浮梁县志》记载,许屯田名彭年,浮梁县令,是位有名的廉吏。

《送许屯田》是一首送别诗,作于元丰初彭汝砺任职江南西路转运判官时。从诗中可以看出,彭汝砺十分赞赏许屯田在浮梁的政绩,对其才识及人品亦颇为敬重。

郭知章(1039—1114),字明叔,江西遂川人,与彭汝砺为同榜进士。宋神宗熙宁初年,郭知章任浮梁县令。《送郭知章宰浮梁》诗二首,就是郭知章上任初彭汝砺写的赠别诗,诗中对他赴浮梁县任职寄予厚望。其一曰:

万室嗷嗷望已深,临流不敢重分襟。同阁早觉春风到,岩谷遥思画日临。制御古非无至策,爱调人自有良心。笑言已得公才敏,侧耳风前听好音。

程筠(1036—?),字德林(一作琳),今景德镇人,北宋桂州知府、宝文阁待制程节〔1033—1104,景德镇人,嘉祐五年(1060)进士,去世后葬于今昌江区境内,墓志铭现存于景德镇古窑民俗博览区〕之弟,宋嘉祐二年(1057)进士,与苏轼是同榜进士。宋神宗元丰年间任浮梁县令,是一位卓有政绩的官员。苏轼曾作《送程德林赴真州》一诗赞美他的政绩,称道:"君为赤令有古风,政声直入明光宫。"彭汝砺与程德林交往深厚,在彭汝砺《鄱阳集》中,收录有他写给程德林的3首诗。其一《与程德林》曰:

俊骨风标固逸伦,况闻才术巧安民。寻常恨不亲高谊,邂逅相逢即古人。议论耻拘时俗态,笑歌惟取性情真。从今便作忘形契,安得相从席上珍。

王太博(生卒年不详),曾为浮梁县令。《鄱阳集》收录有《王太博自浮梁移蒙州作送之》一诗:

平时沉伏草莱间,见说昌江治政贤。爱浃羽毛人自畏(原注:君谓浮梁有水鸥,双栖县庭之南),诗成金玉俗真传。一麾出守今行矣,万室倾思正惨然。只恐又庸明诏去,蒙山无计重留连。

可见,王太博在浮梁颇有政绩,受到人们爱戴。

张景修(1090年前后在世),字敏叔,自号浮梁居士,常州人,宋治平四年(1067)进士,元丰七年(1084)任浮梁县令,后官至礼部侍郎。彭汝砺《鄱阳集》

中有《敏叔家会仙洞》一诗(《景德镇古今诗抄》记载诗名为《屏山聚仙洞》)。会仙洞,即今景德镇市东南诸仙洞风景区。这首诗既称赞诸仙洞之美景,又流露出彭汝砺对张景修择居此地的羡慕之情。

其诗云:

> 大松十里建旌麾(《诗抄》作"几多围"),晓日朝霞五色衣。幽谷静闻猿一啸,白云时见鹤双飞。花间洞府(《诗抄》作"洞口")春常在,人会瀛洲夜未归。家近武陵时人梦,诗成更忆故山薇(《诗抄》作"采山薇")。

(2)彭汝砺与名僧佛印的交往

佛印(1032—1098),俗姓林,浮梁人,"佛印"是宋神宗御赐法号。佛印出生在昌江之滨,五岁即诵诗三千首,于浮梁宝积寺受戒出家,先后在九江庐山、镇江金山、永修云居山等地弘扬佛法。苏轼、黄庭坚等与他交往密切。巧的是,彭汝砺也是苏轼的好友,两人彼此钦慕。彭汝砺与佛印的交往,一因两人有着同饮昌江水的乡土情缘,二与他的才识人品以及坎坷的仕途经历相关。这一点,在他与佛印十多首的赠答诗中,可以得到体现。

《寄佛印禅师》:

> 遣奴持书问云居,我今持节行匡庐。请服磨衲大牛车,来饭香积及雕胡。舍施琥珀及珊瑚,沧海径寸之明珠。师应问吾今何如?谓方据案治文书。较量贵贱调盈虚,擒取猾吏如捕狐。夜凉饮酒一百壶,醉视万物浑锱铢。云居若言太粗疏,谓我寄声谢云吁。

这首诗大约作于元丰初年彭汝砺离京出任江南西路转运判官时,此时佛印为云居山住持。诗中表达自己持节江西,"较量贵贱调盈虚,擒取猾吏如捕狐"的决心。

《又寄佛印》:

> 神仙苒苒在蓬壶,更得诗来慰索居。天上楼台开佛国,日边香火读天书。篮舆独往公今尔,蜡屐他时我亦如。彼是此非无足问,悠悠同是一空虚。

彭汝砺青年时代即才华出众。"风流想见东华路,夹道传呼看状元。"(《奉寄深之学士子开侍郎》)回想当年是何等荣耀。而现实中,他却仕途坎坷,三次被贬,可谓是宦海沉浮。彭汝砺为人正直不附权贵,任谏官之职刚正不阿,因而一再受到排挤。尤其是当时朝廷党争激烈,宋哲宗元祐年间,彭汝砺被污为"王安石同党",且位列第十位,怎能得到朝廷重用? 因此,彭汝砺后期的思想中,禅学占据了上风。而此时的佛印,远离尘嚣,潇洒自得,令他羡慕不已。另一首《答云居佛印》诗:

人间六月日如丹,见说云居早自寒。他日游山看蜡屐,终朝临水濯尘冠。

由此可见,彭汝砺的归隐思想非常明显。同样,在《答佛印语》中,他的归隐思想也得到体现:

十方同是一空虚,饮啄随时只自如。旧日事来长是笑,而今和笑没工夫。

再如《送云居佛印禅师诗五首并偈》其三:

翠藤老木抱千山,行色归心各等闲。恰是白云多自在,不同飞鸟倦知还。

其他如"每爱师如莲出水,却嗟予作鸟窥笼""老师住处即安乐,只恐卧龙生叹嗟"等诗句,足见彭汝砺对仕途的淡泊和精神上的超脱。

(3)彭汝砺对昌江风物的吟咏

昌江之滨的景德镇,以瓷器闻名天下。昌江两岸的自然风光,也十分秀丽。对于无数次往来于昌江之上的彭汝砺来说,自然少不了对昌江风物的吟咏。

对景德镇瓷器的吟咏,除"浮梁巧制瓷,颜色比琼玖"的诗句外,《答赵温甫见谢茶瓯韵》一诗,则更加细致地对浮梁景德镇的制瓷技艺及瓷器受人追捧程度进行了描述。诗云:

我昔曾涉昌江滨,故人指我观陶钧。厖眉老匠矜捷手,为我百转雕舆轮。镌刋刻画走风雨,须臾万态增鲜新。盘龙飞凤满日月,细花密叶生瑶珉。轻浮儿女爱奇崛,舟浮辇运倾金银。……

此外,彭汝砺对昌江两岸的风景不惜笔墨。他在多首诗歌中咏及诸仙洞、

景德镇五龙庵等地风光。对诸仙洞爱山楼,他倍加推崇,作《爱山楼歌》一首:

　　　　山隆然兮为屏,楼缥缈兮浮空。朝阳起兮辉辉,白云宿兮溶溶。

乔木兮阴阴,泉飞兮珑珑。花香兮春雨,鹤唳兮秋风。企望焉兮徜徉,

横四海兮无穷。气飘浮兮欲仙,嗟势利兮樊笼。归去来兮何为,从公

游兮山之中。

　　此诗情景交融,颇有陶渊明的田园意趣。爱山楼是彭汝砺岳父宁公(名锡,字佑甫)所建,彭汝砺曾作《爱山楼记》一篇,称其山野气象"使绘画之工以微尘为墨,曾不得其仿佛;论说之士辨周万物,亦不能道其绪余"。

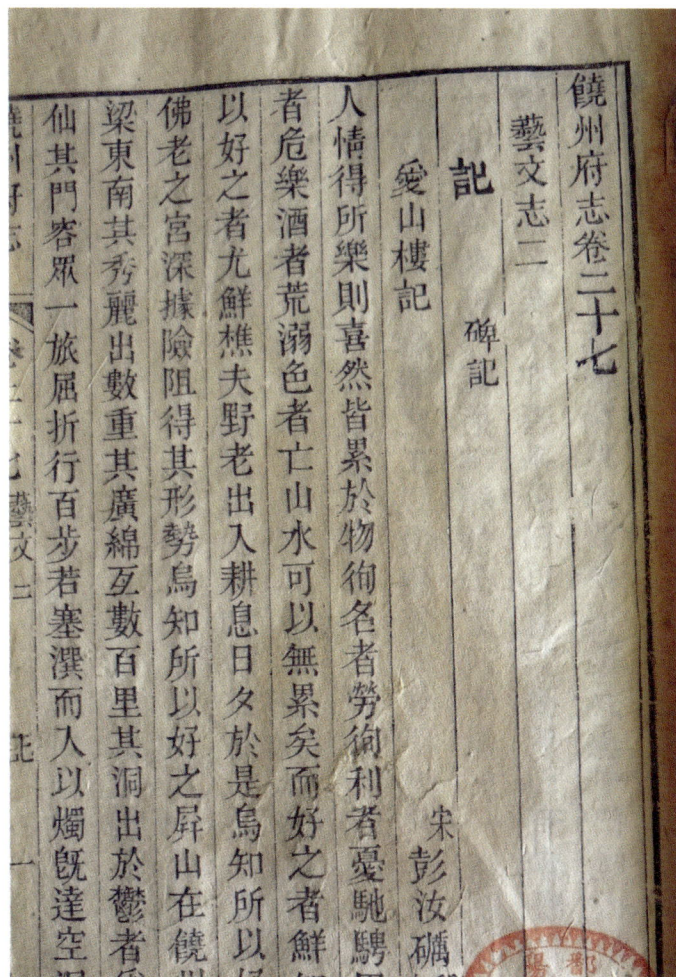

同治版《饶州府志·爱山楼记》书影

另据《景德镇古今诗抄》记载，彭汝砺曾作《再游五龙庵》诗一首。五龙庵位于今景德镇城区莲花塘。其诗云：

向年来峰顶，树木正青葱。今年来峰顶，林间霜叶红。古院山僧横田东，磬声松色白云中。

此外，《鄱阳集》记载有不少彭汝砺与宁氏兄弟的赠答诗，字里行间里表现出其亲情甚笃，其中有不少对昌江风物的歌咏。彭汝砺与妻兄宁文渊（浮梁人，治平中为新建尉，后官至节度推官）诗书往来频繁。另与宁子文的两首诗，大致作于彭汝砺青年时代，昌江风情犹在眼前。其一《寄宁子文》曰：

相逢一笑东风前，相别一醉昌江边。我来西山春正妍，未见君子心欲燃。紫泥诏命鼎来矣，黄卷文章宜勉旃。题柱相如知有志，着鞭无使祖生先。

彭汝砺惠泽昌江，对昌江感情深厚。悠悠昌江，成为其一生难以割舍的浓浓乡土情结。

南宋重庆知府彭大雅

1. 彭大雅生平与家世

彭大雅（生卒年不详），字子文，行名源颂，丽阳镇人，南宋理宗嘉定七年（1214）进士，官朝请郎，任四川安抚制置副使。南宋绍定五年（1232）后，彭大雅出使蒙古汗国，将亲身见闻写成《黑鞑事略》。南宋理宗淳祐三年（1243），彭大雅镇守重庆。因蜀地残破，彭大雅披荆棘、冒矢石，修筑重庆城，以抵御利阆（古驿道，宋代四川利州至阆中）北入之敌，守夔峡（瞿塘峡的别称）之险要，成为巩固蜀地的根本。蜀地凭借彭大雅修筑的城防，支撑达数十年之久，有效遏制了蒙古铁骑快速灭宋的进程，可见彭大雅功绩卓著。彭大雅去世后，蜀人感恩于他，为他建庙祭祀。南宋理宗淳祐十二年（1252），朝廷念他功高，追授他创渝州城（今重庆市）之功，恢复其承议郎之职，赐庙于蜀地，封忠烈英卫侯，并任命其子为官。据道光版《鄱阳县志》记载，"朝廷追赠其谥号为忠烈"。所著《葬书》，今已散佚。

位于重庆市的彭大雅塑像

彭大雅的上溯第九世祖彭玢，生于唐武宗会昌四年（844），进士出身，先后任肃州、饶州刺史（从五品官阶），因避黄巢之乱回丽阳承庆坊居住。彭大雅祖父彭汝执，是彭汝砺的同族兄弟，生于北宋仁宗庆历八年（1048），赐进士，始任黄州府尹，后升任江东节度使。父亲彭括，南宋高宗建炎四年（1130）进士，官至常德府通判（此据《彭氏宗谱》，史志未见记载）。彭大雅兄弟三人，分别为大雅、中雅、正雅。彭大雅生有两个儿子：长子志孙，官至兵部郎中兼枢密院使；幼子应孙，南宋理宗淳祐年间以父功授司农寺丞、惠州路同知。据道光版《鄱阳县志》记载，彭大雅孙彭克绍博学能诗，著有《学余稿》，今已散佚。

2. 彭大雅与《黑鞑事略》

南宋理宗绍定五年（1232），蒙古汗国遣使者到南宋朝廷，商议夹攻金国之事，南宋朝廷派使臣答谢，彭大雅作为书状官随行。据《宋季三朝政要》记载，"宋理宗嘉熙四年（1240），彭大雅再次出使蒙古国"。回宋国后，他将亲身见闻写成《黑鞑事略》（宋人称蒙古为"黑鞑靼"）一书，叙述了蒙古立国、地理、物产、语言、风俗、赋敛、贾贩、官制、法令、骑射等事,是研究蒙古国开创历史的珍贵资料。历代著名学者均十分重视此书,近现代的李文田、罗振玉、王国维、沈曾植等为该书注释、笺证,其中王国维对《黑鞑事略》予以高度评价,指出:"蒙古开创时史料最少,此书所贡献,当不在《秘史》《亲征录》之下。"

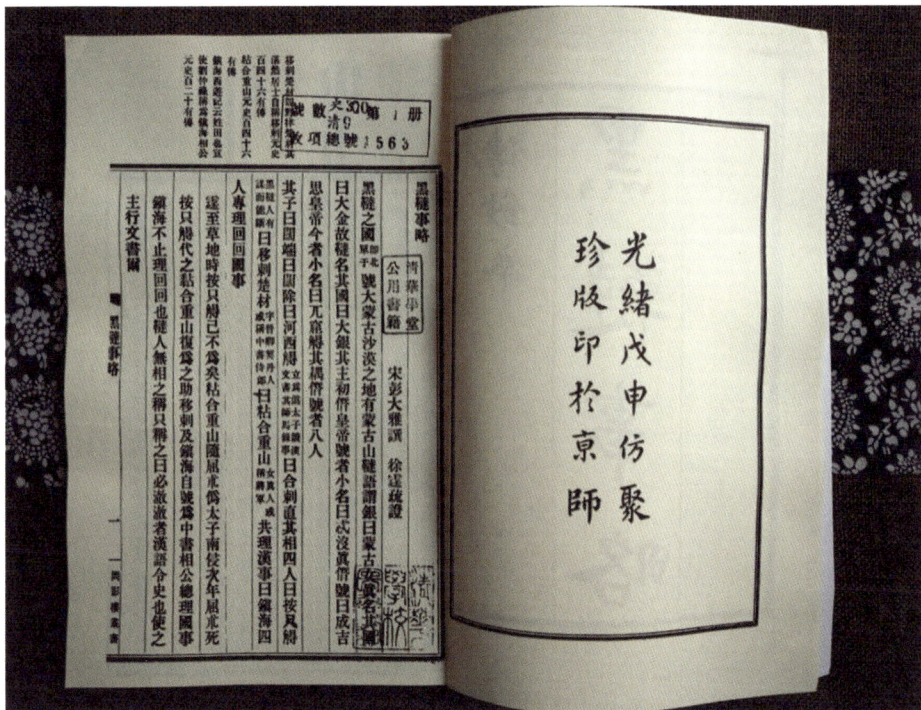

清光绪三十四年(1908)仿聚珍版《黑鞑事略》书影

《黑鞑事略》一卷,由南宋彭大雅撰,徐霆(字长孺,永嘉人)注疏。两人分别于南宋理宗绍定五年(1232)和端平二至三年(1235—1236)奉命出使蒙古汗国,并记录下自己的一路见闻。两人见面后,各自拿出所编辑的书稿,相互参考。徐霆以彭大雅所编为定本,其间有不同的,则在彭大雅的书稿中予以补充。

《黑鞑事略》内容丰富,具有很高的史料价值。现存最早的版本,是明嘉靖二十一年(1542)抄宋刻本。其他版本有:清光绪三十四年(1908)仿聚珍版,印于京师,收入《问影楼舆地丛书》第一集,由顺德李文田作记,胡思敬作跋;王国维《黑鞑事略笺证》,见《蒙古史料四种》《王国维遗书》等;民国二十六年(1937)商务印书馆出版发行的《黑鞑事略》,由李文田笺注;民国期间东方学会出版的

《黑鞑事略》，由罗振玉重印，曹元忠、章钰校。2009 年，国家图书馆用馆藏的明嘉靖二十一年（1542）抄本作为再造善本，进行影印出版。2013 年，作为"十二五"国家重点图书出版规划项目，《黑鞑事略校注》经复旦大学许全胜校注，由兰州大学出版社出版。

3. 彭大雅与南宋重庆城防

南宋理宗嘉熙四年（1240），彭大雅任四川安抚制置副使，南宋理宗淳祐三年（1243）镇守重庆。曾出使北方蒙古汗国的彭大雅，对蒙古汗国的情况了如指掌。在镇守重庆期间，他力排众议，强力推行修筑城防策略。《宋季三朝政要》卷二对彭大雅在四川人心目中的地位予以充分肯定："后不幸遭败而卒，蜀人怀其恩，为之立庙。"宋元之际著名史学家胡三省在《资治通鉴》卷一百四十六批注："我朝绍定失蜀，彭大雅城渝，为制府，支持西蜀且四十年。"除修筑重庆城外，彭大雅还派部将甘闰到合川筑钓鱼山寨，为后来抵御蒙古军和元军入侵发挥了重要作用。

重庆市现仍保存有不少彭大雅镇守蜀地的遗址遗迹。

老鼓楼衙署遗址

该遗址位于渝中区，背依金碧山（今解放碑所在山脊），出土珍贵文物 3000余件、标本数万件。其中有"縣"字木模印、宋代钱币"淳祐通宝（当百）"、明代青花花卉香炉和一堆礌石等。出土墙砖上，则印有"淳祐乙巳"字样，"淳祐乙巳"正是南宋末年抗击蒙古时期。考古队还发现南宋时期重庆府衙署谯楼一座，为南宋四川制置司衙署所在地，即为当时抗击蒙古军的帅府，是南宋时期川渝地区山城防御体系的指挥中心。

据史料记载，"南宋嘉熙四年（1240），彭大雅任四川安抚制置副使兼重庆知府，驻守重庆，修筑城防，并在合川等地修建防御工事"。重庆古衙署遗址的发现，对于考证彭大雅、余玠修筑城防抗击蒙古军同样有着重要的意义。老鼓楼衙署遗址的发现，填补了重庆市城市考古的空白，是重庆城市发展史的珍贵见证。2013 年，该遗址被公布为"全国重点文物保护单位"。

重庆市彭大雅浮雕

太平门遗址

该遗址位于渝中区望龙门街道,地处渝中半岛,紧靠府衙遗址,临江而建。城墙部分残存,门楼已经毁坏。建有石阶通往江边,江岸如今满是建筑物,与民国时留存下来的太平门照片相比,已面目全非。太平门为彭大雅任重庆知府时修筑,明、清有修缮,民国十六年(1927)因兴修道路填埋了内城,瓮城西墙及门楼被拆,至今废弃。为保护历史文化名城,重庆市现已对太平门遗址进行保护。

通远门遗址

宋代称"镇西门",西出通远门陆路通成(成都)渝(重庆)古驿道。入通远门为金汤街,取"固若金汤"之意。通远门地势险要,三面悬崖,是陆地进入重庆的最后一道屏障,历来是兵家必争之地。南宋嘉熙年间,彭大雅修筑重庆城至通远门一带,后在城门之上建鼓楼。《鼓铭》载"大雅版堞(修筑城池)"事,外城门摆放有抗击蒙古军大型人物组雕。今人作《通远门赋》,中有"环三面汤池之固,守一门陆驿之凭""彭大雅镇渝,筑城坚阃;余义夫帅蜀,建寨屯军"之句,其险要坚固可见一斑。

合川钓鱼城遗址

合川原名垫江,位于长江上游、重庆西北部,为嘉陵江、渠江、涪江"三江"交汇处。合川是巴蜀文化发源地之一。合川是重庆通往陕西、甘肃等地的交通要道和渝西北、川东北的交通枢纽。钓鱼城坐落在合川区城东5千米的钓鱼山。城池周长十几里,均筑有高数丈的石墙,南北各建有一条延至江中的"一字形"城墙;城内有大小池塘13个、井92眼,可谓兵精粮足,水源充沛;江边筑有水师码头,并布有战船,上可控"三江",下可作为重庆屏障,是支撑古时四川战局的防御要塞。

南宋理宗端平元年(1234),宋、蒙古联合灭金后,宋军出兵欲收复河南失地,遭遇蒙古军伏击失败。1235年,蒙古军在西起川陕、东至淮河下游的数千里战线上同时对南宋发起进攻,战争全面爆发。至1241年,蒙古铁蹄蹂躏南宋大片土地,四川是三大战场(另外两个战场为:京湖战场——今湖北和河南一带、两淮战场——今淮河流域一带)中被破坏最严重的地区。

重庆市钓鱼城遗址

为抗击蒙古军,南宋理宗嘉熙四年(1240),四川安抚制置副使、重庆知府彭大雅派甘闰在钓鱼山上修筑要塞。此后,南宋淳祐三年(1243),四川制置使余玠命冉琎、冉璞主持修筑钓鱼城,并迁合州治所于此,驻以重兵把守,以控扼嘉陵江要冲。南宋理宗宝祐二年(1254),王坚任合州守将,大规模修城设防,陕南、川北人民纷纷迁来,钓鱼城逐步发展成为有数十万军民的军事重镇。南宋开庆元年(1259),钓鱼城发生了一场影响巨大且意义深远的战争。

南宋理宗淳祐十一年(1251),曾远征欧亚多国、以骁勇善战著称的成吉思汗之孙蒙哥登上大汗宝座,即策划灭宋战争。理宗宝祐六年(1258),蒙哥汗率领兵士4万,号称"十万大军",自六盘山(今宁夏境)兵分三路进攻四川。蒙哥汗亲率主力进入四川,攻城略地,钓鱼城巍然屹立,成为阻击蒙古军的坚强堡垒。理宗开庆元年(1259)二月,蒙哥汗进驻石子山亲自督战。从二月到五月,蒙古军先后猛攻一字城和镇西、东新、奇胜、护国等城门以及外城,均被击退。六月,宋四川安抚制置副使兼重庆知府吕文德率战舰千艘前来支援,被史天泽击败后退回重庆。蒙古军加紧攻城,仍不能破,先是先锋大将汪德臣战死,接着蒙哥汗也死于军中,蒙古军被迫撤围。蒙哥汗死后,在湖北前线的蒙哥汗四弟忽必烈匆忙北撤,回国争夺汗位。

钓鱼城之战的胜利,尤其是蒙哥汗在钓鱼城下败亡,一方面导致蒙古汗国此次灭宋战争宣告失败,岌岌可危的南宋王朝得以延续20年之久;另一方面使蒙古军的第三次西征行动停滞,缓解了蒙古汗国对欧、亚、非等国的威胁。早在1252年,蒙哥汗发动了第三次西征,先后攻占今伊朗、伊拉克及叙利亚等大片土地。其弟旭烈兀准备向埃及进军时,突然获悉蒙哥汗的死讯,便匆忙留下少量军队继续征战,自己则率大军东还,最终蒙古军因寡不敌众被埃及军队打败,蒙古军始终未能打进非洲,蒙古汗国的大规模扩张行动自此走向低潮。因此,钓鱼城之战在世界战争史上占有重要一页。钓鱼城被欧洲人誉为"东方麦加城"。

彭大雅、余玠都在钓鱼山筑城,充分显示了他们在军事上的远见卓识。

4. 彭大雅与丽阳故里

彭大雅出生并成长在丽阳,中进士后外出为官,致仕后回到家乡。彭大雅曾经读书的东山书院以及供奉彭氏祖先的法云寺遗址至今尚存。据丽阳《彭氏宗谱》记载，彭大雅留有《致仕得请》组诗、《东山书院记》等诗文。道光版《鄱阳县志》、同治版《饶州府志》、《江西通志》有他的传记。

东山书院，是丽阳彭氏教育子孙的地方。该书院由彭大雅祖父彭汝执创立。彭大雅为此作《东山书院记》一篇。彭大雅自四川致仕归里后，乐守林泉，写有丽阳附近八景的诗歌。诗中赞誉的"八景"分别为：东山书院、古寺松风、义井寒泉、郭璞晴雪、夕阳东流、石口滩声、谯楼暮角、浮洲山色。

其《致仕得请》组诗：

天书一札许归乡，乐彼邱园故土桑。边报不惊心上火，春风难扫鬓头霜。

归来未解事耕锄，谢却逢迎静看书。两两茅檐怜叟屋，重重烟树野僧居。

雨余石径宜闲步，月上山溪可醉渔。良檄已藏飞鸟尽，头颅华发牛潇疏。

其《东山书院》诗：

山绕平岗水向东，书声咕哔出林中。良宵直到鸡鸣后，篝火藜光映彩红。

5. 历代对彭大雅的记载与研究

彭大雅在《宋史》中没有传记，致使其事迹难以查考。近年来，在地方志书、宗谱资料以及散落的宋元笔记文集中，发现了部分有价值的文献史料。

（1）史志记载

彭大雅在《宋史》中的记载零散且少见。主要有以下几条：

《宋史》卷四十二 （嘉熙）四年……三月辛未，诏四川安抚制置副使彭大雅削三秩。……夏四月壬寅，前潼川运判吴申进对，因论蜀事，为上言："郑损弃边郡不守，桂如渊启溃卒为乱，赵彦呐忌忠勇不救，彭大雅险谲变诈，殊费关防。宜进孟珙于夔门。夔事力固之，东南能助之,则夔足以自立。"

（淳祐元年）十二月丁丑,侍御史金渊言:彭大雅贪黩残忍,蜀人衔怨,罪重罚轻,乞更审责。诏除名,赣州居住。

《宋史》卷四十三　（淳祐）五年……三月庚子,诏严赃吏法,仍命有司举行彭大雅、程以升、吴淇、徐敏子纳贿之罪。准淳熙故事,戒吏贪虐、预借、抑配、重催、取赢。

（淳祐十二年）十二月……己未,诏追录彭大雅创城渝州功,复承议郎,官其子。

《宋史》列传《孟珙传》　四川制置使陈隆之与副使彭大雅不协,交章于朝。珙曰:"国事如此,合智并谋,犹惧弗克,而两司方勇于私斗,岂不愧廉、蔺之风乎?"驰书责之,隆之、大雅得书大惭。

《宋季三朝政要》卷二　嘉熙四年……彭大雅使北。……淳祐三年……彭大雅守重庆,时蜀已残破,大雅披荆棘,冒矢石,竟筑重庆城以御利阆,蔽夔峡,为蜀之根柢。自此支吾二十年。大雅之功也。然取办促迫,人多怨之。大雅微时,有富民资以金谷,待以饮馔,随其所需,略无厌倦。一日,富民殴死一邻人,大雅奋然以身当之。自入词于官云:"此事是某。愿下狱供析。"富民赖之免。适其年大,比太守怜其才,俾之就试。是秋,领举并释之。次年登科,官至朝（请）郎,出为四川制置,甚有威名。识者谓其义气满胸,前程远大,已见于此矣。其筑重庆也,委幕僚为记,不惬意,乃自作之曰:"某年某月某日,守臣彭大雅筑此,为国西门。"谒武侯庙,自为祝文曰:"大国之卿,不拜小国之大夫。今大雅拜矣,非拜公也,拜公之八阵图,拜公之《出师表》也。"其文老成简健如此,闻者莫不服之。后不幸遭败而卒,蜀人怀其恩,为之立庙。……朝廷用余玠、彭大雅。余玠……在蜀十年,有经理功;大雅亦有劳绩。

天一阁藏明正德版《饶州府志》卷四《人物》　彭大雅,字子文,宝祐间进士第,累官至四川制置副使,知重庆府。时天下有警,蜀残破特甚。大雅城重庆以御利阆，蔽夔峡，为蜀根柢。城完，自题曰：某年守臣某筑，为蜀西门。蜀人怀之，为立庙。淳祐间加谥忠烈侯。

同治版《饶州府志》卷十九《人物志》　彭大雅，字子文，鄱阳人。嘉定七年进士，官朝请郎，出为四川制置副使，甚有威名。嘉熙四年使北。淳祐三年守重庆，时蜀地残破，大雅披荆棘、冒矢石，筑重庆城以御利阆，蔽夔峡，为蜀根柢。人德之，为立庙。卒谥"忠烈"。孙克绍博学能诗，有《学余稿》。

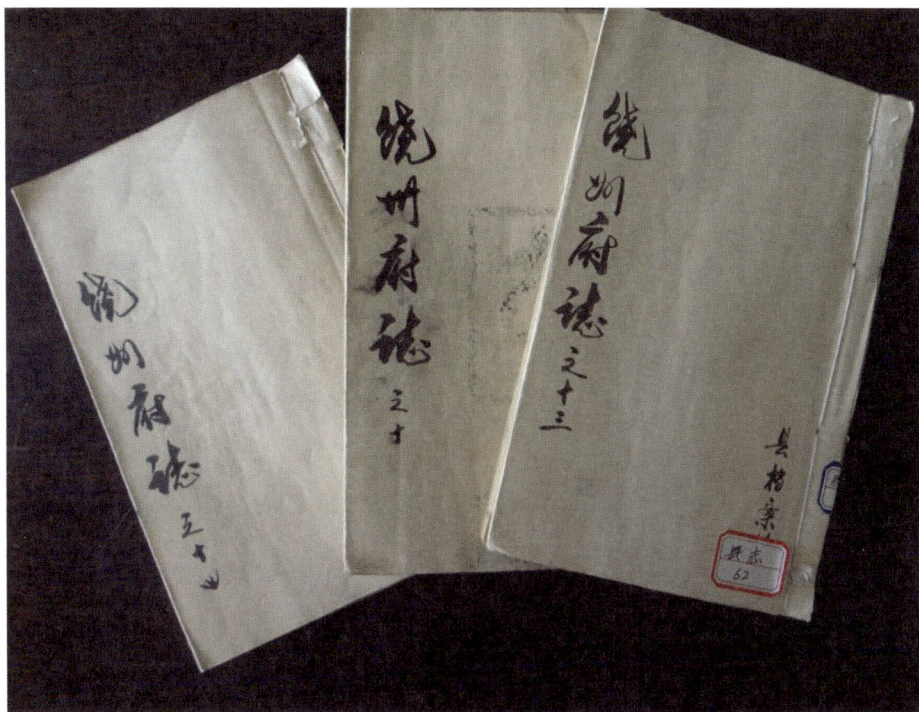

同治版《饶州府志》书影（鄱阳县档案馆藏）

道光版《鄱阳县志·彭大雅传》与同治版《饶州府志》记载相近。道光版《鄱阳县志》记载，彭大雅是"彭汝砺四世孙"，此与二人世系不相符。不过，该志卷三十二《杂记》补正说："大雅字子文，号止翁，晚号大极山人，父适，祖汝执。汝砺乃思泳之子。汝执则思颜之子。"

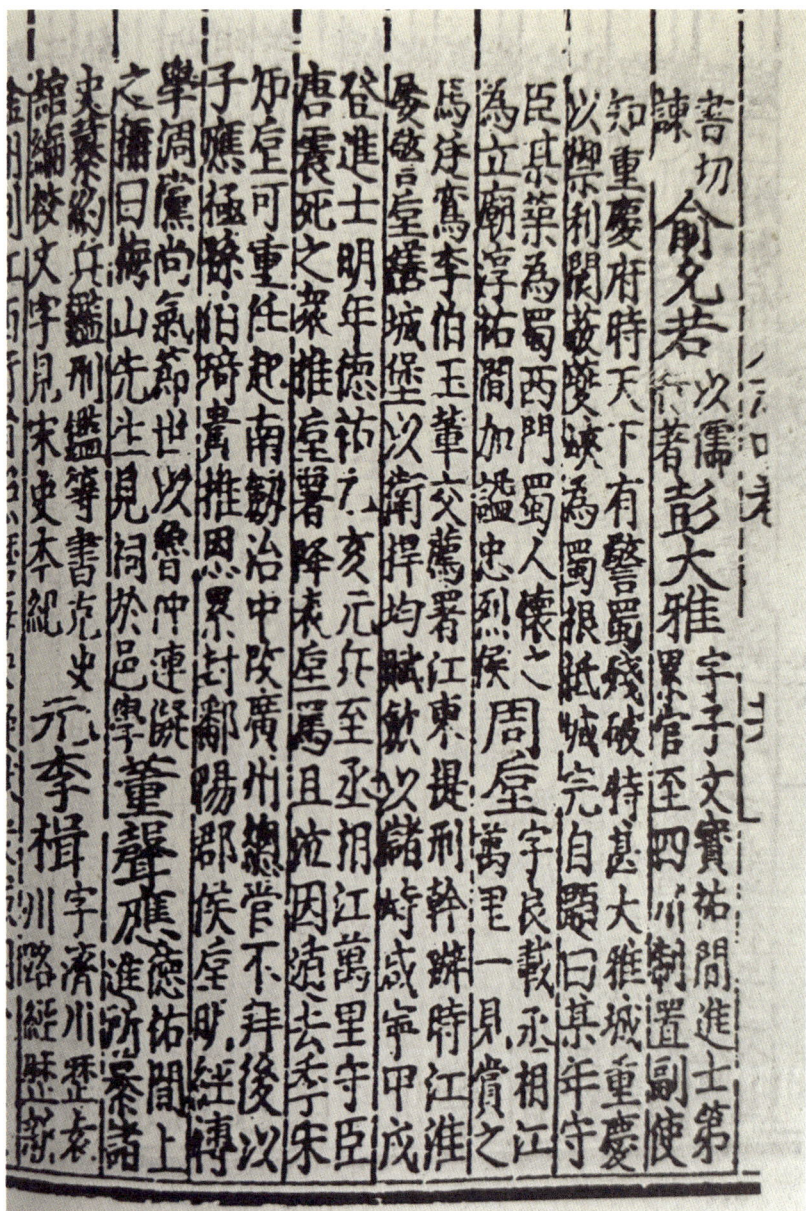

天一阁藏正德版《饶州府志》卷四记载彭大雅事迹书影

（2）野史笔记

元代吴莱著《三朝野史》，记载："彭大雅知重庆，大兴城筑。僚属更谏不从。彭曰：'不把钱做钱看，不把人做人看，无不可筑之理。'既而城成，僚属乃请立碑以记之,大雅以为不必;但立四大石于四门之上,大书曰:'某年某月彭大雅筑此城,为西蜀根本。'其后蜀之流离者多归焉。蜀亡,城犹无恙,真西蜀根本也。"

吴莱(1297—1340),字立夫,名来凤,号渊颖先生,婺州浦阳(今浙江浦江)人,元朝集贤殿大学士吴直方长子。著名文学家,从学于方凤,开一代文章之风。仁宗延祐七年(1320)以《春秋》举进士不第,退隐山中,举荐为景德镇长芗书院山长,培养了明初著名文学家、史学家宋濂和号称"江南第一家"的郑义门众多学子,成为大儒,一生著述丰富。宋濂称其为"长芗公",并将其著作编订为《渊颖集》,刘基为之作序。《元史》有他的传记。

元代袁桷著《渝州老人歌》。袁桷(1266—1327),字伯长,号清容居士,庆元鄞县(今浙江宁波)人,元代著名学者、文学家、藏书家。始从戴表元学,后以王应麟为师,博学能文。20岁后历任南宋著名书院丽泽书院山长、元朝翰林国史院检阅官、国史院编修官、翰林直学士、知制诰同修国史等职。《渝州老人歌》从侧面讲述了彭大雅筑城之功。《渝州老人歌》载《清容居士集》,后录入《四部丛刊》。诗文如下:

> 渝州太守筑城瞰江坚且牢,月挂斗柄山鬼号。州民累累下江去,蜀水入汉才容舠。渝州何嗷嘈,攀缘翠木参井高。不愁滟滪作人鲊,但愿浙米云安去如马。忆昔彭太守,晚得一州大如斗。征西将军华表柱,白鹤不来猿狖守。小儿舞桨红离离,大儿挽车上栈迟。渴饮古涧之层冰,暮宿古松之危枝。渝江之水人马瞬息渡,排石列栅犹支持。年年草青记新历,不识烽火平安是何夕。赫日涌红轮,金鸡飞报渝州民。空梁燕回候归语,小墙花发舒嗁痕。渝州老人面如漆,家住金陵年七十。含辛老入巴江路,犹记坟前白杨树。前冈瓮崩流,后冈蚓成丘。社翁相询传父祖,里妇惊猜讶吴语。浇酒酹坟封四尺,程氏之坟从此识。君不闻武担之山五丁土,岁岁春风啼杜宇。

元代王逢著《宋制置彭大雅玛瑙碗歌周伯温参政征赋》。王逢(1319—1388),字原吉,江阴人,后迁徙上海。王逢工于诗赋,著有《梧溪集》。周伯温(即周伯琦,1298—1369),鄱阳人,历官翰林修撰、兵部侍郎、兵部尚书、参知政事,工于书法。本诗言及彭大雅事,对彭大雅极其推崇。道光版《鄱阳县志》载有此诗。

元代范梈著《赠方永叔往教重庆路》。范梈(1272—1330),字亨父,一字德机,清江(今江西省樟树市)人,与虞集、杨载、揭傒斯并称为"元诗四大家"。本诗为范梈客行蜀地所作,其中"渝州古雄城,彭君旧建旌。至今江石上,犹有古时名"的诗句,对彭大雅修筑重庆城的历史功绩予以高度评价。

全诗如下:

> 汲水得明月,倒影上青天。客行三十年,未识蜀月圆。中宵梦巴蜀,秣马辞燕服。成都虽云远,未到意已足。远意不可期,宿夕宛见之。云迷飞鸟道,雨急卧龙祠。干戈何草草!只说渝州好。旦得渝州官,甘就渝州老。渝州古雄城,彭君旧建旌。至今江石上,犹有古时名。豪杰世已矣,空城俯流水。复有江东人,来教渝州士。方侯天机深,大雅托遗音。沈潜万夫敌,脱略五湖心。翻然别我往,长揖仙人掌。疾风吹大旗,落日明斜舫。即此少相知,相知长恨思。巫山桂树发,折寄定何时?

(3)专题研究

关于彭大雅的研究,近现代有多位学者予以关注。

1941年,著名历史学家、中国社会科学院研究生院教授、北京大学教授张政烺撰《宋四川安抚制置副使知重庆府彭大雅事辑》,1946年作补记,全文发表在北京大学《国学季刊》第6卷第4期。

1991年,四川省社会科学院历史研究所研究员徐南洲作《彭大雅传略》,收录于重庆出版社出版的《钓鱼城与南宋后期历史——中国钓鱼城暨南宋后期历史国际学术讨论会文集》中。

2005年,著名历史学家、重庆博物馆馆长董其祥作《彭大雅事绩考辨》,收录于重庆出版社出版的《董其祥历史与考古文集》中。

2012年12月,重庆大学陈晔、成都八中杨槐撰《守蜀名臣彭大雅事迹补证》一篇,发表在《兰台世界》。

南宋大理寺少卿黎安朝

1. 黎安朝生平与丽阳黎氏

黎安朝(生卒年不详),南宋宁宗嘉定十三年(1220)进士,南宋理宗淳祐年间大理寺少卿(正四品官阶),南宋理宗淳祐九年(1249)镇守袁州(今江西省宜春市)。他一生的突出贡献,就是主持重刊并"修补"了堪称中国古代"目录学"的鸿篇巨制——《郡斋读书志》。

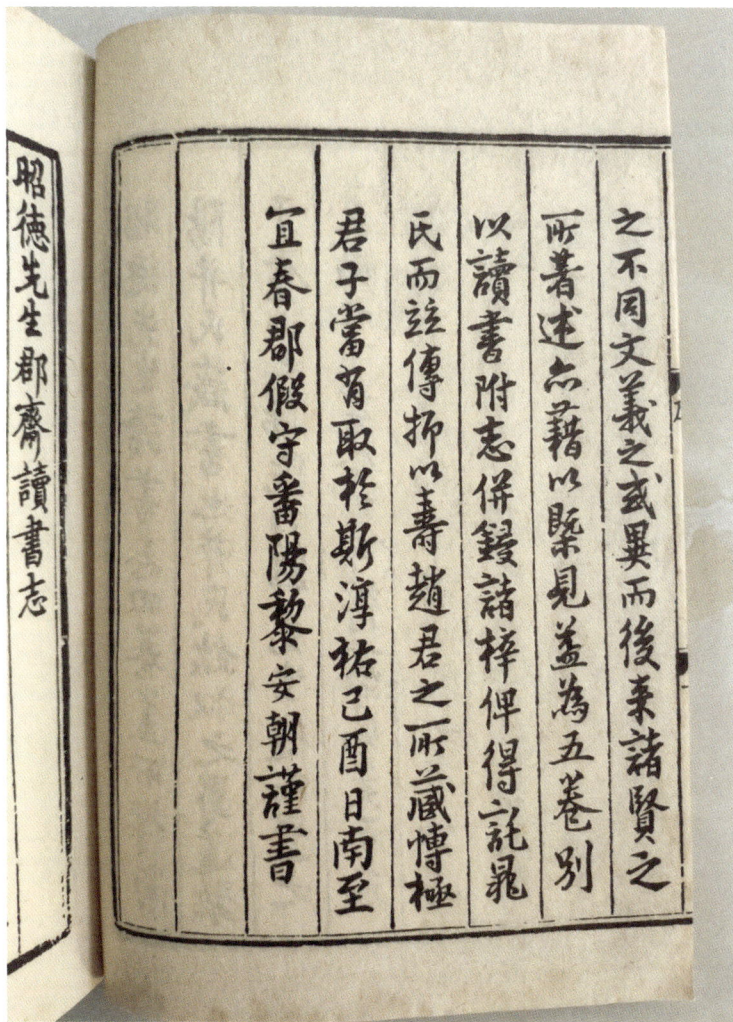

黎安朝刊《郡斋读书志》序

宋代,尤其是南宋,是江南地区经济社会发展的黄金时期。在饶州鄱阳,黎氏是望族。南宋诗人黎廷瑞在《丽阳仁祐庙记》中说:"宋三百年,鄱郡方千里,而王侯之风独见于吾乡。"

关于丽阳黎氏的迁徙与繁衍,历代黎氏宗谱均有记载。清咸丰四年(1854)黎邦彦撰丽阳《黎氏宗谱序》记载:"我唐宦柏高公自湖广而参政江西,因乱而迁鄱之丽阳镇,为我迁鄱始祖。其后自鄱而历唐、宋、元,生于斯殁于斯,而登雁塔鳌头者十数人。"清光绪二十七年(1901),黎法尧撰丽阳《黎氏宗谱序》记载:"我祖自景熙公,袭容城男爵始迁历陵,宋后解祖而遂卜居焉。历陵郡乃吾今之丽阳,景熙公乃吾鼻祖也。"民国十二年(1923),黎传成撰丽阳《黎氏宗谱序》记载:"景熙公既爱宅于前,柏高公复徙居于后,历陵旧郡转音而新号丽阳容城,故家历世而宗绵。"由此可知,丽阳黎氏最早于汉代(宗谱中之"景熙公"为汉文帝时人)迁居于此,唐代黎柏高复迁居于丽阳。

丽阳黎氏人才辈出。据道光版《鄱阳县志》记载,仅宋代,黎氏就出了10位进士:

> 北宋哲宗元符三年(1100)庚辰科黎万甫,字元弼,官户部尚书;
>
> 北宋徽宗政和五年(1115)乙未科黎琬,字器之,官河南节度使;
>
> 南宋高宗建炎二年(1128)甲辰科黎兴,字思文,官黄州刺史;
>
> 南宋宁宗嘉定七年(1214)甲戌科黎泰,官金紫光禄大夫;
>
> 南宋宁宗嘉定十三年(1220)庚辰科黎安朝,官大理寺少卿;
>
> 南宋理宗宝祐四年(1256)丙辰科黎景,官春官正郎中;
>
> 南宋理宗开庆元年(1259)己未科黎元秀,字叔文,号草亭,官丽水县尹;
>
> 南宋理宗景定三年(1262)壬戌科黎会卿,官临安府录事参军;
>
> 南宋度宗咸淳元年(1265)乙丑科黎希夷,字秩卿,官监广州盐场事;
>
> 南宋度宗咸淳七年(1271)辛未科黎廷瑞,字祥仲,官迪功郎。

2. 黎安朝与"袁本"《郡斋读书志》

《四库全书提要》记载:

《郡斋读书志》四卷,宋晁公武(1105—1180)撰。《后志》二卷,亦公武所撰,赵希弁重编。《附志》一卷则希弁所续辑。公武字子止,钜野(今山东省巨野县)人,晁冲之之子。官至敷文阁直学士、临安少尹。岳珂《桯史》记隆兴二年(1164)汤思退罢相,洪适草制作平语,侍御史晁公武击之,则亦骨鲠之士。希弁,袁州人,宋宗室子。自题称江西漕贡进士,秘书省校勘。以辈行推算,盖宋太祖第九世孙。始南阳井宪孟(井度,字宪孟,1141年任四川转运使,南宋著名藏书家、刻书家,河南南阳人)为四川转运使,家多藏书,悉举以赠公武。乃躬自雠校,疏其大略为此书。以时方守荣州,故名《郡斋读书志》。后书散佚,而志独存。淳祐己酉(1249),鄱阳黎安朝守袁州,因令希弁即其家所藏书目参校。删其重复,撼所未有,益为《附志》一卷,而重刻之,史称"袁本"。

南宋晁公武撰《郡斋读书志》,是我国现存最早且具有提要内容的私家藏书目录,对后世的"目录学"影响极大。该书收录图书1492部,基本上涵盖了宋代以前各类重要典籍,尤以搜罗唐代和北宋时期的典籍最为完备。这些典籍,至今不少已亡佚和残缺,后世可据书目提要窥其大略。全书分经、史、子、集四部,部又分45小类;书有总序,部有大序,多数小类前有小序;每书有解题,从而形成了一个严谨完备的体系。晁公武撰写的提要,不仅翔实有据,而且注重考订,内容详略得当。他介绍作者生平、成书缘由、学术渊源及有关典章制度、逸闻掌故,都能引用唐宋实录、宋朝国史、登科记及有关史传目录,并详加考证。这些材料,许多今已失传。因此,晁公武撰写的提要内容,很多具有较高的史料价值。

现流传的《郡斋读书志》,有"袁本""衢本"两个版本,对《郡斋读书志》传承都具有十分重要的价值。学术界历来对这两个版本的优劣持不同意见。清康熙六十一年(1722),海宁人陈师曾重刊"袁本"《郡斋读书志》。民国初期,在北京故宫博物院图书馆发现宋刻"袁本"《郡斋读书志》传本。

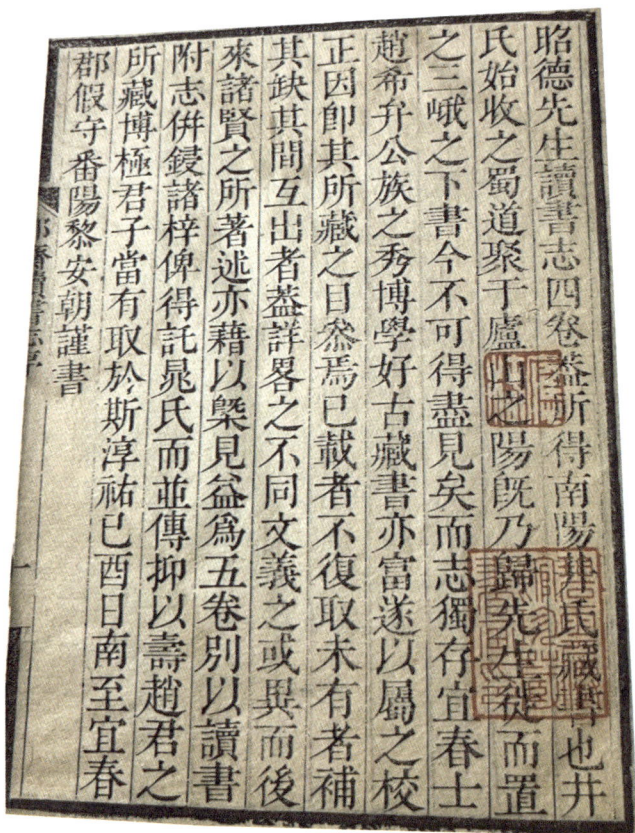

昭德先生讀書志四卷益所得南陽井

氏始收之蜀道聚于廬山之陽既乃歸先生歿而置

之三峨之下書今不可得盡見矣而志獨存宜春士

趙希弁公族之秀博學好古藏書亦富遂以屬之校

正因即其所藏之目盞焉已載者不復取未有者補

其跌其間互出者盞詳畧之不同文義之或異而後

來諸賢之所著逃亦藉以槩見益爲五卷別以讀書

附志併鋟諸梓俾得託晁氏而並傳抑以壽趙君之

所藏博極君子當有取於斯淳祐巳酉日南至宜春

郡假守番陽黎安朝謹書

清康熙六十一年(1722)陈师曾重刊"袁本"《郡斋读书志》书影

民国二十年(1931),著名出版家张元济对宋刻"袁本"《郡斋读书志》予以影印出版。在系统研究比较后,张元济对"袁本"给予充分肯定。他说:"袁本出而衢本可废矣。古书之可贵,从未有不贵其最初之原本,而反贵其后人改编之本者。余夙为袁本怀不平,今获见宋刻,更足正陈本错简之讹。因缀一言,以就正于世之嗜读是书者。"

民国二十二年(1933),上海涵芬楼据故宫博物院图书馆藏宋淳祐"袁本",影印《宋椠袁本昭德先生郡斋读书志》。该志为《续古逸丛书》之三十五,一函八册。此后,王云五在主持商务印书馆、台湾商务印书馆工作时,以《万有文库》和影印《四部善本丛刊》,刊印"袁本"《郡斋读书志》。

当前通行的《郡斋读书志》版本为孙猛(日本早稻田大学法学部教授,著名文献学、目录学家)整理的《郡斋读书志校证》,他以清代汪士钟初刊本为底本,用宋代刊袁本合校,参校其他十余种善本和历代史志书目,为现存各种版本和前人研究成果之集大成者。《郡斋读书志校证》1990 年由上海古籍出版社出版发行,2011 年再版。

南宋诗人黎廷瑞

1. 黎廷瑞生平

黎廷瑞(1249—1308),字祥仲,号芳洲,又号俟庵,南宋度宗咸淳辛未年(1271)进士,授迪功郎,任肇庆府司法参军。南宋灭亡后,回乡幽居山中 10 年,与吴存、徐瑞等当地知名诗人交往较多。元世祖至元二十三年(1286)起,黎廷瑞在饶州府学任教 5 年。元武宗至大元年(1308)卒,葬于鲇鱼山金桥马家坞。

关于黎廷瑞的出生年份,目前公开资料多为"1250 年"。吴存撰《芳洲黎公行述》记载:"公生淳祐己酉,至是甲子一周云。"淳祐己酉为 1249 年,这与黎廷瑞中进士时 23 岁的年龄相符。此外,丽阳村《黎氏宗谱》记载:"廷瑞公,字祥仲,号芳洲,咸淳辛未年登第赐进士状元张镇孙榜,仕至迪功郎、肇庆府司法参军,至元谢仕,以诗自娱。生于淳祐己酉年,卒于元至大戊申年四月,葬马家坞,娶吴谨斋先生之女,生子三镛、熊、稷。"据此可知,黎廷瑞当生于 1249 年,卒于 1308 年。

黎廷瑞曾祖黎旗、祖父黎赵、父亲黎能哲(字哲卿,号桂轩,世居丽阳)皆有文采,均被州县举荐应试进士。南宋大理寺少卿、进士黎安朝,是黎廷瑞的叔父。

宋朝灭亡后,黎廷瑞以博学多才教授乡里,权为学官,致力于教授学生,读书论文,情托知交,赋诗相娱,不慕仕途。在任饶州府学教授的 5 年里,他改建采芹宫、爱莲亭,修葺尊经阁,建亭廊,种竹子,改善学习环境。州府官员拟推荐他为官,他以母亲年长为托词。离开府学之后,黎廷瑞回到家乡侍奉母亲,晚年以读书、会友、游山为乐。

芳洲集卷一

鄱陽黎廷瑞著　　鄱陽五家一

史簡編

四言體

送梁必大歸杭省親　楚水送梁子也梁子爲楚文學掾將歸覲其親友念別故作是詩以送之

悠悠楚水　灝灝吳雲　孰作之合　胡然而分　豈無良朋

我獨子忻　於穆令德　有粲其衣

吳雲灝灝　楚水悠悠　眷念庭闈　道阻且修　篤貧而仕

匪食求竭　來以解爾憂

瞻彼日月　有翣有弦　慨彼中年　別友實難　有片于池

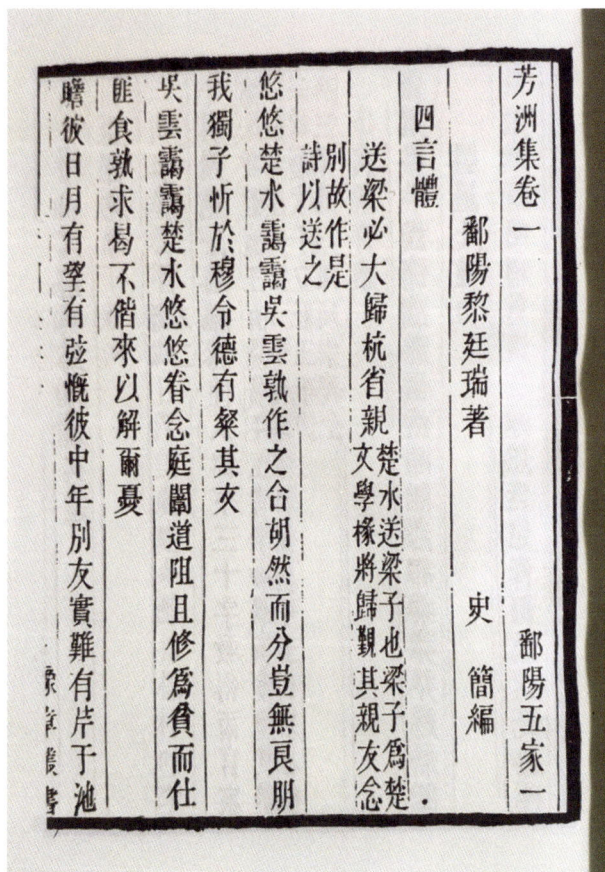

《四库全书·鄱阳五家集》之黎廷瑞《芳洲集》书影

黎廷瑞《余秋村创书院》一诗，描述了这一时期他在乡里创办书院教授学生的情形："五凤楼修谩赋空，不堪四壁老秋风。黄金白璧相逢顷，文杏香茅一笑中。子美堂资须录事，尧夫宅契出温公。诸公更使风流尽，千载遥知意气同。"

鄱阳著名诗人吴存在其《挽黎芳洲》中评价他："当年赤手夺青衫，风引蓬莱碧海帆。师道晚行文学事，泽民空署法曹衔。苔迷车马平生迹，尘锁诗筒旧日函。莫恨芳洲秋色晚，珑璁玉树总非凡。"

此外，黎廷瑞深受程朱理学影响。南宋理学家吴中守、吴中行，既受学于朱熹再传弟子饶鲁，又深受陆九渊弟子杨简影响，黎廷瑞慕名前往学习，有着明确的传承渊源。

2.文学成就

黎廷瑞以诗文著称于时,是宋元时期著名诗文家,被誉为"鄱阳五先生"之一。清代史简在其《鄱阳五家集》(乡贤诗集,清康熙年间撰)中,为黎廷瑞作传,称其"生而颖拔,日诵数千言,即了大义。少长,闻乐平谨斋吴公中守、准轩吴公中行以双峰饶子之学讲道于龙湖,公蹑屩从之,深契旨要。由是为文,一宿于理"。

对于黎廷瑞的才学,史简在《鄱阳五家集》中,称其:"为文必黜百家,崇孔氏,以韩子为宗,尤酷嗜欧阳子。不用奇字生语,而幽然之光,苍然之色,绝出笔墨畦径外。诗尤神解,自成一家。驰骋唐宋以还,深入陶谢之室。气韵雄浑,趣味深永,盖不独专美一时矣。"

元代吴存在《芳洲黎公行述》中赞曰:"先生文章,和平恬淡之音,时有豪宕感激之气,而不自觉。然自先生之作既出,学者翕然慕之,江左之风为之一变。使当承平,居给谏,入馆阁,黼黻典章,奢错政化,方且与司马、班、扬,夺策友辔,而暇屑屑,与郊、岛辈较声病耶!"

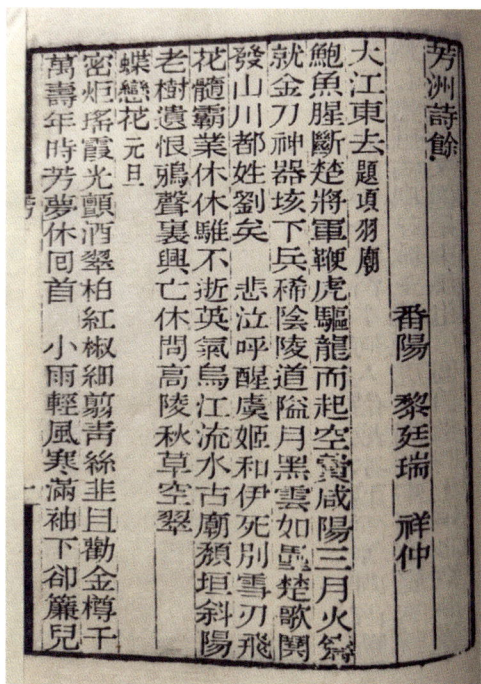

黎廷瑞《芳洲诗余》书影

2007年,江西省高校古籍整理领导小组整理出版《豫章丛书》,在对《鄱阳五家集》点校时,称黎廷瑞"其诗自成一家,气韵沉雄,趣味深永"。

黎廷瑞著有文集若干卷、讲义若干卷、诗词旧稿若干卷、续稿若干卷。今存有《芳洲集》三卷,收入史简编《鄱阳五家集》,后经江西巡抚采集收入《四库全书》(集部八、总集类五)。词作《芳洲诗余》,收入朱孝臧辑唐宋金元词集《强村丛书》,现存有1922年朱氏刻本。民国八年(1919),胡思敬刊刻《豫章丛书》,《鄱阳五家集》被收入其中。

3. 交友唱和

黎廷瑞师从乐平"三吴先生",交友广泛,以文会友。他常邀吴存、梁必大、汤景文、吴德昭、李思宣、周南翁等文友乡贤,唱吟赋和,留下了不少脍炙人口的佳句名篇。他与马廷鸾、钟季玉、卢挚、姚燧、奥敦希鲁交好,与鄱阳徐瑞、吴存多有唱和,与谢章、谢枋得多有交往。宋度宗咸淳九年(1273),黎廷瑞父亲黎能哲去世,时在国史馆任职的谢枋得为其父书写墓志铭,同年进士钟季玉则篆碑额。

"三吴先生",指南宋末期饶州乐平县(今江西省乐平市)吴中守、吴中行、吴中孚三兄弟。三人均师从朱熹再传弟子、著名理学家饶鲁。黎廷瑞常赴乐平县向"三吴先生"学习,并深得器重。吴中守将女儿嫁给黎廷瑞。

马廷鸾(1222—1289),字翔仲,号碧梧,南宋饶州乐平县众埠镇楼前村人。南宋理宗淳祐七年(1247)进士,宋末官至右丞相。宋朝灭亡后,马廷鸾归隐乡里,与黎廷瑞通过诗书交往。他曾作《题芳洲诗集》,称黎廷瑞的诗:"古诗近陈子昂感遇,绝句可杂半山诗。"马廷鸾去世后,黎廷瑞作《丞相马挽章》,称赞马廷鸾"平生甚似洪文惠",把他与南宋初期同为饶州人的丞相洪适相提并论。

钟季玉,名诚,字之纯,饶州乐平人。南宋理宗淳祐七年(1247)进士,知万载县。历官枢密院编修,离京知建昌军,不久改任江西运判,主提点坑冶,皆不赴。朝廷强行征令他为官,他迁徙到建阳居住。元兵到来后,他宁死不屈,朝廷追赠他为宝谟阁学士。《宋史》有他的传记。

卢挚(1242—1314),字处道,一字莘老,号疏斋,又号蒿翁,元代涿郡(今河北省涿州市)人。元世祖至元五年(1268)进士,历任廉访使、翰林学士。著有《疏斋集》《文心选诀》《文章宗旨》,传世散曲 120 首。

姚燧(1238—1313),字端甫,号牧庵,营州柳城(今属辽宁朝阳)人。3 岁时,父亲姚格亡故,为伯父姚枢(1201—1278,元初政治家、理学家,官至翰林学士承旨)养育。姚燧 18 岁时,跟从元代大儒、著名理学家许衡学习理学。元世祖至元八年(1271),许衡为国子祭酒,奏召弟子 12 人为伴读。姚燧自太原至朝廷任职,后官至翰林学士承旨。著有《国统离合表》若干卷、《牧庵集》50 卷。《元史》有他的传记。

奥敦希鲁(生卒年不详),女真人,姓奥敦(汉译又作奥屯),名希鲁,字周卿,号竹庵,淄州(今山东省淄博市)人,元曲作家。至元初为怀孟路判官,历任河南佥宪、江西宪副,升江东宪使,迁澧州路总管,官终侍御史。奥敦希鲁巡按江西时,常命黎廷瑞随行。其父奥敦保和,"由万户升昭勇大将军、德兴府元帅,锡虎符,改雄州总管"。有兄弟三人:希恺、希元、希尹。

徐瑞(1255—1325),字山玉,号松巢,鄱阳县鹊湖(今昌江区鲇鱼山镇鹊湖村)人。南宋度宗咸淳年间参加科考,未能中第。元延祐年间,徐瑞被推举为鄱阳县书院山长,与黎廷瑞交往甚密,常有诗书往来,著有《松巢漫稿》。其祖父云岩、叔祖东绿皆擅长写诗,叔父洁山居士,弟可玉、宗玉,从(堂)弟楚玉、兰玉皆有文才,先后在朝廷为官。侄子徐孜,任浮梁教授,诗集附《松巢漫稿》后传世。今鲇鱼山镇郭璞峰留有鹊湖徐氏石刻遗迹,为江西省文物保护单位。

吴存(1257—1339),字仲退,号月湾,鄱阳县凰岗镇人,著名理学家饶鲁私淑弟子。吴存与黎廷瑞交往密切,并以门人自居。黎廷瑞去世后,吴存撰《芳洲黎公行述》。

明代理学家余祐

明代,丽阳镇以余祐、史桂芳为代表的学士,不仅事功阙伟,而且在理学上崭露头角,影响深远。余祐恪守程朱理学,尤其对其师胡居仁思想体系的形成具有重要贡献。

1. 余祐生平及师承关系

余祐(1465—1528),字子积,号认斋。明弘治十二年(1499)进士,历任南京刑部员外郎、山东副使、云南布政使,后转任吏部侍郎,未离滇而卒,时年64岁,后葬于利阳镇,《江西通志》、道光版《鄱阳县志》均有记载。著有《性书》《文公经世大训》《游艺至论》等,为其师胡居仁编著《居业录》《敬斋集》等。《明史》有他的传记,附于胡居仁生平事迹之后,称"其(胡居仁)弟子余祐最著"。

胡居仁(1434—1484),字叔心,号敬斋,江西余干县梅港人,明代著名理学家、教育家。两次应邀入主南康府(今庐山市)白鹿洞书院。明宪宗成化十九年(1483),受淮王之邀到饶州府(府治在今上饶市鄱阳县)讲学。明神宗万历十二年(1584),监察御史李颐奏请朝廷以胡居仁从祀孔庙时,在奏疏中评价胡居仁的学术成就:"其(胡居仁)平居著述有《易传》《春秋传》,今颇散佚,次存于世者,有《居业录》,有《粹言》,有《文集》,其间议论,广大精微,高明平实,莫非羽翼六经,发挥斯道,其有功于圣门,非浅鲜已也。"他建议"以所著《居业录》《粹言》行儒臣纂修编于《性理大全》之后,列于黉宫"。明神宗万历十三年(1585),胡居仁被追谥"文敬",从祀孔庙,成为明代享有从祀孔庙殊荣的四人之一(其他三人分别为薛瑄、王阳明、陈献章),后世评价他为"一代儒宗"。胡居仁曾作自题联:"苟有恒,何必三更眠五更起;最无益,莫过一日曝十日寒",对后世影响深远。

余祐自幼聪颖过人,家学渊源深厚,才华横溢。胡居仁客居饶州府鄱阳淮王府讲学时,年仅19岁的余祐得以拜他为师。胡居仁对余祐十分器重,并将爱女许配给他。胡居仁在《复余氏定亲书》一文中,大加赞赏这位未来女婿,称他"宗于圣学,器不小成"。

胡居仁与余祐祖父(县尹致仕)是世交,胡居仁在《复余氏定亲书》一文中表达了对余祐祖父的敬仰之情,同时也表达了对与余氏联姻的重视。他说:"致政琴堂晚节仰全于当代,隐居蓬户考盘窃慕于前贤。道义之契既深,婚媾之联宜讲。恭惟次令孙男志已宗于圣学,器不小成。窃念次舍侄女,教未就于姆仪,才何能淑。恭承嘉命允协良缘礼不虚行诚由辞立。"另外,胡居仁还写有《复余太尹》一诗:"百里溪山不计程,使书遥辱过柴荆。姻娅分内二家好,道义胸中万古情。单父琴归闲宓子,浔阳菊绽老渊明。知公已脱尘涂屣,策杖芝山日少萦。"由此可见,胡居仁与余氏关系十分密切。

遗憾的是,余祜拜胡居仁为师两年后,这位亦师亦父的一代大儒过早离世。余祜悲痛万分,在《居业录》序中这样说:"成化癸卯,祜初谒函丈,请教方恨亲炙之晚,而犹冀夫可卒业也。逾年,先生寿甫五十,遽捐馆舍。岂惟祜之不幸,尤斯文斯世之不幸也。"

2. 余祜为政为学的坎坷经历

明孝宗弘治十二年(1499),余祜高中二甲进士,初为南京刑部员外郎,后因得罪大权在握的太监刘瑾落职入狱。余祜在狱中墨守师说,发愤著《性书》三卷。

明武宗正德五年(1510),刘瑾被诛,余祜复出任福州知府。在福州任职期间,余祜主持编纂了第一部《福州府志》。当时,宦官专权,福州镇守太监搜刮百姓财物,当地人向余祜申诉。余祜对此卑劣行径深恶痛绝,他一边安抚百姓,一边上报朝廷。镇守太监得知后,便派人进京联络同党,并扬言要除掉余祜。然而余祜素来廉洁,外人无把柄可抓。明武宗正德九年(1514)五月,余祜升任山东按察司副使。余祜父亲去世后,他回乡丁忧,守孝期满,补任徐州兵备副使。明武宗正德十三年(1518),余祜在徐州因宦官诬陷,被贬谪为南宁府同知,不久迁任韶州知府,后弃官回乡。明嘉靖初期,朝廷任命余祜为云南布政使,并派太仆寺卿召他回京任职,还未等他赴任,又改任吏部右侍郎。遗憾的是,余祜已在云南任上去世。

余祜早年师从胡居仁,在其坎坷的仕途中,他没有放弃学问。他墨守师说,深刻钻研程朱理学。同榜进士王守仁(王阳明,字伯安,著名思想家、军事家,与孔子、孟子、朱熹合称"孔孟朱王")作《朱子晚年定论》,谓其学终归于存养。余祜认为:"朱子论心学凡三变,存斋记所言,乃少时所见,及见延平,而悟其失。后闻五峰之学于南轩,而其言又一变。最后改定已发未发之论,然后体用不偏,动静交致其力,此其终身定见也。安得执少年未定之见,而反谓之晚年哉?"他的辩论一出,令已在理学界享有盛名的王守仁都未能反驳。此事记载于《明史》。

3. 余祐对胡居仁理学思想的重要贡献

余祐作为胡居仁的得意弟子,对其理学思想的传播及后世对其理学地位的确立都有着重要贡献。

明弘治十七年(1504)秋,胡居仁去世20年之际,余祐以弟子身份为其编辑整理刊刻《居业录》并作《序》说:"抱持遗书,于今廿载。昏愚之质,殊无进益。然而每一读焉,凛若先生之临其上,不敢不思奋励而图无负于将来也。若夫道德宏深,言论纯粹肤浅之见,未易窥测,必有知德知言君子尚论先生于天下后世也。"《居业录》是胡居仁讲学时留下的语录,共八卷、十二类。《四库全书总目

余祐所编胡居仁《居业录》书影

提要》高度评价说："（余祐为胡居仁）所著《居业录》，至今称道学正宗。"《居业录》中如"欲为天下第一等人，当做天下第一等事""闻人之谤当自修，闻人之誉当自惧""志不可一日堕，心不可一时放""公生明，私生昏""治世以大德，不以小惠"等，至今都非常有借鉴意义。

明神宗万历二十年（1592），鄱阳凤岗（今昌江区鲇鱼山镇凤岗村）进士陈文衡刊刻《居业录》并作跋说："《居业录》旧有刻，岁久字板漫漫，中丞李公学宗正脉，以兴起斯文为己任，于先生之学有深契焉。大惧曲学乱真，而是书不传也。以余生近先生之居，亟命订之，因求遗本补正，遂为完书刻成，缀数语于末简。"跋多写在书籍、文章、拓片之后，内容多属评价、鉴定、考释之类。此"跋"中，陈文衡所寻求的遗本，即余祐所编刻之书。清代，《居业录》录入《四库全书》时，采用的就是陈文衡作"跋"的刻本。

此外，余祐还为其师编有《敬斋集》三卷（录入《四库全书》后改名为《胡文敬集》）。余祐在《敬斋集》序中说："载此集者，皆祐于先生既没之后，访之远迩，收之散亡。间多少时之作，亦不忍删。盖先生虽不役心诗文，而凡有所作，罔不关切民彝物理，非俗学无用之空言也。"

正是余祐数十年来对胡居仁学术思想成果的不离不弃，才使得后者的《续白鹿洞学规》《白鹿洞讲义》《移居记》《延宾馆记》等大量文献，得以保存至今，成为后人研究胡居仁的珍贵史料。今上饶师范学院冯会明著《胡居仁与余干之学研究》，就借鉴参考了《居业录》《胡文敬集》。

4. 余祐著作简述

余祐著作主要有《性书》《文公先生经世大训》《游艺至论》《认斋集》《认斋集续稿》等。对于余祐的学术，明末清初著名思想家、史学家黄宗羲（1610—1695）在《明儒学案》中一言以蔽之："先生之学，墨守敬斋。"可惜的是，余祐著作传世较少。

在《性书》中，余祐认为："性出于天，而赋于人以生者也。生则理气，同禀浑合为一，不可偏废矣。"又说："夫性本合理气而得名也。论者或欲偏举一端。语气而遗理焉，则凡所以为天下人物者，大本既失，其何以继天立极，而使人趋于

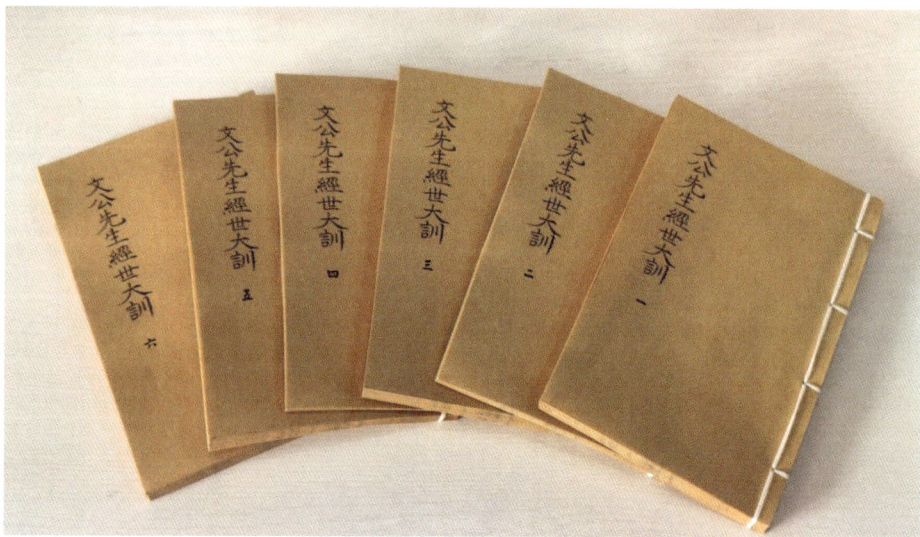

《文公先生经世大训》书影

善,世臻于治也耶;语理而遗气焉,虽于大本有功,然理惟一贯,性具五常,推及其说,遂使一理分裂为五,偏缺支离既有害于理之浑然全体,而亦何补于性之善哉? 盖性之所以善者,正以理之浑全无亏也。理既偏缺,性安得自全乎?"

对于撰《性书》的缘由,他说:"祜为此编,非不欲言性无善以劝天下后世,而割理之全救性之偏。实惧其于天地人物大本大原,晦而不明,亏而不立,末流贻患,殆无终穷。岂惟性亦不能全其善耶。而人苟能知此理之全,则夫性有未善,故可修省克治变气之异,反理之同,而亦归于善矣。然则又奚取于损此益彼,而卒胥失之也哉。"

明武宗正德九年(1514),余祜编《经世大训》,序文在谈到编纂此书目的时说:"尝虑先生(朱熹)之书,如《文集》《语类》卷帙浩繁,学者卒难检阅,而二书之中杂论治道,可以类相从者。自宋迄今,未见合为一书,以便观览。况先生之道虽不用于当时,而遗书幸存,实后世有天下国家者,所当用习师法,用臻至理,庶几斯世斯民蒙被先生之泽。此《经世大训》所由编也。"可见,《经世大训》只是对朱文公(朱熹)著作的摘编,并未阐述个人见解。此书后收入《四库全书》。现安徽省图书馆保存有余祜辑明世宗嘉靖五年(1526)湖广布政司刻本《文公先生经世大训》,已列入"国家珍贵古籍名录"。

明嘉靖三年(1524),余祐编《游艺至论》一书,也只是"采文公先生论说,次为此编,题曰《游艺至论》"。

至于《认斋集》《认斋集续稿》,仅见书名,不知写作缘由。

明代理学家史桂芳

史桂芳是明代饶州历史上一位彪炳青史的人物,以理学著称。

1. 史桂芳生平与丽阳史氏世系

史桂芳(1518—1598),字景实,号惺堂,是明晚期较有影响的学者、诗人、古文家。

史桂芳早年在南康府(今庐山市)白鹿洞书院求学,曾任歙县县令、南京刑部郎中、延平知府、汝宁知府、两浙运使,后曾与罗汝芳、耿定向等人一起讲学。史桂芳的弟子有数十人,共谥其为"贞肃夫子"。后人赋诗称赞他:"碣石风霜历几春,遗文千载见精神。芝山蠡水今犹昔,三百年来无此人。"

史桂芳记载胡闰遗事的《英风纪异》被收入《四库全书》,《惺堂文集》(《皇明史惺堂先生遗稿》)在《四库全书》中存有书目。他名列明清著名思想家、史学家黄宗羲撰《明儒学案》。

关于丽阳史氏的源流,史桂芳在丽阳古田村《史氏家谱》上作跋称:"嘉靖三十六年(1557)丁巳,桂芳过家考谱牒,惟清甫公以下昭穆不紊,公墓在郭外东湖,封而不坟古制也,相传自余干迁葬至此,为鄱阳始祖。"史桂芳自称为清甫公九世孙。民国二十四年(1935)丽阳古田村《史氏续修族谱》新序记载:"吾祖自越芝迁鄱,六百有余岁矣。"鄱阳史氏出自溧阳侯史氏。史惺堂曾于明嘉靖四十年(1561)赴溧阳查考其祖宗源流,并作《祭溧阳侯祖庙》一文,后载入道光版《鄱阳县志》和丽阳古田《史氏宗谱》。

丽阳古田村,明清时期地属鄱阳县和风乡四十三都。古田村原为鄱阳史氏(因居县西,又称"西门史氏")的庄园,史桂芳祖母去世后,埋葬在此地。史桂芳

《皇明史惺堂先生遗稿》书影

在古田村居住近 30 年,去世后亦葬在古田村。史氏在古田的繁衍与兴旺,始自史桂芳。今丽阳镇古田村、山田村老屋下的史氏,多为史桂芳后裔。

西门史氏,因史桂芳官至五品而家境殷实,子孙后代人才辈出。史桂芳,生有 2 子,即书言、书褒;有孙子 6 人,依次为稽古、采古、秩古、和古、稼古、乘古。去世时,有曾孙祝男 1 人。西门史氏中较著名的人物有史乘古、史彪古、史简、史珥等。此外,史白(字坚又),明朝灭亡后绝意进取,筑室城西青山湖,著有《复堂杂说》,并重刊史简编《鄱阳五家集》。史稽古(字心尧),知县,著有《仅存集》。史斑,知县,著有《橘南诗稿》。另有史既济、史同人、史询、史大壮、史虞、史宏誉、史传等人物。

史氏最大的学术成就或对历史的最大贡献,主要是保存了"鄱阳五先生"的宝贵资料、记载了胡闰的遗事。

2. 史桂芳学术影响

史桂芳在明代饶州学术史上具有重要影响,被誉为"七饶(饶州辖七县,故称)师表",以理学著称。

明神宗万历十三年(1585),史桂芳时年 68 岁,应邀到饶州乐平赴会。乐平县登高山慈湖先生新祠建成,知县钟化民用车马接他去主盟。他阐发象山先生陆九渊《喻义章》,并以此为钟化民次子钟名臣行冠礼。明万历十七年(1589),时年 72 岁的史桂芳,应邀赴南康府白鹿洞书院会讲。明万历十九年(1591),朱虞夔巡按南康府,拟聘其主讲白鹿洞书院,因避讳饶州儒生之嫌,未赴职。可见,史桂芳受尊重程度非同一般。

明清之际著名思想家、史学家黄宗羲,将史桂芳列入其代表作《明儒学案》。《明儒学案》成书于清康熙十五年(1676),是一部系统总结和记述明代学术思想发展演变及其流派的学术史著作。书中,黄宗羲将史桂芳列入"白沙学案",并作《运使史惺堂先生桂芳》一篇进行介绍。

3. 史桂芳著作

史桂芳文笔朴实,著作丰富。著有《惺堂文集》14 卷,收录于《四库全书总目》集部第 127 册,传于后世。《四库全书》评价其文章"颇朴实,不做虚渺之谈"。

据景德镇学院教授张德山《白沙弟子,心学传人——史桂芳》一文介绍,现存有《皇明史惺堂先生遗稿》三部,分别珍藏于复旦大学图书馆、安徽省博物馆、台湾"中央"图书馆。具体篇目为:《皇明史惺堂先生遗稿》11 卷、《尝惺先生书经补说》1 卷、卷首 1 卷/[明]史桂芳撰;附《史惺堂先生年谱》1 卷/[明]夏子羽编次,《荡澹人仅存稿》2 卷/[明]史稽古撰,《侨翁诗钞》1 卷/[明]史乘古撰。版本有两种,分别是清顺治十六年(1659)史简等刻本,清顺治十六年(1659)史简等刻、乾隆十四年(1749)史珥增修本。

4. 史桂芳学业修养与知名弟子

史桂芳,2 岁丧父,4 岁丧母,14 岁跟从叔父史仲伦学习。明世宗嘉靖十三年(1534),17 岁的史桂芳参加童子试(明清时期,取得秀才资格的入学考试),取得第一名的佳绩。

明嘉靖十四年(1535),督学李舜臣(字懋钦,乐安人,1523 年进士,官至太仆寺卿)读到史桂芳的试卷,对他大加赞赏。明嘉靖二十年(1541),24 岁的史

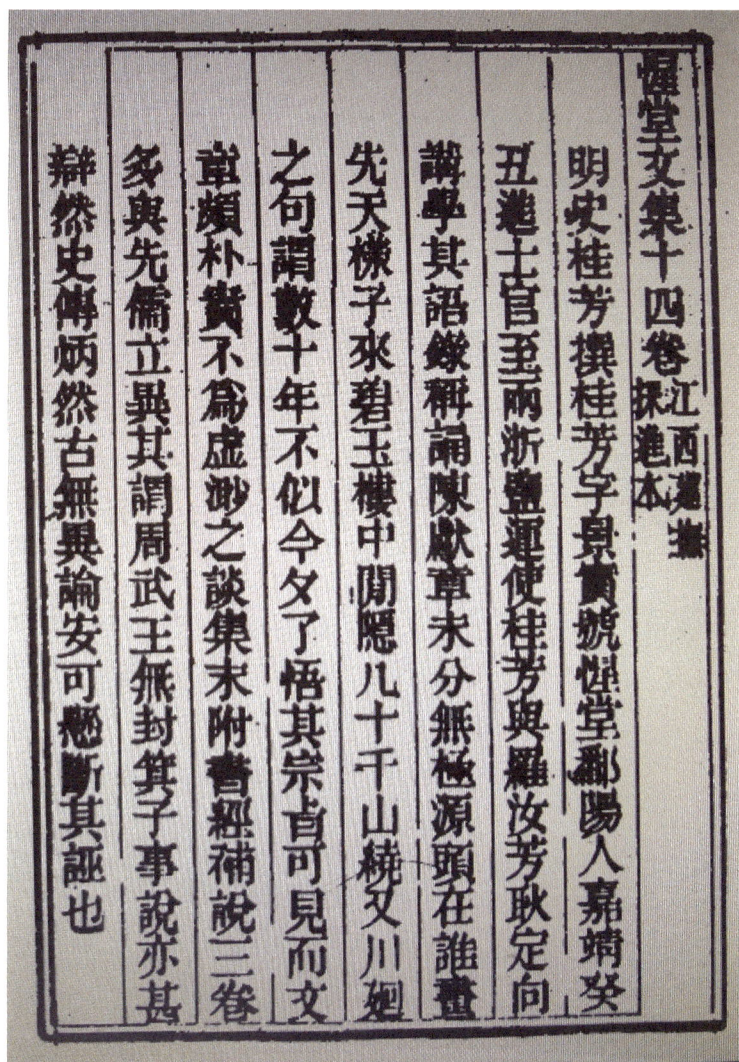

《四库全书》江西巡抚采进（地方进呈）本《惺堂文集》书影

桂芳前往南康府白鹿洞书院求学两年时，偶遇傅愚斋（傅应明）并拜他为师。因傅愚斋从学于岭南著名学者、教育家陈献章（号白沙）的得意门生邓德昌（字顺之，广东顺德人），故明末清初学者黄宗羲将史桂芳的学术列为"白沙学派"。史桂芳此后在鄱阳紫极宫读书数年。明嘉靖三十二年（1553），36 岁的史桂芳中进士，自此步入仕途。

史桂芳为政以德化民,赴任两浙运使时,当地百姓数千人相送。史桂芳还十分重视学问,逐渐成为文章大家。在留都(今南京)任职前后7年时间里,不少人追随他学习。特别是卸任两浙运使归来后,他悉心教育弟子,知名学生多达数十人。

陈吾德,字懋修,号省斋,归善(今广东惠州附近)人。明嘉靖四十四年(1565)进士,初任行人官职,明隆庆三年(1569)升任工科给事中。《明史》有他的传记。

刘应麒,字道征,号芝阳,鄱阳人。明神宗隆庆二年(1568)进士,官江苏巡抚,致仕返乡。他为官清廉,体恤百姓。临行前,他在巡抚衙门墙壁上写诗一首:"来时行李旧时装,午夜青天一炷香。描得海图留幕府,不将山水带还乡。"刘应麒为学、为官的修养,深受恩师史桂芳影响。他在《史惺堂先生年谱前序》中,自称"后学""余亦益先生者"。

陈嘉训,字彝仲,小名思岗(后世学者称之为"思岗先生"),鄱阳西乡(今鄱阳县双港乡)人。他自小天资聪颖、胸怀大志,却家境贫寒,后受学于史桂芳。明万历十五年(1587),陈嘉训以乡试第二名的成绩中举,明万历十七年(1589)中进士,初任行人官职,即慨然有澄清天下之志。史桂芳去世后,陈嘉训为其撰《史惺堂行状》。

焦竑(1540—1620),字弱侯,号漪园、澹园,生于江宁(今江苏省南京市),明神宗万历十七年(1589)状元,明代著名学者。史桂芳在南京任职时,焦竑拜在他门下,学业精进。焦竑曾作《祭史惺堂文》,并在文中说:"竑等,弱冠及门,志意梦骋。指我康庄,德音耸听。型范日临,趋向乃定。成我之功,匪夷可并。"可见,史桂芳对他的影响之大。

康靖,字安乡,鄱阳人,少年时代跟从史桂芳游学,专注于理学,后任肥乡县(今河北省邯郸市肥乡区)知县。

夏子羽,字伯起,饶州乐平县人,师从史桂芳,以孝闻名乡里。

史桂芳的学问养成,正如其学生陈嘉训所说:"盖先生之学,始闻于白鹿,既悟于燕京,而勇往精进,则在于留都之七年。"学生刘应麒则称他"安贫乐道,惓慊以成人材、厚风俗为己任"。

4. 史桂芳遗风、遗存

"劳则善心生,养德养身咸在焉;逸则妄念生,丧德丧生咸在焉。"史桂芳的这一家训,实为立身处世之准则。

史桂芳是个孝子贤孙。其祖母杨氏过世,他搭茅庐守墓 6 年。在这 6 年时间里,他吃的是苦槠煮粥,不修剪须发。旧时,史惺堂祠堂有一副对联,上联"庐墓六年如斯馔粥",下联"流芳百世尚有典型"。一般人守墓均为 3 年,为何史桂芳守墓却要 6 年呢? 相传,史桂芳守墓 3 年期满后回家,久盼夫君归家的沈、郑二位夫人早早在家门口笑脸相迎。史桂芳见二位夫人面带笑容,就立马回头重至祖母墓前,接着又守墓 3 年。按常理说,沈、郑二位夫人久盼夫君归来笑脸相迎的心情可以理解,但史桂芳是个至诚至孝之人,为祖母守墓怎可看得笑脸? 他认为,二位夫人没有孝心。由此可见,史桂芳的孝心,堪称后世典范。

至今,数百年光阴已逝,史桂芳留下的遗迹越来越少。

今丽阳镇古田村原保存有史惺堂先生祠 1 座,南临昌江,始建于明嘉靖年间,后扩建于清乾隆三十八年(1773)。祠堂宽约 16 米,深约 50 米,总面积约 800 平方米。祠堂分为三进厅:一进厅是看戏的场所——观厅;二进厅是接待贵宾官员的场所——官厅;三进厅是祭奠祖先的场所——供奉厅。

据当地老人介绍,祠堂十分雄壮、气派。进入祠堂大门,便是一进厅——观厅。入口处上方建有戏台,台面布局规整,图案华丽,雕刻精美,螺旋式蜂窝形吊顶。戏台两边向二进厅延伸有游楼,游楼下面两边各有 6 间书房。游楼雕梁画栋,精致华美。旁边开有小窗,小窗制作精巧,纹饰精美。尤其精美的是,两边游楼分别雕有两对镂空木雕狮子,栩栩如生。戏台和两边游楼三面合围的中间空地便是看戏的场所,可供三四百人看戏,地面用青砖铺就。由观厅往里走,便是二进厅——官厅。官厅是接待有地位、有身份的官员们的厅堂。凡是有资格进入官厅的客人,都有茶水、点心之类享用,故官厅又称"享堂",后来成为村里商议大小事情的议事厅。再往里走,便是三进厅——供奉厅。供奉厅也叫祖先堂,是供奉祖先、摆放祖先灵位的场所,厅大门上方原镶嵌有一幅石刻匾额,

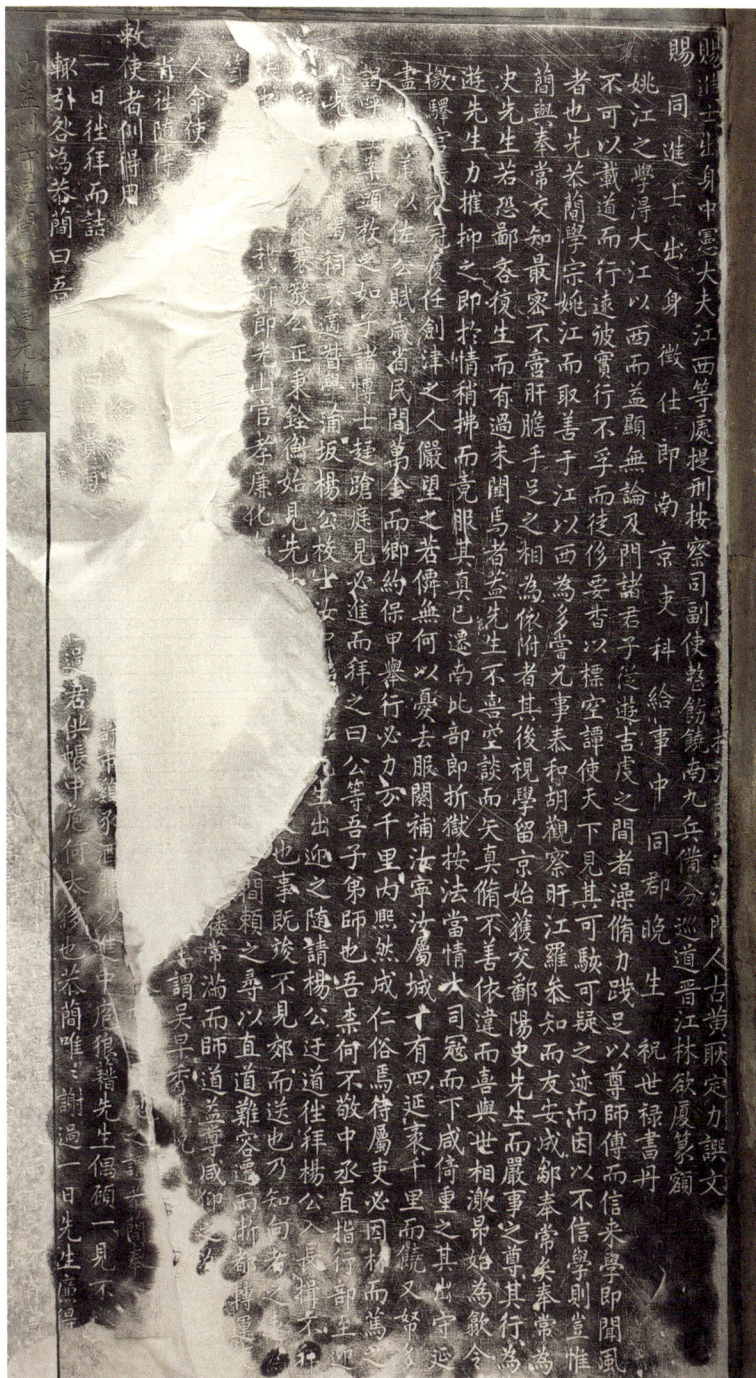

史惺堂墓志铭拓片（章朝光　拓）

正中书有"史惺堂先生祠",两旁有"乾隆癸巳冬月,歙洽后学朱苑会题"题款。堂中开有一天井,厅堂正中横挂一匾,上书"学墨流辉"四字。

清代,史惺堂祠堂曾办过经学。凡是到这里来读经学的人,都是秀才出身,期待三年后能高中举人。中华民国及中华人民共和国成立初期,该祠堂办过学校。1954年,该祠堂被征用为粮库,后因年久失修、破损严重被拆除,于旧址处新建成学校。书有"史惺堂先生祠"的石刻匾额,被镶嵌在学校的墙壁上。

在古田村附近的白石山,建有史桂芳墓。距墓2米处,立有明万历二十八年(1600)史惺堂先生墓志一块,碑高2.6米,宽1.5米,碑文1400余字,记述了史桂芳为官、为学之事,局部字迹有剥落。碑文由耿定力撰文、祝世禄书写,林欲厦篆额。

耿定力(1541—?),字叔台,又字子健,黄安(今湖北省红安县)人,与耿定向、耿定理兄弟合称"红安三耿",明万历年间官至右金都御史。

祝世禄(1539—1610),字世功,江西德兴人,著名书法家、儒学大家。明万历十七年(1589)进士。

林欲厦(1546—1624),字从奂,晋江陈埭人,明万历十四年(1586)进士,初任户部郎,后任饶州知府,历任江西兵备副使、参政,河南按察使,广西布政使等职。

二、人物选介

北宋侍御史彭汝霖

彭汝霖(生卒年不详),字岩老,一字君时,彭汝砺之弟,宋神宗熙宁九年(1076)进士。《宋史》有他的传记。

入仕后,宰相曾布(1036—1107,字子宣,曾巩异母弟)举荐他为秘书丞,不久后升任殿中侍御史。神宗去世后,哲宗继位,改年号"元祐"。因哲宗年幼,高太后主政,尽废王安石新法。元祐八年(1093)九月,高太后去世,哲宗亲政,立志变更元祐制度,次年改年号为"绍圣",恢复实行王安石新法。宋徽宗崇宁初,都水监丞李夷行上书殿试诗赋,彭汝霖对他进行弹劾。左相韩忠彦议权合祭,彭汝霖说他的主张不合礼制。彭汝霖后升任侍御史。

蔡京当权后,元祐党争之祸再起,曾布失去宰相之位,彭汝霖受牵连被罢职,贬为泰州知州,不久后又贬为濮州(今河南省濮阳市)团练副使,去世时为显谟阁待制一职。

北宋衢州知州彭汝方

彭汝方(1051—1121,道光版《鄱阳县志》、丽阳村《彭氏宗谱》作"芳"。此据《宋史》),字君宜(道光版《鄱阳县志》、丽阳村《彭氏宗谱》作"宜老"),彭汝砺之弟。因其兄彭汝砺荫封,任荥阳尉、临城主簿。彭汝砺去世后,彭汝方弃官归葬兄长。《宋史》有他的传记。

御史中丞、工部尚书丰稷(1033—1107,字相之,宁波人,1059年进士)留守南京(宋时以商丘为南京)时,任彭汝方为司禄,掌管人口户籍。宋徽宗宣和初年,彭汝方任衢州通判,不久后升任知州。此时,方腊在睦州青溪(古青溪县,今浙江淳安)起义。青溪与衢州接壤。方腊大兵压境,衢州无兵可以御守,彭汝方与下属段约介死守孤城。三日后,衢州沦陷,彭汝方气绝身亡,时年66岁。

宋徽宗听闻此事后,褒叹不止,大加奖赏,追授他为龙图阁直学士、通议大夫,并赐其谥号为"忠毅",他的7个家人也被授予官职。

南宋金紫光禄大夫黎泰

黎泰(1188—1252),世居利阳镇,生性聪明,幼读诗书,南宋嘉定七年(1214)甲戌科进士。

入仕后,黎泰尽职尽责,仕途顺利,后追赠"金紫光禄大夫"。金紫光禄大夫在当时是正二品文官官阶,可见宋理宗对黎泰一生为官的肯定。

黎泰娶妻彭氏,生有二子:长曰大登孙,娶五军都督府叶御长女;次曰小登孙。南宋淳祐十二年(1252),黎泰去世。同年九月,内使大臣黄清奉柩归乡,并为黎泰撰墓志铭。丽阳村《黎氏宗谱》记载有部分铭文。据道光版《鄱阳县志》记载,有《黎泰墓志铭》传世,可惜至今尚未发现。

南宋进士黎元秀

黎元秀(1207—1270),字叔文,号草亭。曾祖父黎献,祖父黎梓,父亲黎澈,母亲李氏,兄弟六人,为长兄。黎元秀娶彭大雅之妹为妻,生有一子二女。子兴贤,娶孙作舟之女。

黎元秀自幼聪颖过人,在饶州府鄱阳县学读书,以辞赋见长。宋理宗嘉熙四年(1240),黎元秀乡荐(唐宋时期科举的一种制度,应试进士的学子,须先由州县推荐)中举。黎元秀于南宋理宗开庆元年(1259)赐进士,任丽水县尹,宋度宗咸淳六年(1270)卒于任所。

黎元秀四弟黎会卿,宋理宗景定三年(1262)进士,初为从政郎,后任临安府(今杭州,南宋都城)录事参军(宋代州郡长官的佐官,掌管文书事务)。

南宋房州通判黎安诗

黎安诗(1213—1262),字癸叔,又字可翁,号石州先生,利阳镇人。曾祖父黎献,祖父黎椿,父亲黎滂(官迪功郎:宋代始设官职,从九品官阶)。黎安诗娶饶州府浮梁县宁时豹之女,生有一子一女,子黎希言,女黎余庆。

黎安诗幼读诗书,后游学京师。步入仕途后,丞相谢方叔(1201—1272,字德方,1223年进士,1251年任左丞相)举荐他为国史、宝录院供检文字,后改调永康军(今属四川省都江堰市),未上任。之后,调任襄阳县尉,任满监户部激赏所南上酒库,又未上任。后改任阆州西水县(位于今四川省东北部)知事。任满后,转利西路(今四川广元一带)安抚司。南宋理宗宝祐六年(1258)春,调夔州路(北宋设置,治所位于今重庆市奉节县)转运司。南宋理宗开庆元年(1259)春,丞相贾似道宣抚京湖,黎安诗任房州(今湖北房县)通判。

南宋理宗景定三年(1262)春,黎安诗在家乡去世,终年50岁,与妻宁氏合葬于郎官山。

南宋进士黎希夷

黎希夷(1236—1320),字秩卿,号谷隐先生。曾祖父黎椿,祖父黎滂(官迪功郎),父亲黎天定(乡贡进士)。生有子黎享嘉,女嫁章友卿,孙黎明晋、黎从革、黎元鼎。

黎希夷自幼聪颖,颇有才华。青年时代,黎希夷从军戍边。宋度宗咸淳元年(1265),黎希夷考中进士,授迪功郎、沣州(今湖南常德)司户参军。因功升校尉、忠训郎,任昌州指挥使。任职期满,转任从事郎、监广州盐场事。宋理宗咸淳十年(1274),晋升承直郎。南宋灭亡后,隐居不仕。

元延祐七年(1320),黎希夷去世,终年85岁。鄱阳县主簿致仕、著名诗人吴存为他撰写墓志铭,福州路南海主簿周伯琦为他书写墓志铭,饶州路总管府治中周野里为他篆额。黎希夷先葬于溪南柴氏坞(今丽阳镇港南村),后迁葬于浮洲(旧地名,今丽阳镇黄牛山一带)雷岗。

明代山东参议刘莘

刘莘(1384—1467),字志尹,号野齐,又号获轩,明洪武十七年(1384)生于饶州府鄱阳义城(今昌江区鲇鱼山镇义城村,主要姓氏为刘氏,明初开国功臣刘彦昺故里)。刘莘去世后,与妻子吴氏、张氏合葬于童子坞后山。

刘莘自幼苦读勤学,明永乐十六年(1418)考中进士,初任行人之职,奉命宣抚齐、鲁、闽、关、陕等地。明宣宗宣德十年(1435),刘莘任礼部仪制司员外郎(从五品官阶),协助仪制司郎中(五品官阶)掌管明朝朝仪制度。

不久，刘莘调任考功郎中（明代吏部下设吏部司、司封司、司勋司、考功司"四司"，其中考功司设郎中1人，从五品上官阶）。考功司总掌文武百官功过善恶的考核。考核方法及过程为：由各官署主官，每年对其所属官员考核一次，并将考核结果记录于文簿呈吏部，用作官员升职、转迁、留用、罢黜、惩罚治罪的依据。刘莘任考功郎中时，严格遵守制度和法纪，共淘汰不合格官员600多人。

刘莘忠于职守，后升迁为福建省（承宣布政使司）参议。据明代行政体制，全国共设立13个布政使司，布政使司下设左、右参议，官阶为从四品，分管粮储、屯田、清军、驿传、水利等事。任福建参议期间，刘莘了解到地方赋税繁重，奏请朝廷削减了一半，深受当地百姓爱戴。

此后，刘莘调任山东布政司参议。在山东，刘莘大兴水利，防洪抗旱，筑河堤数千丈。他常深入工地与民同劳动，并时而备酒携食慰问民众，民众感动至深，无不奋力，使工程顺利提前完工。在临清，刘莘主持修筑城池，极大地巩固了临清的地位。明清时期，临清更是凭借大运河漕运的兴盛迅速崛起，享有"繁华压两京"的美誉。

刘莘每任一职都克勤克俭、功勋卓著，深得皇上欣赏。明代，对文武官员有功者赐予从三品的勋名。文官称"资治少尹"，武官称"轻车都尉"。刘莘被授予资治少尹，是朝廷对他政绩的中肯评价。

明代宗景泰二年（1451），年近古稀的刘莘上疏请求致仕回归故里。次年，69岁的刘莘告老还乡。刘莘自中进士后在外为官30多年，一生经历了6位皇帝，为官忠心耿耿，功勋卓著；为人敦厚通达，堪为典范！

刘莘为官清廉，告老还乡后家无积蓄，以致旧客常来，应酬艰难。他只得隐居童子坞村（今属丽阳镇枫林村）。明武宗正德三年（1508），山东巡抚在他的隐居地建成进士牌坊，上书"山东参议刘莘告老"，并在牌坊下方用青石修建长约30米、宽约4米的进士台阶，以作旌表。牌坊于20世纪60年代中期倒塌，旧址已建成民宅，进士台阶现已修缮。

刘莘著有《恩荣集》《获轩稿》，均已散佚，仅见书名。刘莘于明英宗天顺八年（1464）所撰的《汝砺公重修墓志铭》，成为其为数不多的珍贵文献之一。

明代宁津县令史乘古

史乘古（生卒年不详），字尔力，史桂芳之孙，终年 65 岁。

史乘古自幼聪颖敏捷，12 岁便通晓"六经"大义，为文不用草稿，下笔即能成文。进入郡学后，为在江西为官的葛寅亮（1570—1646，字冰鉴，号屺瞻，钱塘人。1601 年进士，历任江西右参议、按察使司副使、布政使司参政等职，官至工部尚书）所器重，破格让他进入白鹿洞书院学习，后又得到名师大儒的教诲。明思宗崇祯二年（1629），史乘古被选送进入南京国子监读书，专心著述。崇祯十三年（1640），史乘古任宁津县令。著有《江州集》《瀛海纪事》《获堂诗稿》《难后草侨翁诗钞》。

同治版《饶州府志》有他的传记：

> 史乘古，字尔力，鄱阳人。性颖悟，通诸经大义。崇祯己巳拔入南雍，屡试不售。遂杜门著述，四方负笈从游者众，训迪不倦。庚辰授宁津令，承邑荒敝之余，雅意休养，民怀其德。又保守孤城，卒获无虞。以治行报最，擢永平治中，未任归。生平孝友天植。初茹贫事母，后虽禄养而孺慕未尝少衰，与人乐易可亲，即对弟子亦无疾言遽色，率尔而谈皆成名理。所著有《瀛海纪事》等集。卒年六十五。

明末清初文献家史简

史简（1618—1678），字文令，号芝麓樵夫。史桂芳曾孙、史乘古第三子，道光版《鄱阳县志》有他的传记。

史简年少机警敏捷，好学不倦，为明思宗崇祯十二年（1639）举人。五年后，明朝灭亡。清顺治五年（1648）四月三十日，清兵入饶州，大肆屠戮。史简在《史氏越芝堂世谱记》中记载道："迨戊子四月晦，丁屠城难，母氏姜孺人殉节赴井死焉；仲兄融公受刃死；继嫂万氏亦赴井从吾母死；从兄及再从侄俱刃死；吾父惨受炮烙。不孝仓皇黑夜携弟侄出危城，涉水走鹿岗，即欲负吾父吾母以出，无及矣。五月三日,始得迎父楼庄舍,从井中奉吾母遗体至梅村。"

　　清初,史简和胞弟史白均隐居读书,不与朝廷合作。史简毕生精心收集饶州先贤遗文,得书后便捐资刊印,称得上是当时鄱阳最知名的藏书家和著作家。最有影响的是辑有《鄱阳五家集》《芝郡文献录》。其中《鄱阳五家集》入编《四库全书》,使宋、元至明初的"鄱阳五先生"的作品得以流传至今,为饶州文化发展做出了积极的贡献。另著有《书经旨要》六卷、《越芝堂日记》二卷。

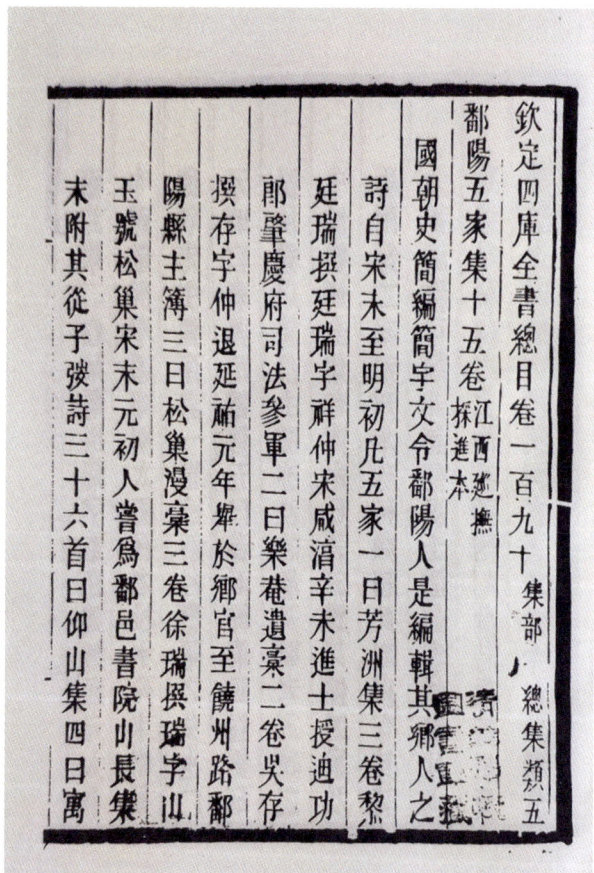

《四库全书·鄱阳五家集》书影

　　《鄱阳五家集》又称《鄱阳五先生集》,共 15 卷,清康熙八年(1669)编,后收入《四库全书》。该集汇集了鄱阳自宋、元至明初 5 位先贤的诗文,分别是宋代黎廷瑞的《芳洲集》、元代吴存的《乐庵遗稿》、徐瑞的《松巢漫稿》、叶兰的《寓庵诗集》和明初刘炳的《春雨轩集》。其中黎廷瑞（丽阳镇丽阳村）、徐瑞（鲇鱼山镇鹊湖村）、刘炳（鲇鱼山镇义城村）为现昌江区人。民国八年（1919），著名学者、出版家胡思敬将《鄱阳五家集》收入《豫章丛书》集部十一予以刊印。2002年，江西教育出版社整理出版该丛书。

明末清初"真给事"史彪古

史彪古（1626—1680），字焕章，号耿庵，终年54岁，被作为乡贤祭祀。著有《耿庵文集》《梧垣奏议》《善恶明征》等。同治版《饶州府志》有他的传记。

史彪古幼年即有大志，成年后为鄱阳县学庠生（古代学校称"庠"，故学生称"庠生"，为明清科举制度中府、州、县秀才的别称），以孝友著称。

明末清初之际，史彪古避乱于山中，一边读书一边侍奉母亲。清顺治九年（1652）进士，入翰林院，授给事中之职。后因父丧回家丁忧，守孝期满后回京任职。清顺治十四年（1657），史彪古以副职同江南张某（佚名）掌管浙江考试。有位当权者因儿子应试托他照顾，他没有答应，那位当权者又向张某授意。考试后，张某非要录取那位当权者的儿子，史彪古坚决不同意。争论再三，最后史彪古愤然对张某说："你一定要曲意顺从贵人的意见，我只有手执弹劾你的奏折去奏请皇上。"张某只得作罢。当时，掌管江南考试的人，多因通关节、说人情，导致许多有真才实学的考生没有考上，唯独浙江考取了很多人才。事后，那位当权者唯恐史彪古在回京复命时揭发此事，便抢先自首，并举荐史彪古为人刚直，可以大用。因而，在皇帝的敕书上，史彪古有了"服官敬慎，直节方刚"的褒语。一时，他被看作是名副其实的"真给事"。可惜的是，就在即将要被朝廷委以重任的时候，他却因患病回到家乡。病愈后不久，史彪古赴户部任职，在路过江宁（今江苏省南京市）时病故。

史彪古父亲史书昌，字光卿，号二周，天资卓异，博览群书，精研理学，对后世颇有影响。

清代考据家史珥

史珥(1709—1775),字师戬,名传祺,号汇东。清乾隆十二年(1747)举人,乾隆十九年(1754)进士,官至吏部主事。史珥是著名学者,以文章著称于世。

史珥撰《续瓦屑坝考》具有重要影响,是迄今为止发现最早关于瓦屑坝的研究文字。据道光版《鄱阳县志》记载,史珥著作有《胡忠烈遗事》1卷、《塞游草》2卷、《四史俟质》8卷、《鄱郡遗诗考》4卷、《艺润书屋随笔》20卷、《且存文集》4卷、乾隆版《南安府志》22卷以及被列为禁书的《汇东手谈》32卷(今乐平市图书馆珍藏本为20卷)等。其中《胡忠烈遗事》被编入《四库全书》。该书记录了明代建文末大理寺少卿胡闰遗事及后人题咏诗文。《四史剿说》16卷,为史珥读"前四史"的笔记,著作手法偏重于史法,喜欢在文辞之间加个人评论。至于纠正讹脱,诠释疑义,随文标记,不胜枚举。《汇东手谈》卷一至卷八,为阅读各类典籍和诗文的笔记,同时加入自己的发现和观点,涉猎的书目有《春秋传》《吕览》《朱子全集》等15种,及诸史51条;卷九至卷十三为《明儒学案》,卷十四至卷十六为《文献通考》,卷十七至卷十八为洪迈《容斋随笔》《夷坚志》,卷二十为元诗和"鄱阳五先生";卷二十一至卷二十六为《稗说》,卷二十七至卷三十二为《杂记》。其中《稗说》《杂记》多涉及鄱阳史事或掌故,不少资料为县志所失载,弥足珍贵。道光版《鄱阳县志》卷三十二《杂记》记载史珥《利阳镇考》一文,对丽阳镇置历陵县事及丽阳镇名称的由来,进行了初步考据。

史珥的祖父是史白,父亲是史既济。史既济(1667—1737),字若川,在鄱阳史氏宗族中,被称为"介隐公",享年71岁。史既济为史白第五子,史简之侄。因史珥为朝廷命官,史既济"父以子贵"被朝廷赠授奉直大夫之衔。原配胡氏,生有一子传祺(即史珥),去世后与史既济合葬于鄱阳尧山;续弦魏氏,生传褆、传祎、传裸、传祳,葬于丽阳镇古田村桐源桥。

史珥秉承家学,对后世子孙及当地士子的学风都有深刻影响。他的外孙汪守和(1764—1836),乐平人,清嘉庆元年(1796)榜眼,官至礼部、工部尚书。

黄埔教官史世珍

史世珍(1899—1990),字聘珊,自幼勤奋颖悟,博览群书,过目不忘。后入九江同文书院(1867 年美国传教士创建,今为九江二中所在地)读书。1921 年,史世珍远赴美国留学,初入俄亥俄州立大学攻读文学。1925 年获文学学士学位,同年转美国伊利诺伊州立大学研修经济学。1927 年获经济学硕士学位。

史世珍学成归国后回到故乡,受聘为江西省立第十中学(现鄱阳中学)校长。在鄱阳任教两年后,史世珍调任上饶,任江西省立第六中学校长。1930 年,史世珍受聘为中央陆军军官学校(黄埔军校)第 11 期外语主任教官。在黄埔军校执教 4 年后,史世珍任职中央银行并受聘于复旦大学教授经济学。其间,任国民政府行政院参事 4 年。1942 年,史世珍调任江西裕民银行总经理一职。在南昌期间,史世珍先后兼任南昌葆灵女子中学(今南昌十中)、豫章中学董事长。1944 年,广东适逢旱灾,事关人民生活疾苦,史世珍当机立断,竭尽所能,为民请命,给予经济援救,以帮助渡过难关。抗战胜利后,史世珍辞去裕民银行之职,转任中央银行顾问,兼任经济研究处专门委员、西北实业公司总经理等职。

1949 年,史世珍赴台。退休之后,他仍不遗余力教育后人,受聘于铭传女子商业专科学校。1990 年,史世珍在台湾逝世,享年 91 岁。

第二节 人文遗存

一、古窑址

丽 阳 窑 址

丽阳窑址，指现已发掘的元代龙窑（因窑炉似龙形得名）、明代葫芦窑（因窑炉似葫芦形得名）两座古瓷窑遗址。遗址分别位于丽阳镇丽阳村、彭家村，昌江自东向西从古窑址南面流过。据当地传说，古时丽阳共有18座古窑。在已发掘的丽阳窑址附近，发现有五代瓷窑遗址1处，有待进一步发掘。传说的其他古瓷窑址，至今尚未发现。

2005年7至10月，经国家文物局批准，故宫博物院、江西省文物考古研究所、景德镇陶瓷考古研究所联合组成考古队，进驻丽阳古窑址现场，发掘元代龙窑窑炉1座、明代早期葫芦窑窑炉1座。2005年11月23日，《中国文物报》头版报道了丽阳古瓷窑发掘的重大成果。2006年，昌江区新建两座面积约1100平方米的保护棚对古窑址进行保护。2012年，在古窑址保护区内建成丽阳窑址展区。2013年5月，丽阳窑址被公布为“第七批全国重点文物保护单位”。

考古队由著名古陶瓷鉴定专家、故宫博物院研究员耿宝昌带队，景德镇市陶瓷考古专家刘新园等一批国内顶级考古专家一同参与。考古工作历时3个月，发掘面积约800平方米，出土有青瓷、青花瓷、仿龙泉釉瓷、仿哥窑瓷等器物，器型有碗、盘、高足杯、罐、执壶、盏等。

《中国文物报》报道丽阳古瓷窑考古发掘成果

丽阳元代龙窑遗址

考古专家经过实地考察,确认丽阳龙窑遗址内大量完整的初烧瓷器遗迹为全国首次发现。当时年逾八旬的耿宝昌,按捺不住如获至宝的喜悦,他说:"虽然此次丽阳民窑遗址挖掘出土的瓷器,不是最精尖的器物,但它却为我们研究整个陶瓷的发展,提供了科学依据。"

丽阳明代葫芦窑遗址

丽阳元末龙窑遗址,与以往发现的其他龙窑相比,具有短而宽的特点,尤其是窑膛、窑口、窑床上,保存有大量尚装在匣钵中叠放整齐的初装瓷。考古专家将这些叠放整齐却未烧成的瓷器形象地称为"夹生饭"。

这锅"夹生饭",不仅具有很强的代表性,而且能够反映烧造工艺和时代、品种特色,具有较高的研究价值。对丽阳古窑址的考古发掘,其重要价值在于:一是在揭示瓷窑场生产品种从青白瓷向青花瓷过渡、何时使用国产钴料烧造青花瓷等方面,具有特殊意义;对揭示元末至明代中期景德镇地区乃至全国瓷业兴衰,具有极其重要的作用。二是丽阳明代葫芦窑窑炉,上承景德镇明初珠山官窑,下接景德镇湖田明代中期葫芦窑的发展脉络,填补了景德镇葫芦窑窑炉演变序列的空白,印证了宋应星《天工开物》对葫芦窑形制的记载。三是论证了在宋元时期利阳镇是景德镇地区周边相对集中的瓷器生产地。四是表明丽阳瓷窑突然(或非正常)停止烧造的原因与元末明初的一场战火有着密切关系。据同治版《饶州府志》等文献记载,元朝末年,朱元璋大将于光曾在丽阳修筑军事城堡。经调查和发掘证实,丽阳古瓷窑就坐落在城墙之内。这两座非正常停烧且尚未开启的窑炉,成为研究该地区元末明初这一历史事件的重要史料。

碓臼山元代窑址发掘概况

碓臼山元代窑址位于丽阳村碓臼山南坡,南侧是昌江,2005年7至11月进行考古发掘。2007年3月,《文物》杂志刊登碓臼山元代窑址发掘简报。

此次发掘,依地势共布有7米×5米、7米×22米的探方2个,发掘面积189平方米,揭露出元代龙窑窑炉遗迹1座,并出土大量青瓷器。

从地层堆积看,共有4个地层。

第一层:草被质层,色黑,质松软,厚0~114厘米。出土物主要是青瓷片,及少量青白瓷片和青花瓷片,可辨器型主要为碗。

第二层:较紧密的灰黄色土,夹杂有碎砖、瓦片、砾石、青瓷片,及少量青白瓷片和青花瓷片,厚0~98厘米。既有元代窑业堆积,又有明代青花瓷片。

丽阳元代龙窑遗址发掘现场(2005年摄)

第三层:较紧密的红色土,夹杂有窑砖、匣钵、基本烧熟的青瓷和未烧熟的成形瓷坯,为窑址废弃后的堆积,厚17~63厘米。

第四层:较紧密的黄色或灰色带碎岩砾石的地层,夹杂有很碎的瓦片,厚0~62厘米。包含物较少,出土有卵白釉和青白瓷片。

从遗迹看,龙窑是此次发掘揭露的主要遗迹,其整体轮廓保存较好。窑炉平面呈长椭圆形,斜长24.2米(其中窑床斜长22.2米),方向146°,坡度159°,窑顶已坍塌,窑床局部被晚期墓葬破坏,窑门外侧的窑前工作面被农民建房的水泥面覆盖,但窑炉整体形状保存较好。根据部位和功能不同,窑炉分为窑门、火膛、窑床、窑尾几部分。窑门平面呈"八"字形外弧撇,宽0.8米。窑门与火膛相连处,保存有三排匣钵覆置摞叠成柱状封门的迹象,其中中间一排匣钵较小。虽然有的匣钵柱已倒塌,但仍能复原当时的摆放位置及摆放方式。用匣钵柱封门,既能起到挡火的作用,又能保证空气流通,使柴薪得以充分燃烧。

火膛平面呈半圆形,进深1米、宽3.5米、残高1米。火膛内残存有一层黑色灰烬,底部因高温烧烤形成了非常坚硬的青灰色烧结面。火膛左右两角呈斜坡状,人为堆积有废弃匣钵、碎窑砖及窑渣,表面已被窑汗(指窑炉火膛内部所产生的类似于汗滴水珠状态的液态结晶,滴落至陶瓷坯体内、外部,冷却出窑后在陶瓷表面所呈现的形态,也称作窑珠、釉泪)黏结,应为拢火之用。在火膛后有一道残高0.65米的砖砌墙,纵向错缝平铺叠砌而成,靠火膛一侧也黏结有明显的窑汗。

窑床直接建在岩石上面,岩石面经高温烧烤后呈青黑色。窑床上面垫有一层细小的沙粒,并残存有匣钵片、窑砖块、窑撑、窑垫等。窑床最宽处位于中部,宽约4米,近火膛处微内收,宽约3.4米。窑床上保存有摞叠成柱状的匣钵,尤以中部保存较多,前部被近现代墓葬破坏较多,窑尾由于温度较低,器物基本不摆放在此烧造。匣钵柱排放比较紧密,横排达13柱之多,匣钵柱保存最多的匣钵数达9个,每个匣钵里面都保留有没有烧成的青瓷碗。窑床两侧的窑壁用楔形砖纵向错缝砌成,砖内侧有青黑色的窑汗。窑壁上部已毁,残高5~75厘米。窑尾窑砖横向错缝叠砌,圆收,部分在岩石面之下,没有龙窑常见的排烟孔设施,残高50厘米。

从出土器物看,主要是青瓷碗,另有少量盘。碗均为灰胎,胎质粗疏,施青釉。标本中有烧熟和未烧熟之分。规格为大碗、小碗两类。盘未见完整和可复原器,均为灰胎,胎质较粗。饼足微内凹,足沿外侧旋削。足面涩胎,泛灰褐色。内外施青釉。

从窑具及装烧工艺看,窑具主要有匣钵、垫饼、窑垫、窑撑等,均用黏土制成,其中制作匣钵的黏土相对较细,制作其他窑具的黏土质地较粗。此龙窑采用单件匣钵仰烧工艺。从未经扰乱的原状匣钵柱及其排列形式可以看出,窑床上的细沙和三角形窑垫使匣钵柱保持稳定,匣钵柱之间用亚腰形窑撑相互固定并保持彼此间隔,充分利用碎窑砖和废弃匣钵片进行塞垫,起到与窑垫和窑撑类似的作用,节约了原材料。窑垫、窑撑的表面,都留有和匣钵相吻合的弧形面,特别是保持匣钵柱间隔的窑撑,还保留有匣钵摞叠的缝隙,说明这些窑具并不是事先备好的,而是在装窑过程中,根据匣钵柱摆放要求临时把湿软的黏土垫塞进去。这些窑具都可以重复使用。

从龙窑遗迹看,该窑窑炉形制比较特殊,斜长只有 24.2 米(较一般龙窑短),火膛较深;窑炉左右两壁外弧,窑壁近火膛处微内缩,尾部砌成圆弧形且没有龙窑常见的排烟孔等设施。这几点,均为明代典型葫芦形窑的主要特征。因此,可以将它看作龙窑向葫芦窑过渡的雏形,这在陶瓷窑炉发展史上具有重要的学术价值。

对窑炉内匣钵柱排列方式和装烧细节的考证,可作为研究和复原元代晚期窑炉每窑的装烧量、窑内匣钵平面排列和空间组合等瓷业生产的原始依据。

瓷器山明代窑址发掘概况

明代窑址位于彭家村瓷器山西坡,南侧为昌江。2005 年 7 至 11 月与碓白山元代窑址同步进行考古发掘。此次发掘,依地形布 10 米×10 米的探方 4 个、10 米×8 米的探方 2 个、10 米×5 米的探方 1 个,发掘面积 610 平方米,发现明代葫芦窑窑炉 1 座并出土大量同时期的瓷器。

从地层堆积看,共有 5 个地层。

第一层:近现代层,厚 3.4~28.7 厘米。由于草本植物的生长、腐殖物质的存在呈灰黑色,质紧密,包含物杂乱,既有近现代遗物,也有较小的废弃窑具及青白瓷片、青花瓷片等。

第二层:废弃堆积,厚 0~109 厘米。红褐色土,土质紧密,夹杂有大量的窑砖、匣钵及青花瓷片,器类多见碗、盘、靶杯等。

第三层:窑业堆积,厚 0~24.2 厘米。灰褐色土,土质较密,夹杂有细小的石块。包含物较少,主要是极碎的窑具及青花、紫金釉、仿龙泉釉瓷片,器类有碗、盘、靶杯等。

第四层:窑业堆积,厚 0~49.5 厘米。灰黑色土,土质疏松,夹杂有大量较大块的匣钵片,出土瓷片也较多,绝大多数为青花瓷片,少量为仿龙泉釉、仿哥釉瓷片,器类有靶杯、盘、碗等。

第五层:宋、元时期堆积,厚 0~14.2 厘米。黄褐色土,土质较紧密,夹杂有红烧土颗粒、瓦片及石块。包含物为少量的青白、卵白和黑釉瓷片。

丽阳明代葫芦窑遗址出土文物(青花碗、靶杯残片)

　　从遗迹看,此次发掘揭露葫芦窑窑炉 1 座、晚期盗坑 4 个。葫芦窑窑炉,平面呈葫芦形,残长 11 米,其中窑床斜长 9.6 米。窑顶已倒塌,部分护窑墙和窑壁被晚期墓葬破坏,窑门外侧略有残缺,但整体形状较完整。根据部位和功能不同,窑炉分为窑前工作面、窑门、火膛、窑床、窑尾、窑壁、护窑墙几部分。

　　窑前工作面略高于窑门,由纯净细腻的灰黄色土铺垫压实而成,包含物偶见极碎的青白瓷片;窑门平面呈"八"字形外弧撇,外高内低呈缓坡状与火膛相连,相连处保存有两个漏斗形匣钵并列覆置的迹象,应为封门之用。门道垫土同窑前工作面,由于靠近火膛,色泛青,且较硬。残长 0.6 米、宽 0.62 米、残高 0.3 米;火膛平面呈扁半圆形,进深 0.69 米、宽 3.6 米、残高 0.57 米。火膛内残存大量木材燃烧后的灰烬,底部因高温作用而形成青灰色的烧结面。火膛左右两角呈斜坡状,堆积有废弃匣钵、碎窑砖及窑渣,表面已经被高温烧结,为拢火之用。火膛后有一道宽 0.24 米、高 0.52 米的砖砌墙,为纵向错缝平铺叠砌而成,靠火膛的一侧黏结有窑汗。墙后即为窑床,窑床在平地垫成,下面先垫一层较厚的土层,较纯净,其上再铺一层沙。解剖发现,共有三层烧结面,应为多次维修烧结所致。窑床平面呈"8"字形,即"葫芦形"。分前、后两室,前室窑床坡度为4度、长1.3米、最宽处约3.6米,与火膛形成一个近圆形的空间;后室窑床长7.16米,前部较陡后部渐缓,坡度分别为13°和6°,窑壁上部基本被毁,部分留有1~4层窑砖,但整体轮廓清晰,两壁外撇,最宽处约3.4米。两室束腰处宽1.98米,窑尾残高0.3米,未见烟囱迹象。窑壁内弧,残高约0.25米。护窑墙宽0.15~0.5米,用经过挑选的岩石块紧贴窑壁外侧砌建,岩石块大小不一,以砌放整齐为标准;现存最高处约0.8米,能起到加固窑炉和保温的作用。

从出土器物看,此窑址堆积中发现了当时瓷业生产的主要品种——青花瓷,其次分别为白瓷、仿龙泉釉瓷、仿哥釉瓷、紫金釉瓷等,主要器类为碗、盘、靶杯等。

从窑具及装烧工艺看,窑场的主要器类碗、盘、靶杯等均采用单件匣钵仰烧工艺。垫烧方法大致有两种:一种是垫饼垫烧,用于靶杯等圈足较小的器物;另一种是细沙垫烧,用于碗、盘等圈足较大的器物,经高温煅烧后,垫沙成颗粒状结合在一起,形成较松散的近圆形垫饼。装窑时,为保持匣钵柱的稳定和间隔,多采用窑垫和窑撑这两种窑具。另外,该窑址还出土有一定数量用于测试窑内火候和温度的火照。

该窑址出土的青花碗、盘、靶杯等器物纹样,以卷云人物纹、云气纹、缠枝莲纹、八宝纹、梵文字等为主,与明代正统至天顺年间的器物纹样一致;青花瓶与景德镇陶瓷馆馆藏的纪年(景泰)青花瓶,在造型和装饰风格上一致。结合对窑炉形制演变序列的推断,该窑址的烧造年代为明代中期(宣德至天顺年间)。

明代中期民窑场仿哥釉和仿龙泉釉瓷器在以往鲜为人知,该窑址出土的仿哥釉和仿龙泉釉瓷器,丰富了学界对明代中期景德镇地区瓷器釉色品种的认识;同时,青花、白釉、仿哥釉、仿龙泉釉、紫金釉瓷器的器类与造型一致,又说明在同一座窑场内,器物的器类与造型并不因釉色品种的不同而有差异,这对于陶瓷考古进行类型学研究具有提示作用。该窑址出土的器物,对于研究传世和出土的同时期的青花、仿龙泉釉和仿哥釉瓷器的产地具有标尺意义。

丽阳蛇山五代窑址

丽阳蛇山五代窑址位于丽阳镇洪家村与港南村交界处的蛇山西坡。窑址面积约 1000 平方米,昌江在距该窑址东、北、西三侧 1～2 千米处蜿蜒流过。

2005 年,考古队在对丽阳窑址进行考古发掘时,调查发现由于港南村修建机耕道横穿该窑址,使窑址遭到局部破坏,堆积断面暴露清楚,地表散布有大量窑业遗存。因正式发掘条件尚未成熟,考古队仅对该窑址进行了标本采集和布方清理,未做正式发掘和有效保护。

因该窑址位置相对偏僻,地层堆积保存状况完好,从清理后的断面观察,除表层外,其下即为窑业堆积,主要是青瓷残片、支烧具和一些窑砖,但分布零散无规律,未发现窑炉、作坊等遗迹。

出土器物均为五代时期的青瓷器,主要有青瓷碗、壶、罐、器盖、网坠等。另有碾轮、轴顶帽等制瓷工具,反映装烧工艺的各类支烧具、花押款识等。

该窑址在烧造工艺上采用叠烧法。下为支烧具,上为器物裸叠,器物之间用支钉垫离,器物烧成后,内底多留有支烧痕。

蛇山五代窑址的始烧时间,与景德镇市湖田五代窑址、杨梅亭五代窑址基本一致,器型、釉色和烧造方法也相似,属五代古窑遗址无疑。仔细观察,此处是水土宜陶、原料供应极其便利的陶瓷烧制之地:蛇山正北方向是水运繁忙、商贸繁荣的集镇——利阳镇;蛇山左、右两边分别是洪家村、港南村,人口密集且濒临昌江,瓷器烧成之后,由水路运往全国各地均极为方便;蛇山紧靠西山、龙驹山,山上松柴可供窑火之用。

今后对该窑址的发掘和研究进一步深入,必将对研究景德镇周边地区民窑的生产历史和建立民窑瓷器编年具有重要意义。

二、古城址

丽阳古城址

丽阳古城址位于丽阳村老街西南,汪源垄溪水南岸、昌江北岸,北与姜家村隔汪源垄溪水对峙;东北隔汪源垄溪水与丽阳老街相对;东南紧邻昌江,利用昌江北岸筑墙,与丽阳洪家村隔江相望;西至丽阳古田村。

丽阳村《黎氏宗谱》记载的丽阳古城图示

2005年下半年,考古队在对丽阳窑址考古发掘时,发现瓷窑遗址外围残存有1处土城墙,后对古城墙分布范围进行了调查和局部试掘。

据丽阳村《黎氏宗谱》记载,丽阳古城墙呈椭圆形,建有5个门,即东门、西门、北门各1个,南门2个。据实地勘查,证实古城墙呈不规则椭圆形,总周长3873.4米,发现东门、西门、北门各1个,南门未发现。

东门位于古城墙北部偏东段,北有汪源垄溪水由西向东流,在寺山附近汇入昌江。东门宽约8米,西侧墙体高约2.5米、宽约6米,墙体一直往西延伸约190米。这一段,隐约可见石板路面。东门北面有判官桥横跨汪源垄溪水,通过判官桥经东门可进出古城。

北门位于东门往西约1016米处,现地名"北门口",推测为古城墙北门所在地。北门位于古城墙北部偏西,北面紧邻汪源垄溪水。北门宽约20米,东侧墙体高约2.6米、宽约5米。北门往西的城墙外围,有1处长条形状低洼地,据当地老人介绍为"护城河"。北门正面有一处小道通往山里,以前有一石桥,直通溪水对面。北门至西门长约745.5米。

西门位于古城墙西南角,南面靠昌江,间距约134米,即现街下村与古田村交界的水泥公路路口。修建水泥公路前,原路为石板路,直通丽阳古田村。西门宽约6米,南侧墙体高约4米、宽约5米。西门至东门长2 077.9米,最宽处约9米。

南门保留遗迹不明显。但从西门往东612米处(即现渡口),有一处宽约4.5米的平坦地,可能为丽阳村《黎氏宗谱》所载的西侧南门。西门往东1 091.9米处,有一处长约5.5米的平坦地,可能是丽阳村《黎氏宗谱》所载的东侧南门。

古城遗址出土的器物种类多样,有釉陶器、青白瓷、黑瓷、青瓷和青花瓷,多残碎,分生活用具和建筑用具两类。

从地层堆积和出土遗物看,古城墙最晚的包含物为元代晚期遗物。据此断定,古城墙为元末砌建而成,下限当在明代早期。

调查与试掘表明,该城墙是在较短时间内依地势直接堆土垒筑而成,所选土质细腻、黏性强,这种堆砌方法简单实用。城墙内侧地势高且平缓,外侧或依托河流，或地势低洼，在军事上有易守难攻的区位优势。因此，该城墙因为维护安全、用于军事需要而修筑，这与同治版《饶州府志》、乾隆版《浮梁县志》和历代重修丽阳《黎氏宗谱》等文献记载的元末朱元璋大将于光曾在丽阳修筑军事据点的史料相吻合。由此断定，城墙为元末于光所筑。

另据道光版《鄱阳县志》等史料记载，"于光把丽阳城墙的砖石运至浮梁，修筑浮梁城墙"。所以，现丽阳古城遗址，难以见到筑城用的砖石。

三、古民居、宗祠

丽阳黎氏宗祠

黎氏宗祠外景

黎氏宗祠，位于丽阳镇丽阳村古街口。现存黎氏宗祠为清嘉庆二十四年（1819）黎姓族人重修而成，至今已有 200 多年历史。黎氏宗祠坐北朝南而建，大门正中上方书"黎氏宗祠"四字，大门两边有雕刻精美的砖雕，砖雕图案有麒麟、鹿、菊、梅等吉祥物，以及与黎氏宗族密切相关的上古四神灵之一的朱雀。

这些砖雕，寄托着黎氏族人对美好事物、美好生活的向往，也预示着黎氏家族的人丁兴旺。

黎氏宗祠面积约300平方米，为砖木结构，共2个厅堂和18间房，前为议事厅，后为供奉厅。旧时，厅堂两侧均嵌有精美木雕，前厅、后厅中间隔着一个长6米、宽2米的天井，供奉厅原为摆放黎氏先祖牌位的场所。

出黎氏宗祠后的左侧，是一座古戏台（始建年代不详，2020年新修缮）。宗祠正前方，是一块可容纳数百人活动的开阔场地，是丽阳村人祭祀和文化活动的中心。丽阳村《黎氏宗谱》记载有黎尧书的《修祠辑谱记》，文章中收录有两副对联。联一为："辑谱岂无心，观十章诗十例训，体制别裁篇什；修祠还有愿，感万甫德万年功，宗支源远奕叶。"联二为："合数正辑正邅，思旷代斯文垂一脉；流长重修重设，奠同堂厥祀享千秋。"联一下联中的"万甫"与"万年"，均是黎氏家族中较有名望的先祖名号。

黎氏宗祠精美大门石雕

黎氏宗祠精美窗户石雕

　　右侧便是丽阳古街。古街长近 300 米,呈"一"字形,街宽约 4 米,街面原先由麻石条铺成,中间区域留有深深的车辙印,两边店铺鳞次栉比。以古街为中心,镇上的民居通过一条条窄小的里弄与街面相连,错落有致地分布开来。入街和出街口都临近河港,河港上都架有古石桥,与周边村庄通连。东边古桥名"种德桥",为三拱石桥,可通往景德镇和乐平;西边古桥名"判官桥",为独拱石桥,是通往古田和鄱阳县凰岗镇、金盘岭镇合禄方向的必经之桥。

港南古民居

　　港南王立元民居位于港南村中心地段,坐北朝南,现为港南村老年人活动中心。民居右前方是一空旷场地,右边便是港南村委会大楼,因村委会大楼原是村中门楼所在地,所以大楼依旧设计成门楼形状,楼下正中前后贯通,村民可由此进出。民居左前方原有七口大池塘,后因村民建房被填平。

　　王立元民居建于民国时期,为二层砖木穿斗抬梁式结构,二进三开间布局,内部梁架和窗户隔扇均保留有较简单的木雕装饰,麻石鼓形柱础。民居内,前、后二进厅堂均设有天井。旧时,建房多讲究风水,天井和"财禄"有关。经商之道中,讲究以聚财为本。屋造天井,使天降雨露与财气聚拢,有汇聚四方之财和肥水不流外人田的寓意,故有"四水归堂"之说。

王立元,原名王凌云。祖父王懿谨,善于经商,家境殷实。父亲王训典,饱读诗书,在贵溪为官,很有才学。王立元娶妻方塘(今鲇鱼山镇徐坊村)徐氏,早亡,续娶贵溪邹韬愚之女邹鼎华。港南村《王氏宗谱》记录有王训典撰写的谱序及几篇人物传记。

江家古戏台

江家村又称"白石江家"。白石之名,源自村子后山的巨大白石。江家戏台位于江联小学左侧,前有古樟树一株。戏台为砖木一层结构,始建时间不详,最近一次重建于 20 世纪六七十年代,近年来得到修缮。戏台木构,雕镂精致,是昌江区现存保护得最为完好的古戏台之一。

江家古戏台

江家村,以江姓人口居多。江氏源自婺源江湾,唐末由萧氏易姓而来,明末始迁丽阳,先后在古田柴埠、石口居住,后因避水患,择居今址。丽阳江氏,不见有载诸史册的著名人物。村民历代以种田为业,繁衍至今人口数以百计,成为当地一大宗族。村里其他姓氏人口,如章、陈、董等十余姓氏少则一两户,多则数户,杂居于村内。

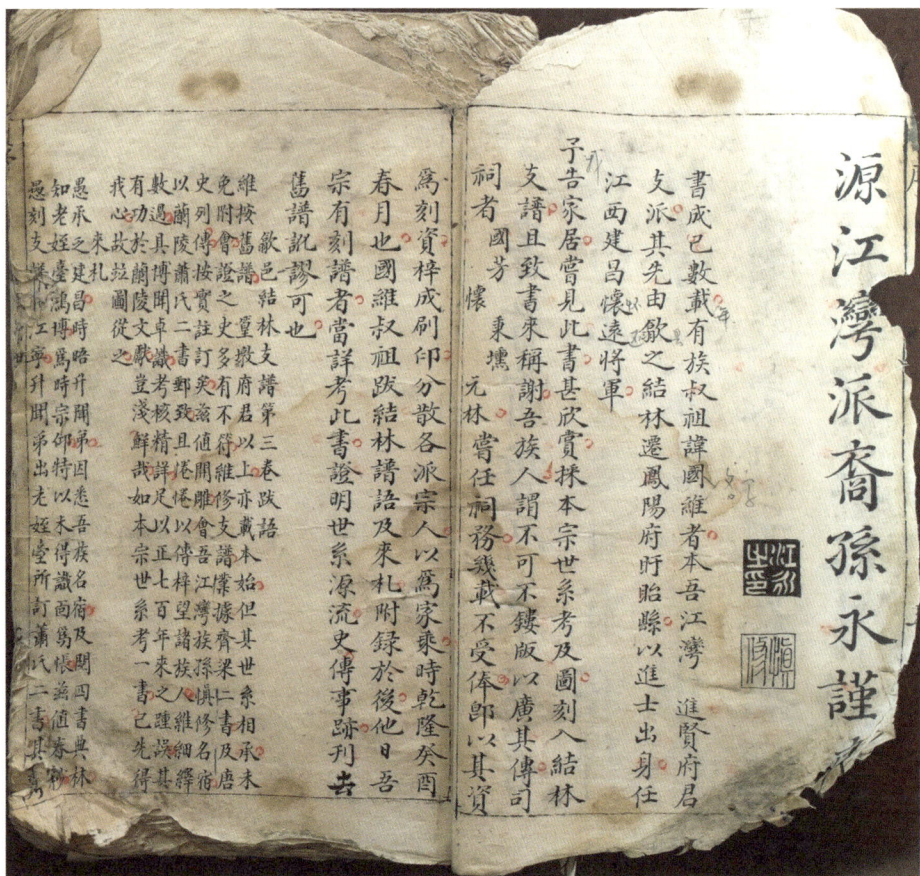

江家村《江氏宗谱》书影

方家古牌楼

丽阳镇丰田村方家因地处物产丰饶之坪,古有"饶坪方家"之称,明代名士宋濂为其撰写谱序。明弘治十三年(1500),方家始迁祖普二公见此地山环水秀,故迁此建村。初建村时,普二公在东面村口处仿浮梁祖居地"文笔坊"建此门楼,后多次重修。现存门楼建于民国三十七年(1948),八字形,青砖砌成,上书"饶坪方""秀雅可观"。村中原有多幢明清古屋及古戏台、古宗祠,均已毁,唯有此门楼至今巍然耸立。

饶坪方家古牌楼

鲁东古牌楼

鲁东村位于丽阳镇联村村西北角,与浮梁县洪源镇接壤,旧时属鄱阳县管辖,村民姓氏以甄姓为主。据当地宗谱记载,鲁东村始建于后唐。后唐天成年间进士甄达(字贵通),于后唐长兴三年(932)诏升江西饶州府刺史。因前往浮梁县,见此地山明水秀,故由钱塘通化坊迁此建村,至今繁衍40余代,逾千年。

村东面建有清代牌楼一座,上书"鲁东邨""中山郡"(系甄氏堂号)。牌楼前安放有雕刻精美的上马石一对。

鲁东古牌楼

四、古桥

丽阳判官桥

判官桥位于丽阳镇丽阳村西,是古时连通丽阳与鄱阳县凰岗、金盘岭合禄驿道上的石桥,经判官桥由东门可进出丽阳古城。

判官桥为单拱半圆形石板桥,长24米、宽5.4米、高约4米。桥面由长条形石块平铺叠砌而成,每块长0.96米、宽0.55米、厚0.23米。桥西侧中间区域有"判官桥"题铭。

判官桥始建于宋代,重修于清乾隆十九年(1754)。道光版《鄱阳县志》记载:"判官桥,在利阳镇,通浮梁路,乾隆甲戌年(1754)建,石砌。"

清道光年间,汪仁坚撰《判官桥记》,载于丽阳村《黎氏宗谱》。

判官桥桥额石刻（1821 年重修）

《判官桥记》记述：

桥之建尚矣。

丽阳镇有判官桥，相传古名上市桥，不知建自何代。命名之意义与创始之姓字概不传焉。想见古人浑浑噩噩，不欲以分内事博身后名，诚善俗也。

迄今居是土者，俗仍淳朴，称仁里焉。余尝随黎尧书先生诸前辈为法云寺游览，其山川爽气，自觉涤去尘俗。间述及黎芳洲先生著书处，与县志所载鄱江楼、里中社诸制作凭吊兴感，令人想见山高水长，遗风逖年。来诸老成，半作蓝桥之游，爱客僧犹能道囊时过客之盛，风景如昨，感慨系之矣。

岁月迁流，桥亦不似昔之完善。旧春修葺，工言渗漏已甚，苟且补苴，非久远计，但改作费重，举须众擎，爰嘱法云寺和尚性空，召僧募化。奈远村输费者疑其借端自肥，故乐捐者少，而近处收项又初募僧耗去，不得已立知单若干卷，诸首事自行劝输，得制钱四百余千，旧七月兴功至今三月告竣。

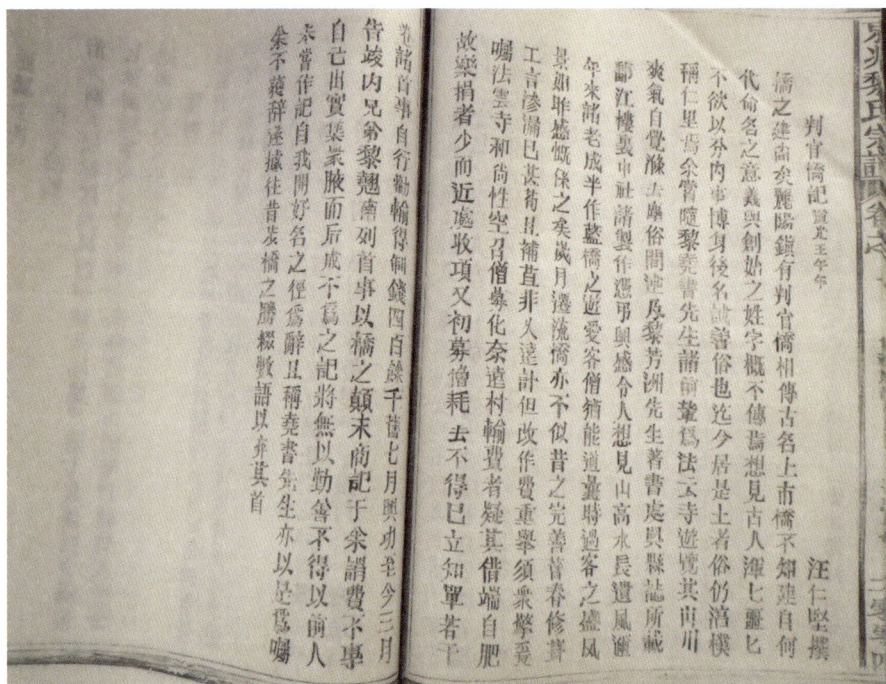

《黎氏宗谱·判官桥记》书影

内兄弟黎翘南列首事,以桥之颠末商记于余,谓费不专自己出,实集众腋而后成,不为之记,将无以劝善。不得以前人未尝作记,自我开好名之径为辞,且称尧书先生亦以是为嘱,余不获辞。

遂据往昔步桥之胜,缀数语以弁其首。

山田永济桥

永济桥位于丽阳镇山田村,是古时鄱阳县通往浮梁县驿道上的重要桥梁。

据道光版《鄱阳县志》记载:"永济桥,在三十九都,通浮梁县路,旧名道观桥,以其伴方寸观得名。旧用木梁。嘉庆甲戌年(1814)砌石重修。改今名。"由此可知,该桥旧名为"道观桥",为木桥,以其一旁的方寸观(今早已不存)得名。

据正德版《饶州府志》记载,"方寸观在里仁乡,建于明朝初期"。清仁宗嘉庆十九年(1814),道观桥重修,为三拱石桥,始改称"永济桥",清咸丰年间重修。

1954 年修建山田水库时，石桥桥身没入水下。为方便当地群众出行，在原三拱石桥上再增建两拱石桥，将桥面抬升约 2 米，形成双层五拱叠桥。

2018 年，在叠桥上游约 10 米处新建钢筋混凝土桥 1 座，并在原永济桥上建亭廊进行保护，形成现廊桥。

双层五拱的永济桥（2017 年摄）

丽阳种德桥

种德桥位于丽阳镇丽阳村东，与丽阳老街相邻。原为木桥，不耐用。民国二十五年（1936），当地商人王登朝筹资，当地匠人胡鞋喜设计建造，附近村庄居民投工修建。桥为三拱石桥，长 15 米、宽 1.5 米、高 3 米，路通景德镇、鲇鱼山镇和乐平。后政府出资，由丽阳名匠李伯和主持扩建，即现种德桥。桥为三拱石桥，长 28 米、宽 4.2 米、高 6 米，桥面由 5 根竖状长条石和 2 根横状短条石拼接而成。

由于种德桥地势较低洼，昌江河水稍涨便会被淹，严重影响了交通往来。1991 年，当地政府于石桥上游几十米处新建混凝土结构桥 1 座，名"丽阳桥"。如今，种德桥的车水马龙早已成为历史，但石桥古风犹存。2020 年，种德桥两旁增设安全护栏。

种德桥

　　种德桥石刻,详细记载了石桥建造过程,旌扬了王登朝等建桥之功德。石刻内容为:

　　　　桥名种德,何自昉哉?

　　　　盖自黎姓仁人见村左小溪,往来病涉,乃驾木为桥,用济行旅,厥功甚巨,无如片板之薄脆,不胜众辙之杂躁。未几而朽腐,见告到此者,宁无临履之忧乎? 所谓苦海即在当前。

　　　　王子登朝,目击心伤,欲改建石梁垂诸永久。于是鸠工伐石,不惮劳瘁。阅数月而桥成,从此虹腰远驾,履险如夷,驷马高车,永无濡轨患矣。

　　　　丙子春,予馆福见村(应为丰田福建村,下同),王子丐予作碑,志诸珉石。予维王子不过一商人耳,能竭一己之力成此巨举,不藉乎众擎,其功德不更巨且大哉!

　　　　兹承王子之请,谨书数语,用答其意云。

　　　　古番樵芗甫戴谈经谨撰。

　　　　各村所助工列后:

利阳镇黎姓助土工一百一个,株树廿根;福见村张姓工三十二个;徐杨村方姓工二十四个;石口村王姓工三十四个,吴姓工二十七个;□上余姓工十六个;饶坪方姓工十六个;大坂上(应为大畈上)村工十二个,彭金虎松树洋二元;姜姓董姓凤凰山共工十四个;三门村助工四个。

中华民国二十五年岁次丙子冬月谷旦

造司胡鞋喜。

五、古寺、书院

法 云 寺

法云寺,位于丽阳镇丽阳村寺山,始建于唐高宗永隆元年(680)。历代屡毁屡兴,至今香火不断。

法云寺建有一座流云阁,为宋元之际当地诗人黎廷瑞读书处。

歌咏寺山的诗,道光版《鄱阳县志》有记载,"危帘面长洲,晴雨各有趣。滩鸣九霄佩,江泻千丈素。"彭大雅作《法云寺》诗,见丽阳镇《彭氏宗谱》。

另据丽阳镇《彭氏宗谱》记载,丽阳镇寺山附近有庙山。庙

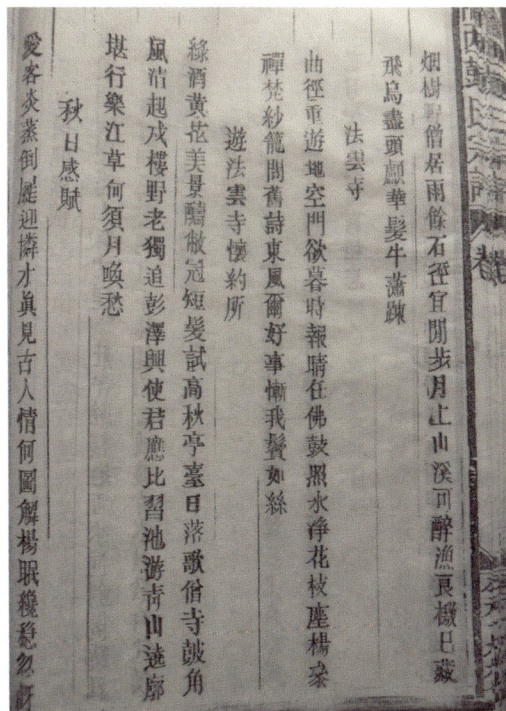

《彭氏宗谱》载《法云寺》诗书影

山建有东岳庙,始建于彭氏迁居丽阳之际,为彭大雅之子彭应孙所建。彭应孙作《东岳庙记》,见《彭氏宗谱》。

寺山俯瞰

东 山 书 院

东山书院位于丽阳镇寺山,为宋代彭汝执始建,是丽阳彭氏教育子孙之所。

南宋进士彭大雅曾为书院撰《东山书院记》,并赋诗《东山书院》,诗曰:"山绕平岗水向东,书声咕哗出林中。良宵直到鸡鸣后,篝火藜光映彩红。"他另一首诗《游东山书院》,有"化雨春潮归硕望,风流儒雅足名师"之名句。

此外,丽阳镇《黎氏宗谱》《左台吴氏宗谱》均记载有关于东山书院的诗歌。

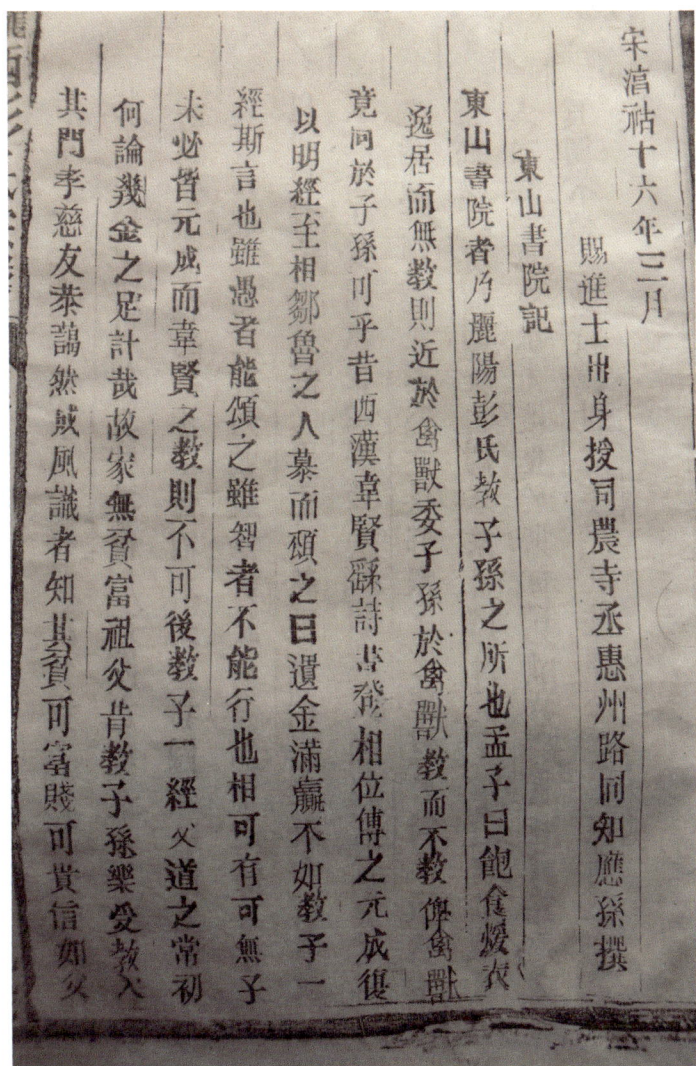

《彭氏宗谱·东山书院记》书影

元末，于光率兵在丽阳筑城驻守，城内外的彭姓人口大量外迁，东山书院日渐衰落。

六、古渡口码头

洪 家 渡 口

直接通达鄱阳湖的便利水运,是丽阳人民与外界联系的重要纽带。

古时,为方便人们出行和货物贸易,昌江沿岸的丽阳柴棚、洪家、古田坑(今古田村)等村庄,都建有渡口。近年来,随着国家渡改桥工程的不断推进,一些渡口已经停运,成为过去一代又一代人的永恒记忆。

至今,丽阳镇仍有洪家渡口可以使用,为人们往来于洪家村与丽阳村提供了便利。

古 田 渡 口

道光版《鄱阳县志》记载:"在四十三都二图古田坑,旧有石桥,因洪水所倾。

古田渡口古码头

道光四年(1824)凰岗贡生徐享鼎力造船,并捐田地二十五亩,费俾往来者无许取钱。"

关于古田坑渡口,有一段佳话。明代,祖居丹山(今鲇鱼山镇慈义村)的进士张岐,官至广东布政使。有一次,张岐从昌江水道归家,船至古田坑村,欲登岸。这时,有位余姓人出来阻拦,不让他从古田坑码头登岸。张岐见状,即捐资买曹氏田产,在余姓码头旁新建一处码头,并命名为"张公码头"。张岐去世后,内阁首辅费宏(江西铅山人,状元)为他作《明参议岐公传》,载有此事。

七、古街

丽 阳 古 街

丽阳古街位于丽阳镇丽阳村,南临昌江。至 20 世纪末,古街尚存近 300 米,街面宽约 4 米,均由麻石条铺成,中间留有一道深深的车辙印痕。街面狭窄,各种店铺拥挤在一起。店铺门均为实木木板门面,古韵十足。

丽阳集镇老街(20 世纪末摄)

古街两旁留有清代民宅1栋、祠堂1个。另有明代店屋4栋，为砖木结构，上下两层，下层为店面，上层为绣楼，临街一面建有"美人靠"。据说，"美人靠"是为古代商家或富豪家庭女子观赏繁华街市所设。

丽阳古街市自古繁华，即便在清代丽阳古镇一度没落，古街依然是周边数十里的贸易中心，从清代歌咏丽阳酒市的诗句中便可见一斑。"葡萄美酒出谁乡，闹市从来羡丽阳。""蚁绿鹅黄出丽阳，提壶沽酒客茫茫。熙来攘往争朝夕，醉后吟诗逸兴长。""欲沽美酒往何乡，指点村前即丽阳。此地向来称镇市，我家行去路非长。"(见丽阳镇丰田福建村《张氏宗谱》)此外，在丽阳古街周围，分布有古城、古桥、古寺、古书院、古村等遗址遗迹。改革开放后，当地经济得到发展提升，古街房屋陆续改造。如今的丽阳古街，早已失去古街应有的古朴风貌。

八、古井

江家古井

古井位于丽阳镇江联江家村。古井建于清代，呈长方形，长2米、宽1.5米、深1米，井壁下部为石砌，上部为砖砌，井上建有房屋。井水清冽，四季不涸，能供全村数十户人家生活用水，现仍在使用。

江家村江合友(现河北师范大学教授、博士生导师)作有《忆余杭·白石村老井》一词：

> 澄澈方池，盛夏风寒吹面冷，清波润透渴人怀。个个笑颜开。
>
> 至今仍忆甘甜味，老井梦中屡相对。石阶苔藓碧苍苍，故里总难忘。

童子坞古井

古井位于丽阳镇枫林童子坞村。据传，明代进士刘莘隐居童子坞后，掘此井。井水清冽，能为全村人提供生活用水。

如今，随着生活条件的逐步改善，童子坞村家家户户都用上了更加纯净、卫生的城乡一体化自来水。古井则被保护起来，在外围加盖了一座亭子，成为童子坞这一古老村庄的历史见证。

九、古树名木

四甲林古银杏树

该树位于枫林四甲林村，树龄800年，树干空心，呈"C"字形，树围4.3米，冠幅呈"花瓶插花"状，为国家一级保护野生植物。

银杏树，又名白果树、公孙树，生长较慢，寿命极长，有雄雌之分，素有植物界的"活化石"之称，与雪松、南洋杉、金钱松并称为"世界四大园林树木"。

四甲林古银杏树

石口古黄连木

该树位于丽阳镇余家石口村,树围 2.6 米,树龄 500 年,为国家一级保护古树。

黄连木,漆树科黄连木属落叶乔木。因其木材色黄、味苦似中药黄连而得名。黄连木具有较高的药用价值,且材质坚韧致密、抗压耐腐,胶粘性能好。

童子坞古翅果油树

童子坞古翅果油树

该树位于枫林童子坞村,树龄 410 年,树干空心,树围 4.3 米,树高 21 米,为国家二级保护野生植物。

翅果油树是胡颓子科胡颓子属落叶乔木,子叶肥厚,花柱直立,果肉肥厚,含丰富的油脂,4—5 月开花,8—9 月结果,具有奇特、顽强的生命力。

丽阳古樟树

丽阳村周边有零星古樟树 10 余株,以丽阳中心小学旁居多。

樟树,因散发出的一种特有的化学物质,具有清香气息,故多称为"香樟""芳樟"。1999 年,樟树被列为"国家重点保护植物",现为景德镇市的市树。

丽阳古樟树

十、红色文化

英勇奋战的画眉尖游击队

土地革命战争时期,丽阳是方志敏亲手开辟的赣东北苏区的一个组成部分。1927年8月,方志敏来到鄱阳县义阳乡红花园村(今属丽阳镇山田村)秘密会见鄱阳县早期革命领导人之一的汪辰,并从汪辰家中取走三条枪。1929年5月,中共浮鄱边区支部在红花园成立,组织发动"山田暴动",并在丽阳村、芦源村陈家分别成立丽阳乡和武宁乡苏维埃政府,为丽阳及周边土地革命奠定了坚实基础。

红花园村南侧,有一座巍然屹立的高峰叫画眉尖。1930年12月,在中共赣东北特委的领导下,中共鄱阳县委在第五区莲花山重建。此时正值蒋介石发动第二次反革命"围剿",为减轻苏区军事压力,扰乱敌人的"围剿"部署,特委领导的赣北游击大队和乐北游击队经常在浮(梁)、鄱(阳)、乐(平)三县流动作战,用武力摧毁国民党政权,打倒土豪劣绅。在此形势下,丽阳红花园一带燃起了革命的星星之火,画眉尖游击队应运而生。

画眉尖游击队由红花园及附近村落40多名革命积极分子和贫苦农民组成。游击队队长沈老六(中共党员,今丽阳镇山田村人)早年在莲花山苏区参加革命,曾担任武宁乡苏维埃政府先锋队队长。游击队以红花园为据点,以画眉尖为掩护,经常以各种方式奇袭敌人,摧毁敌人地方武装,与赣北游击大队第五中队、乐北游击队、鱼山郭璞峰游击队遥相呼应,扰得敌人昼夜难安,惶恐至极。

1933年1月13日晚,画眉尖游击队袭击了芦源村陈家的恶霸地主,并将缴获的财物分给当地穷苦百姓。

画眉尖游击队的革命活动,激起了反动派的极端仇视。国民党江西省第五行政区督察专员兼鄱阳县县长华洸闻讯后,惊恐万分,即把莲花山和红花园一带的第五区列为重点"剿匪"区,命令县保卫团副团长孙健带兵到红花园"剿匪"。1933年11月11日晚,孙健率领30名便衣驳壳队士兵夜袭红花园。血战中,队长沈老六冒着生命危险只身引开敌人,掩护其他游击队员和村民撤退。这次战斗,游击队共击毙敌方10名团丁,缴获5把驳壳枪和数十发子弹。但游击队员王满堂、高雨保等不幸落入敌手。损失惨重的敌人欲置游击队于死地,不久后,又命第五区区长程映雪和伪保安团中队长夏汉带领"铲共义勇队",在距红花园10千米的金盘岭筑碉堡。

1933年6月,赣北游击队第五中队由100多人发展到300多人,改编为"鄱阳红色独立连"。方步高任连长,桂松柏任指导员。8月中旬,画眉尖游击队与第五中队配合作战,取得了"八甲里大捷"。

1934年1月,沈老六带领游击队袭击了山田村大地主史大燕家。6月19日,程映雪、夏汉率领"铲共义勇队"百余人对游击队进行疯狂"围剿"。11月,孙健领兵大规模放火烧山,妄图困死画眉尖游击队。游击队员在迅速转移途中遭遇敌伏兵,王江崑、欧阳文、胡应良等战士壮烈牺牲。

1935年,敌人再次对莲花山一带进行疯狂"围剿"。画眉尖游击队坚守阵地,奋勇杀敌,与敌激战两昼夜后,终因双方力量悬殊,加之外援断绝,红色独立连连长方步高投敌,沈老六等10余名战士惨遭杀害。

坚持三年之久的画眉尖游击队,最终被反动势力绞杀,红花园革命根据地沦陷。

汪辰[1]三支长枪献给党

1927年8月的一个晚上,鄱阳县义阳乡红花园村(今昌江区丽阳镇山田村)的一座房子里透着微弱的灯光。屋里正在开会,会议由汪辰主持。

北伐军攻克南昌后,党组织派汪辰返回鄱阳,参与成立了中国共产党鄱阳支部,并担任中共鄱阳县委委员,负责宣传和农运工作。"马日事变"后,国共合作彻底破裂,反动派残酷无情地向革命者举起了屠刀。汪辰与其他县委领导均被悬赏通缉。汪辰秘密转移到义阳乡红花园村发展党员、组织武装革命。

会议内容是研究如何发动群众进行武装斗争,开辟农村革命根据地。会上,大家积极发言,商讨如何发展壮大自己,打击消灭敌人。忽然,门外望风的小虎子跑进来报告,说"村道上来了三个人,两个渔夫打扮,另外一个好像是汪辰的父亲"。

大家赶紧出门相迎。走在前面的果真是汪辰的父亲,后面跟着两个渔夫打扮的中年男子。汪辰定睛一看,其中一个"渔夫"30来岁,方面大耳,又浓又黑的八字胡,炯炯有神的眼睛……他一个箭步冲上前去,情不自禁地握住了那人的手:"方志敏同志,你亲自来了,快进屋吧!"同志们一听是方志敏同志到来,个个激动不已,连忙把客迎到屋里。

方志敏为何来到这里呢?方志敏是赣东北革命根据地主要创始人。南昌起义后,他曾几次来鄱阳县红花园村,与汪辰有密切的联系。这次前来,除了指导如何发展农民运动、建立革命根据地的工作外,他还有一件极为重要的事情。

汪辰等人把方志敏引进屋后,返回会场寒暄了片刻就散会了。接着,汪辰与方志敏一行四人乘坐渔船,向汪辰家泥滩汪村划去。一路上谈笑风生,汪辰向方志敏汇报了组织革命武装的情况,方志敏向汪辰传达了上级机关的指示。最后,方志敏对汪辰说:"今天我是来取枪的,听说你搞到了三支枪,很不错嘛,革命需要你这样智勇双全的同志!"原来,方志敏此行的重要任务是取枪,三支枪数量虽不多,却是汪辰和战友们冒着生命危险从敌人手里夺来的。

七月天气闷热,树上的知了叫个不停,令人烦躁不安。晌午时分,弋阳县漆工镇警察所附近来了几个卖瓜贩子,他们便是汪辰和他的战友们。他们一面叫卖,一面警惕周围的动静。不多时,从远处大大咧咧地走过来4名反动警察,他们斜背着枪,撇着嘴,耀武扬威地呵斥行人。汪辰他们见状赶忙迎上前去,笑着脸说,"老总,吃西瓜吗?不甜不要钱。""什么,老子吃瓜还要钱?"这几个家伙二话不说,一人挑了一个大西瓜,狼吞虎咽地吃了起来,边吃还边咕哝着:"嗯,好瓜、好瓜,真过瘾。"说完,又抱起另一个大的……面对这伙强盗,汪辰他们恨得咬牙切齿。路上的行人见此情形早已躲得老远,生怕惹了这帮瘟神。头戴草帽的汪辰见时机已到,向战友们使了个眼色。大伙心领神会,迅速拿起西瓜刀,拔出匕首,猛地向正在吃瓜的反动警察扑了上去。对方猝不及防,3个人被当场送上西天,另外一个人手臂挨了一刀,疼得直喊救命,没命地朝警察所跑去。汪辰他们立即卸下敌人的配枪,按原定计划迅速撤离到安全地带。

就这样,汪辰他们夺得了三支枪,今夜方志敏就是来取枪的。进屋后,汪辰从屋梁上的托板里,取下了三支枪,郑重地交到方志敏手里。当晚,方志敏就离开了。

后来,方志敏凭着这几支枪,组织起了农民革命团,进一步武装了赣东北革命根据地的先锋队,使之成为一支出奇制胜、无坚不摧、攻无不克的革命武装。

【注】[1]汪辰(1903—1935),又名汪澄、汪自耀,别号育龙、光远,鄱阳县古县渡泥滩汪家村人,1924年考入南昌匡庐中学,后转入南昌黎明中学就读。在校期间,加入中国共产主义青年团。

1926年春,汪辰经赵醒侬介绍加入中国共产党。后由江西省农民协会秘书长方志敏派遣,赴广州农民运动讲习所第六期学习。结业后于同年9月被派往兴国开展农民运动,任中共兴国支部委员会委员、兴国县农民协会筹备处主任。11月,指导建立兴国县榔木乡农民协会。同月,回鄱阳参与建立中共鄱阳支部。1927年5月,任中共鄱阳县委委员。

大革命失败后,珠湖暴动失利,汪辰、李新汉(1902—1931,鄱阳县响水滩乡人)均被敌悬赏通缉,只得转入地下,先后在四十里街、游城、古县渡、鲇鱼山、山田(现丽阳镇山田村)史家等地秘密活动,并将从县警备团缴获的长枪,捆在苎麻里秘密送往赣东北苏区,交到正在筹划弋横起义的方志敏手中。(见《方志敏年谱》)

1928年秋,汪辰潜赴上海从事工人运动。1929年下半年,任中共中央同赣东北革命根据地联系的交通员。1932年4月,回赣东北负责经济工作。同年底,在横峰县反"围剿"战斗中光荣牺牲。

十一、非物质文化遗产

丽阳叫花子灯

丽阳古镇,为古代饶州名镇。宋元以来,丽阳人在昌江两岸筑窑烧瓷,人口逐渐稠密,形成繁华集镇。如今,丽阳仍有不少古代留存下来的习俗和民间技艺。其中,丽阳"叫花子灯"被列入"景德镇市非物质文化遗产"。

叫花子灯,是流传在丽阳余家村大畈上村的一种民间舞蹈。所谓"叫花子灯",是古代饥民为了生存,讨饭时对施主进行的一种讨好表演,由明代沿袭下来。每逢元宵佳节,人们便用稻草扎成龙形长灯(俗称"龙灯"),穿上叫花子服、头戴讨饭勺(用干葫芦制成)进行表演。其表演内容和形式有打花鼓、推车、绣荷包等。人物角色有五男一女,舞蹈风格独特,配以说唱舞蹈,日久天长逐渐演变成一种表演艺术。中华人民共和国成立后,该民间技艺濒临失传。

近年来,昌江区对其进行抢救性保护,基本恢复了"叫花子灯"的唱腔和舞蹈。如今,"叫花子灯"已成为当地群众喜闻乐见的一种文化活动形式。

扎制稻草龙

第二篇　古镇风貌

第一节　区位优势

丽阳镇地处昌江区西南部,是承接景德镇市城市西扩与产业西迁转移的主阵地,是景德镇市与乐平市一体化发展的桥头堡。

从区域发展大环境看,各种机遇叠加的效应更加凸显,长江经济带、景德镇国家陶瓷文化传承创新试验区建设等多重国家战略交汇叠加;从景德镇市尤其是昌江区未来发展看,城区行政西移、产业西迁、项目西聚、框架西扩的趋势已成定局,杭(州)(南)昌高铁乐平北站、G35 济广高速、鱼山货运码头、昌江航道提升工程等重大交通基础设施项目在昌江区汇聚,水陆客运、货运交通网已然形成,昌江区迎来了高质高效发展的黄金期。

丽阳镇发展潜力巨大,未来前景可期。近年来,景德镇国家粮食储备库、景德镇农产品批发市场、景德镇现代冷链物流配送中心、昌江区电子信息产业园等项目在丽阳镇区域及周边建成使用,丽阳镇已迎来千载难逢的发展契机。

景鹰高速与景德镇南互通及收费站

G35 济广高速景德镇至鹰潭段(景鹰高速),于 2005 年 11 月开工建设,2007 年 11 月建成通车。该高速公路贯穿丽阳镇,镇区内建有景德镇服务区(原名月亮湖服务区)、景德镇南互通及收费站。

G35 济广高速景德镇南互通及收费站俯瞰

　　景德镇南收费站位于丽阳镇枫林村程家，这座具有民国时期建筑风格的景德镇"南大门"，总投资约 1.2 亿元，总用地约 300 亩，建有收费广场、收费大棚、风雨亭、收费管理所及收费机电系统（含通信、监控设施）等工程，和 4 进 7 出 11 条车道，于 2018 年 1 月 1 日建成通车。该收费站与 206 国道互连互通，可东上景德镇市区方向、西下乐平市区方向，交通十分便利。

G35 济广高速景德镇服务区

该收费站建成通车后,既缩短了景德镇市区至南昌市方向约 20 千米的路程,又缓解了景德镇西(罗家滩)高速出入口的交通压力,拉大了景德镇市的城市路网和城市框架。

206 国道丽阳镇段

206 国道,简称"烟汕线",路线起、止点分别为山东省烟台市和广东省汕头市,途经江苏、安徽、江西等省,全长 2440 千米,为南北向的国家一级公路,是国家骨干公路。

206 国道自东向西由浮梁县北部进入景德镇市区后,经昌江区吕蒙乡、鲇鱼山镇进入乐平市。2022 年 7 月底,206 国道景德镇市城区段西迁新建工程(浮梁县洪源镇至乐平市杨家岭段)开工建设,2004 年 8 月底建成通车。该工程为江西省重点建设工程,是全省首条采用"建设—经营—转让"模式改造建设的国道示范工程,总投资 2.78 亿元,全长 42 千米,按照一级公路标准设计建设,路基宽 15 米、路面宽 12 米,采用沥青混凝土结构,设计行车速度为 80 千米/时。2016 年,G35 济广高速景德镇南互通及收费站和 206 国道(昌江区鱼丽路口至昌南新区唐英大道段,全长 20 千米)提升改造工程竣工。2019 年 7 月,206 国道(景德镇南至乐平北段)道路扩建工程开工,该工程采取"边建设,边通行"的方式进行,东接昌江区鱼丽路口,西至乐平北城郊,将 206 国道提升改造成一条双向 6 车道的一级公路。

自此,206 国道自浮梁北部进入昌南新区、昌江区、乐平市的全部路线,通过分期分段建设的形式,均已高标准改造完成,使 206 国道景德镇市段的通行条件得到极大改善,进一步提升了车辆通行能力和道路服务水平,为景德镇地区的经济发展和群众安全出行提供有力保障。

西迁新建后的 206 国道,自丽阳镇南部与鲇鱼山镇北部接壤处直穿而过,丽阳镇的丽陵大道、枫林路、港南路等道路与 206 国道直接通连。206 国道北部自东向西分布有丽阳镇枫林村、余家村、港南村。

206 国道沙嘴大桥

昌江水运与鱼山货运码头

昌江是我国第一大淡水湖——鄱阳湖饶河(江西省五大河流之一)水系的

一条支流,发源于安徽省祁门县。据《太平寰宇记》记载,大洪山溪流穿过祁门县城后,一路向南奔流十余里。在两山对峙如门的阊门石峡,昌水从山峡中穿过,形象地把"门"留在了安徽境内,昌水则流向了江西境内,故称"昌江",且"在浮梁者为昌江,入鄱阳界者为鄱江",取"阊门之首,鄱江之尾"之义。

昌江自北向南斜穿昌江区,由景德镇市浮梁县境流经昌江区境,于鲇鱼山镇关山村柴埠村入上饶市鄱阳县境,在鄱阳县姚公渡入鄱阳湖,通江达海。丽阳镇地处昌江中下游,河面开阔,且紧邻鄱阳县境,自古以来水运发达。昌江自港南村由鲇鱼山镇境入丽阳镇境后,形成了港南、丽阳、洪家、柴棚、古田等天然良港,丽阳古镇的形成与发达的水运密不可分。

2019年11月,鱼山货运码头项目开工建设。该项目在紧邻丽阳镇的鲇鱼山镇鲁潭村和良港村新建2个作业区,总投资12.66亿元,总占地面积346亩,使用岸线1916米,建设泊位20个,设计年吞吐量为散货700万吨、件杂货110万吨、集装箱12万标箱。该货运码头建成后,将极大降低景德镇市出港货物的物流成本,每年可节约物流成本超亿元。紧邻货运码头的丽阳镇将成为最大受益者。

鱼山货运码头良港作业区

能源供应

镇区毗邻景德镇发电厂。为落实国家"上大压小、节能减排"政策，2009年10月16日，国家发改委正式核准景德镇发电厂"上大压小"扩建工程，通过关停位于市区昌江区竟成镇（今归珠山区管辖）青塘村的老景德镇发电厂现役3台机组，异地于昌江区鲇鱼山镇义城村建设两台功率为60万千瓦级超超临界燃煤发电机组。

景德镇发电厂项目于2009年10月26日顺利开工，2010年12月15日第一台机组顺利实现并网发电，2011年3月第二台机组竣工发电。该工程动态投资约50亿元，按照"半坑口电站"性质设计，容量为老机组的3.1倍。从供电煤耗和碳硫排放量来看，每度电节省标煤99克/千瓦·时，减少碳排放量26%，年减少二氧化硫排放总量0.63万吨，为经济社会发展提供了坚实的绿色能源保障。

作为景德镇发电厂的外送配套输变电工程——严坞220千瓦开关站与丽阳镇紧邻。该开关站静态总投资5551万元，动态总投资5687万元，于2010年建成投运，是景德镇供电区220千瓦主干环网的重要枢纽节点，与景德镇市区的南山变电站配套形成全省第二个220千瓦双环网。

丽阳镇辖区周边分布有石油石化加油站以及天然气分输站、加气母站，给全镇企业生产和群众生活提供了极大的方便。

江西省天然气有限公司景德镇分输站位于206国道鲇鱼山镇金桥村段，成立于2011年，为生产生活一体化设计，设置有分输站、生活区及综合办公楼，经营范围为压缩天然气销售。该分输站主要功能为接收上饶市鄱阳县金盘岭镇阀室来气，经过滤分离、计量、调压后输往下游用户，并具备紧急切断、事故放空、数据采集与监控和阴极保护等功能。

景德镇CNG加气母站隶属江西省天然气有限公司景德镇管理处，占地面积15.7亩，2011年建成投产，是江西省第一座建成投产的CNG加气母站。加气母站的主要功能是接收景德镇输气站来气，经计量、调压、干燥、增压后为槽车充装，并具备紧急切断、事故放空、数据采集与监控等功能。

第二节　体制机构

丽阳镇政府俯瞰

丽阳镇党委概况

1949 年 4 月 29 日,上饶鄱阳县〔因在鄱江之阳而得名。秦王政二十六年
(前 221)番邑设县,名番县(属九江郡),西汉更名为番阳县,东汉改称鄱阳县
(属豫章郡,210 年属鄱阳郡),503 年属吴州,581 年属饶州,南唐为永平军首
县,宋属饶州,元属饶州路,明清属饶州府,1914 年属浔阳道,1932 年属江西省
第四行政区,1935 年属第五行政区,1949 年 5 月属鄱阳专区,1949 年 6 月属浮
梁专区,1952 年 9 月属上饶专区,1957 年 5 月更名为波阳县,1971 年属上饶地

区,2003 年 12 月复称鄱阳县〕解放后,设义阳乡(今丽阳乡),属鄱阳县第三区工委(鄱阳县凰岗区)管辖。11 月,义阳乡从鄱阳县第三区工委划出,隶属鄱阳县第十区工委(驻地鱼山村)。

1951 年 11 月,义阳乡建立党支部,属鄱阳县第六区工委(由"第十区工委"改称)。1955 年 4 月,义阳乡支部属鱼山区委(由"第六区工委"改称)。1956 年 3 月,义阳乡支部改称丽阳乡支部,属凰岗区工委。1958 年 10 月,丽阳乡支部属鱼山人民公社党委,丽阳乡支部改称丽阳大队支部。1961 年 9 月,波阳县委决定从鱼山人民公社划出 9 个大队支部,成立丽阳人民公社党委。1964 年 3 月,波阳县委决定撤销山田人民公社党委,并入丽阳人民公社党委。1968 年 11 月,波阳县委决定撤销丽阳人民公社党委,并入荷塘人民公社,改称"大队支部"。1972 年 2 月,属鱼山人民公社党委。

1983 年 7 月,国务院批准同意波阳县鱼山人民公社和荷塘垦殖场一同划属中共景德镇市昌江区(1970 年 3 月成立景南区,1980 年 5 月更现名)。1987 年 4 月,中共昌江区委决定从鲇鱼山乡划出丽阳、余家、枫林、联村、山田、丰田、古田、芦源、江联、港南、洪家 11 个村(委会)成立丽阳乡党委,驻地丽阳村。同年 4 月 17 日,中共丽阳乡第一次代表大会选举产生中共丽阳乡首届委员会。

2000 年,丽阳乡下设 13 个村党支部,乡属企事业、厂矿、学校 7 个支部,共有中共党员 306 名。2014 年 1 月,丽阳乡撤乡建镇,丽阳乡党委改称丽阳镇党委。2021 年,镇党委下设 10 个村党支部、1 个社区党支部和 1 个乡属企事业单位党支部,全镇共有中共党员 518 名。

丽阳镇人民政府概况

中华人民共和国成立初改称义阳乡,辖地部分划鲇鱼山乡。

1951 年,属鄱阳县第六区丽阳乡、山田乡、丰田乡、芦源乡。1956 年,由 4 个乡并为丽阳乡、山田乡。1958 年,并入鱼山人民公社。1961 年由鱼山人民公社析出成立丽阳人民公社、山田人民公社。1964 年,丽阳人民公社与山田人民公社合并为丽阳人民公社,隶属波阳县凰岗区。1968 年,丽阳人民公社从凰岗区划出并入荷塘人民公社(垦殖场),成立永忠、团结、飞跃 3 个大队。1972 年,荷塘人民公社与荷塘垦殖场分开,原丽阳、留阳、鱼山 3 个人民公社合并为鱼山人民公社。1974 年,原丽阳人民公社划分为丽阳、联村、山田、江联、枫林、丰田、古田、余家、芦源等 9 个大队。

　　1983 年 7 月,随波阳县鱼山人民公社、荷塘垦殖场一同划归景德镇市昌江区管辖。1984 年,鱼山人民公社改乡建制,大队改村民委员会。1987 年 4 月,丽阳、余家、枫林、联村、山田、丰田、古田、芦源、江联、港南、洪家 11 个村民委员会从鲇鱼山乡划出,成立丽阳乡人民政府,驻地丽阳村。4 月 15 日至 16 日,丽阳乡第一届人民代表大会第一次会议召开。2014 年 1 月,丽阳乡撤乡建镇,改称丽阳镇。

　　2020 年乡镇党政机构改革后,全镇共有行政编制 19 名、事业编制 29 名,设镇党政办公室(挂党建办公室牌子)、镇社会事务办公室(挂退役军人服务站牌子)、镇社会治理办公室(挂综治中心、应急管理所牌子)、镇经济发展和财政办公室、镇农业农村工作办公室(挂扶贫工作站牌子)。镇纪检监察、人大、人民武装等机构按有关政策规定设置,镇群团组织按有关章程设置。镇政府设综合行政执法队(公益一类,核定编制 15 名)、便民服务中心(公益一类,核定编制 14 名)2 个事业单位。公安派出所、司法所、市场监管分局、基层法庭、基层检察室、税务分局等派驻体制机构,继续保留派驻体制,实行双重管理体制。

第三节　产业发展

随着景德镇市新型城镇化和工业化进程的不断加速,昌江区丽阳镇正由一个传统的农业大镇逐步向一个工业大镇转型。

1987年建立丽阳乡以来,勤劳淳朴的丽阳人民在党中央的正确领导下,按照"解放思想、求真务实、振兴丽阳、奔向小康"的指导思想,奋力拼搏,努力走出了一条既符合丽阳实际,又契合人民意愿的发展道路。特别是进入21世纪以来,随着景德镇市"城市西移、工业南聚"发展战略的深入实施,丽阳镇紧抓历史机遇,不断加强基础设施建设,改善投资环境,使全镇工农业生产步入了快车道。

农业发展上,2011年,丽阳镇以枫林现代农业对比试验项目为龙头,实施现代农业新产品展示,全乡水稻良种覆盖率达98%以上,以特种蛇类养殖场和康泰养猪公司为龙头,带动全乡养殖业。2016年,丽阳镇生猪、蛇类、优质稻、甘蔗、蔬菜五大农业基地得到发展壮大,有万头以上养猪场2个、千头以上养猪场5个,蛇类养殖1.2万条,千亩以上粮食优质稻种植大户1个和500亩以上4个、200亩以上10个,洪家村甘蔗种植面积1000亩以上,枫林村蔬菜种植面积400余亩,农产品科技含量逐步提升,初步形成具有城郊特色的现代农业。2017年,丽阳镇加快现代农业示范区建设,鼓励发展洪家甘蔗、枫林蔬菜、万亩优质稻、芦源蛇业等特色种养,全年新增农民专业合作社(家庭农场)23家;大力发展休闲农业、观光农业、体验农业等新型业态,打造稻香花厨(尚康庭)休闲农业试点,吸引了大批游客参观体验。2018年,丽阳镇狠抓品种改良、非洲猪瘟疫病防控等重要环节,引导农户大力发展生猪、土鸡、肉牛、特种蛇、蛋鸭为主的畜禽产业,促进群众增收致富。2019年,丽阳镇克服百年一遇的干旱影响,优质稻种植品种不断优化,农业现代化不断提升,机收机耕率达90%以上,有效确保了全镇粮食的稳产高产；洪家甘蔗、枫林蔬菜、芦源中药材等特色产业面积不断扩大，品质优良；受非洲猪瘟影响，养猪业有所下降，但肉牛，山羊，鸡、鸭、鹅等家禽养殖焕发勃勃生机。2022年，丽阳镇已初步形成陈氏蛇业、田丰米业、水果玉米等农业品牌。

工业发展上，丽阳镇依托紧邻206国道和鱼丽工业平台的区位优势，大力开展招商引资。至2019年，全镇有富祥药业、美琳康大药业、宏亿电子、卡服物流、景丽纺织、邦旭石材等企业，规模以上工业企业有宏山金属、景常混凝土、鼎盛木塑、赣鑫机械、嘉宝陶瓷、众祥陶瓷，涉及陶瓷生产、物流运输、电子科技、机械制造、医药化工等产业。此外，个体零星服装加工厂、蜡烛加工厂等小微企业遍布全镇。

2020年，丽阳镇经济经受住了特大洪灾的考验，依然取得了积极进展，引进了赣州银行、景德镇博德新材料科技有限公司、景德镇市宏佳家政有限公司丽阳分公司、广东中天阳光建设有限公司丽阳分公司等企业，新增深圳市安鹏股权投资基金管理有限公司等总部经济，总部经济达16家。景德镇农产品批发市场、景德镇现代冷链物流配送中心项目于206国道枫林路口段开工建设。2021年，丽阳镇完成财政收入17353万元，其中地方财政收入7763万元，完成规模以上固定资产投资7.58亿元，招商引资9.9亿元，农民人均可支配收入达14041元。

一、第一产业

1. 农业生产

丽阳镇坚持粮食生产不放松，以生产优质水稻为主，年粮食种植面积稳定在3万亩左右。此外，各村根据自身区位优势和特色产品优势，聚焦全力打造"一村一品"，枫林蔬菜、洪家甘蔗、江联无籽西瓜、山田果业、丰田油茶、芦源中药材、余家麻鸭、兴嘉肉牛、海庆黄牛等特色农业品牌，得到进一步巩固和提升。

农业产业化龙头企业发展迅速。镇域建有市级龙头企业 8 家(兴达生猪、陈氏蛇业、兴嘉肉牛、尚康庭蔬菜、田丰米业、海庆黄牛、麒珍蛋鸡)、农民专业合作社 65 家、家庭农场 63 家。

昌江特色农产品展示中心

高标准农田建设突飞猛进。自 2020 年起,丽阳镇开始实施高标准农田改造工程,当年完成丽阳古田村 1000 亩高标准农田改造任务。至 2022 年底,全镇共完成高标准农田改造面积 2.2 万亩,涉及丽阳村、丰田村、江联村、芦源村、山田村、余家村、联村村。

2. 林业发展

1994 年 11 月,昌江区第一家股份制林场在丽阳乡丰田村建成。丽阳镇现有山林面积 7 万亩,其中人工林面积 3.5 万亩、阔叶林面积 3.5 万亩,森林蓄积量 16.495 万立方米,森林覆盖率 68% 以上。主要树种为湿地松、香樟、油茶、五角枫等。野生动物有猫头鹰、斑鸠、白鹭、穿山甲、野兔、野猪、五步蛇等。

3. 水利建设

山田水库

1958 年,波阳县在位于丽阳枫林村、联村村、山田村交界区域的饶河水系昌江支流朱家港水域动工建设山田水库,共淹没耕地 2300 亩,拆迁房屋 53 幢,迁移 616 人。1960 年,山田水库建成蓄水运行,经 1975 年、1985 年、1987 年、1994年、2006 年除险加固至现有规模。该水库坝址以上控制流域面积为 76.8 平方千米,设计灌溉面积为 1.3 万亩,正常水面宽度为 320—520 米,最大水深 15 米,平均水深 6 米。该水域下游有昌江区丽阳镇的枫林村、余家村、丽阳村和鲇鱼山镇的金桥村、留阳村、徐坊村等 10 余个乡镇共 23.6 万人,耕地面积 8 万余亩,因此山田水库是一座以灌溉为主、兼顾防洪等综合利用的中型水库。

山田水库泄洪口渡槽廊桥

　　1983 年 10 月,昌江区水利电力局接管波阳县山田水库和山田水库管理所,并于 1985 年 1 月更名为"山田水库工程管理处"。山田水库现为江西省山江湖工程水土保持示范区、国家水利风景区。1999 年 7 月,山田小流域同步入选"全国水土保持生态环境建设'十百千'示范工程""中央财政预算内专项资金水土保持项目及省级水利基建重点治理建设项目"。2022 年底,总投资 499 万元的国家水土保持重点工程"枫林(毛畈上)小流域项目"全面建成。

山田水库留阳渡槽

为响应和支持山田水库建设,石灰垄(现"四甲林")、老屋下、路下等自然村的村民,发扬"迁小家、为大家"的移民精神,从规划建设的水库中心区域(现G35济广高速景德镇服务区周边水域)整村迁出,迁往现址定居,为利国利民的水利工程建设做出了突出贡献。丽阳镇现有水利工程移民1300余人,以山田水库移民为主,其中枫林村367人、山田村617人。

此外,丽阳镇建有小(2)型山塘水库11座。

昌江航道提升工程(含丽阳航运枢纽工程)

项目起于上饶市鄱阳县姚公渡,止于景德镇市昌江区吕蒙大桥,全长77千米,由疏浚工程、航运枢纽工程(位于丽阳镇古田村段)、桥梁工程、配套工程组成,总投资29.7亿元,工期48个月,由江西省港口集团有限公司建设,计划2023年底开工。

4. 特色农林产业

景德镇陈锋特种野生动物科技开发有限公司

公司位于丽阳镇芦源村,注册资金 408 万元,主营产品有五步蛇蛇酒、蛇干、蛇毒、蛇毒酒和蕲蛇、蕲蛇药酒等。

2008 年,公司产品通过林业部专家认证,各项指标均达到国家标准,获得了当时全省唯一的特种野生动物驯养证和经营许可证,销售成品蛇 3000 多条,收入 100 多万元。2012 年,公司存箱五步蛇近 5000 条,出笼商品蛇约 4000 条,销售蛇毒 50 千克,产值近 600 万元,成为福建省汇天生物药业有限公司五步蛇蛇毒特供基地。2013 年 12 月,公司与南京师范大学食品卫生系蛇类研究教授合作,将养殖场升级为景德镇陈锋特种野生动物科技开发有限公司。2017 年 4 月,公司与南昌大学中德食品工程中心的博士团队签订战略合作协议。2018 年 7 月,南昌大学中德食品工程中心"景昌蛇制品产业研发产业化基地"在公司成立揭牌。同年 8 月,公司与安徽省祁门蛇伤研究所签订合作协议,成为安徽省祁门蛇伤研究所蛇类合作养殖基地,共同着手蛇、眼镜蛇毒、五步蛇毒药用研究。公司现为景德镇市优秀农业龙头企业、江西省林下经济作物示范基地,公司创办人陈锋被评为"江西省农民工返乡创业先进个人"。

顺枫蔬菜种植农民专业合作社

顺枫蔬菜种植合作社位于丽阳镇枫林村,成立于 2016 年,现有社员 102 人,蔬菜种植面积 380 亩,标准化大棚 68 个,年生产蔬菜 2 万吨,解决农民就业 160 人。近年来,该合作社引进新品种 23 个,推广蔬菜生产新技术 5 项,组织参加各类蔬菜生产技术培训班 20 次。

景德镇市兴嘉肉牛养殖合作社

兴嘉肉牛养殖合作社位于丽阳村长冲坞,成立于 2011 年 6 月,社员主要为本镇的耕牛、肉牛养殖户。合作社现有养牛用房面积 1600 平方米、仓库面积 400 平方米,肉牛存栏 600 头,年出栏 850 头,经营收入 2125 万元。

二、第二产业

鱼丽工业平台(园区)

鱼丽工业平台(园区)位于昌江区鲇鱼山镇与丽阳镇接壤处,沿206国道南北两侧布局,东接G35济广高速景德镇南互通,距景德镇市城区车程约20分钟,交通便利。

鱼丽工业平台于2006年着手建设,总占地面积323万平方米,规划建设为一个以生物制药、机械制造、包装配件、新型化工、特色陶瓷五大支柱产业和光伏能源、航空配件、电子信息三大新兴产业为主的工业带,现已发展成为江西省工业园区。已入驻并投产企业30余家,涵盖医药化工、电子科技、工业制造、物流服务等产品体系。

鱼丽工业园区俯瞰

江西富祥药业股份有限公司

富祥药业成立于2002年,原址位于昌江区吕蒙乡景德镇市第一塑料厂内。2007年4月,公司投资1.5亿元在昌江区鱼丽工业平台开工建设现项目。富祥药业是一家专业从事化学药物研发、生产、销售和服务的制药企业,是国家高新技术企业、江西省优秀企业、江西省优秀非公有制企业、江西省创新型试点企业。

2015 年 12 月,公司在深圳证券交易所创业板成功挂牌上市,成为昌江区迄今为止唯一一家在 A 股上市的区属企业。2020 年,公司投资 50 亿元启动富祥生物医药项目二期建设。2021 年 9 月,公司又联合上海凌凯医药科技有限公司共同投资 50 亿元在昌江区建设凌富医药项目。

景德镇市宏亿电子科技有限公司

宏亿电子成立于 2012 年 7 月,位于昌江区鱼丽工业园区,占地面积 28.8 亩,总建筑面积 17 860 平方米,总投资 6000 万元,年产高密度印制电路板(PCB)36 万平方米,年产值 1.5 亿元,解决 500 人就业问题。

公司拥有先进的 PCB 生产设备、自动化流水生产线,产品广泛应用于汽车电器、电脑及周边产品、通信、工业控制、医疗器械、家用电器和航空航天等高科技领域。

宏亿电子科技公司外景

景德镇赣鑫机械加工有限公司

赣鑫机械成立于 2010 年 1 月,原址位于竟成镇银坑村,2012 年 7 月迁昌江区鱼丽工业平台,2014 年 1 月正式投产。

公司主要从事冰箱压缩机核心部件曲轴箱的加工生产,为江西华意压缩机股份有限公司提供 HYE、HYS 型号压缩机的曲轴箱的珩磨和机加工件。

景德镇市嘉宝陶瓷有限公司

嘉宝瓷业成立于 2012 年,原址位于景德镇装饰材料厂,后迁昌江区鱼丽工业园区,年生产耐高温陶瓷煲系列产品 50 万件。

公司生产的耐高温陶瓷煲,采用澳大利亚进口锂辉石以及贵州高岭土为主要原料,结合景德镇精湛的制瓷工艺,经 1300 ℃高温烧制后又在陶瓷煲外底部经 800 ℃烤制一层导磁金属膜而成。

景德镇鼎晟木塑新材料有限公司

鼎晟木塑新材料成立于 2013 年,位于鱼丽工业园区,占地面积 62 亩。公司主要以木屑、农作物秸秆剩余物和林业三剩物为原料,生产木塑复合材料及木塑制品。

江西宏山金属材料有限公司

宏山金属材料成立于 2017 年 8 月,位于鱼丽工业园区,注册资金 1050 万元,主要从事铝合金锭、铝锭、铝铸件、铝材等金属材料加工及销售。

景德镇众祥陶瓷有限公司

众祥陶瓷成立于 2015 年 10 月,位于丽阳镇,注册资金 600 万元,主要经营陶瓷设计、加工、销售。

三、第三产业

景德镇农产品批发市场

景德镇农产品批发市场位于丽阳镇枫林村段,南临 206 国道枫林路口,东接 G35 济广高速景德镇南互通,交通便利。

项目总投资 50 851.96 万元,用地面积 179.05 亩,建筑面积 12.6 万平方米,其中地上建筑面积12万平方米。批发市场建设有蔬菜交易区、水果交易区、加工配送区、冻品区、肉禽蛋交易区、副食品交易区、水产交易区以及酒店公寓等,2020年9月开工建设,2022年8月27日建成开业。

景德镇现代冷链物流配送中心

该配送中心与景德镇农产品批发市场合建,总投资2.4亿元,占地面积96.17亩,建设内容为冷库20 775平方米、配套综合办公楼19 250平方米、其他建筑5605平方米及道路、绿化等配套工程,2021年底建成使用。

月亮湖风景区(山田水库)

2001年6月,景德镇环球基础处理公司投资800余万元,建成月亮湖风景区并对外开放。风景区依托生态良好、风貌原始的山田水库首次开发打造而成,并更现名。除库区水域面积外,山田水库周边保留有山林面积11 000多亩,其中天然林7600亩、人工林3400余亩。库区有湖畔水田2100亩、旱地500亩。2002年,月亮湖风景区被景德镇市旅游局评为"景德镇新十景"之一。2007年,风景区被评为"国家水利风景区"。张五常收藏艺术陈列馆、王鲁湘工作室位于风景区及周边。

月亮湖风景区(山田水库)俯瞰

第四节　社会发展

一、教育事业

丽阳镇教育发展史,最早有资料可考的是创建于宋代的东山书院。从丽阳镇历代名人辈出的情况看,早在宋代,以黎氏、彭氏、史氏等为主的家族教育极为兴盛。

近代,丽阳镇教育主要依托鄱阳县凰岗镇和昌江区鲇鱼山地区教育发展而发展。1987年丽阳乡成立以前,中学教育先后依托凰岗中学、鱼山中学,小学则以各村设立的村小为主。

2003年4月,丽阳乡推进政府机构改革,撤销乡教育办公室,成立丽阳乡中心学校。2013年12月丽阳乡撤乡设镇后,学校更名为丽阳镇中心学校,下辖幼儿园8所、教学点6个、完全小学4所。现校园占地面积7万余平方米,校舍建筑面积16 242平方米。学校现有学生2192人、教职员工162人(90%以上为大专及以上学历)。

2020年,全镇共有幼儿园8所、村级完全小学8所、镇中心学校1所、初级中学1所。

1.学前教育

丽阳镇中心学校下辖8所幼儿园,包括5所公办附属幼儿园、1所公办幼儿园、2所民办普惠性幼儿园。2020年,全镇在园幼儿490余人、教师45名,园所总建筑及活动场所面积7800平方米。

2. 小学教育

丽阳镇中心小学(明德小学)

校址位于丽阳镇丽阳村,是丽阳镇办学规模最大的一所完全小学。

学校始建于1949年9月,由5家私塾合并组建而成,2008年建成明德楼。现校园占地面积19 500平方米,建筑面积4417平方米,建有图书室、仪器室、多媒体教室、电脑教室、体育器材室、实验室、音乐教室等功能馆室和教师厨房、宿舍。现有教学班14个、学生678人、教师35人(本科学历17人)。

2005年10月,学校被江西省教育厅评为"全省特殊教育先进学校";2010年,被景德镇市教育局评为"全市实施素质教育示范学校"。

丽阳中心小学(明德小学)教学楼

丽阳镇余家希望小学

校址位于丽阳镇余家村黄牛山,由上海爱心人士沈启华牵线搭桥,美国友邦保险公司上海分公司资助20万元于1997年建成,是一所村级完全小学。

现校园占地面积2万平方米,建筑面积3807平方米,功能馆室、教学仪器设备配套齐全。现有教学班14个、学生552人、教师33人。

该校是景德镇市第一所国家级希望小学、第一所国家级乡村学校少年宫。2015年,学校被教育部评为"全国青少年校园足球特色学校"。

丽阳镇余家希望小学外景

丽阳镇八一小学

校址位于丽阳镇山田村,1999 年由联村小学、勾田小学、山田小学、双溪小学 4 所小学合并而成。

现校园占地面积 9000 平方米,建筑面积 2217 平方米,建设有教师周转房、厨房和图书室、仪器室、实验室、多媒体教室等功能馆室,并配套建有公办幼儿园 1 所。现有在校学生 291 人、教师 15 人。

丽阳镇丰田小学(春蕾小学)

校址位于丽阳镇丰田村。现校园占地面积 5600 平方米,建筑面积 1500 平方米,建设有教师宿舍、音体美器材室、实验室、仪器室、图书阅览室等功能馆室。现有教学班 6 个、学生 60 人、教师 12 人。

丽阳镇枫林小学

校址位于丽阳镇枫林村草鞋墩(新畈),始建于 1968 年,现占地面积 4305 平方米,建筑面积 1233 平方米,是"景德镇市中小学优秀劳动示范基地"。

丽阳镇江联小学（明德小学）

校址位于丽阳镇江联村江家。现校园占地面积 2670 平方米，建筑面积 1378 平方米，建设有音体美器材室、实验室、仪器室、图书阅览室等功能馆室。现有教学班 7 个、学生 102 人、教师 11 人。

江联（明德）小学

丽阳镇洪家小学

校址位于丽阳镇洪家村。学校始建于 1959 年 8 月，1988 年重建，后经多次改扩建，现校园占地面积 1378 平方米，建筑面积 529 平方米。现有在校学生 40 余人、教师 8 人。

丽阳镇芦源小学

校址位于丽阳镇芦源村，是一个农村教学点，设有一至三年级 3 个教学班，现有在校学生 17 名、教师 5 名。学校自 2017 年 1 月起实行免费午餐制度。

丽阳镇港南小学

校址位于丽阳镇港南村，是一个农村教学点，设有一、二年级 2 个教学班。

现校园占地面积 2100 平方米,校舍面积 611 平方米。学校建设有教师周转房等设施。

3. 初中教育

1987 年,丽阳乡创办第一所农村初级中学——丽阳中学。校址位于丽阳镇柴棚村。

丽阳中学现占地面积 2.2 万平方米,建筑面积 0.6 万平方米,建有标准化的实验室、仪器室、现代远程教室、图书室、阅览室、音乐教室、美术教室、体育活动室等功能馆室,有图书 1.68 万册、计算机 39 台。全校现有 3 个年级、12 个教学班,在校学生 581 人,教师 38 人。

二、文化事业

依托古镇厚重的历史文化,丽阳镇大力发展文化事业。镇本级建有镇综合文化站,各村(社区)建有村(社区)级文化服务中心,基本满足了全镇人民的文化生活需求。

丽阳镇综合文化站位于余家村黄牛山,由原丽阳镇计生大楼改建而成,使用面积 400 余平方米,主要功能设施有志愿者驿站、儿童活动室、老年活动室、电子阅览室、图书阅览室、书画培训室、多功能活动室、体能健身室等。室外活动场所有标准篮球场、羽毛球场、各类健身器材和乒乓球台等。镇综合文化站已实现无障碍、零门槛进入,公共空间设施场地和服务项目全部免费开放。

此外,镇综合文化站成立有书法家协会、艺术舞蹈队等群众文化团体 20 余个;各村(居)委会已完成全国文化信息资源共享工程建设,并建有农家书屋,藏书均在 1400 册以上。

2001 年 6 月,丽阳镇完成了移动通信"村村通"工程,实现了 GSM 信号全覆盖。全镇各村(居)委会均设有党员远程电教室,网络光纤已实现村组全覆盖,有线电视已实现农家全覆盖。

丽阳镇纪念抗战胜利 70 周年文艺会演

此外,丽阳镇积极开展文物保护、非物质文化遗产保护,推进文博事业全面发展。

修缮一新的方家戏台

张五常收藏艺术陈列馆

张五常收藏艺术陈列馆位于丽阳镇山田村老屋下村。张五常,著名经济学家(新制度经济学和现代产权经济学创始人之一)、收藏大家。

2017年10月19日,作为2017中国景德镇国际陶瓷博览会重点配套活动之一,"激荡八十年·张五常收藏艺术陈列展"在昌江区锦绣昌南工诚逸品艺术馆盛大开幕,张五常教授携夫人苏锦玲女士参加活动。活动由中共昌江区委、昌江区人民政府、景德镇市陶瓷产业发展局主办,中共丽阳镇委员会、丽阳镇人民政府、景德镇燕来坊艺术空间承办。

2019年10月19日,丽阳镇张五常收藏艺术陈列馆建成开馆,并作为当年景德镇瓷博会重点配套活动之一,举办了为期4天的"玉石映古今　匠心铸未来"张五常玉石篆刻藏品展,张五常教授携夫人苏锦玲女士参加活动。活动由中共昌江区委、昌江区人民政府主办,中共丽阳镇委员会、丽阳镇人民政府承办。

张五常玉石篆刻藏品展开幕式

2020年10月19日,作为当年景德镇瓷博会重点配套活动之一,为期4天的"瓷都原乡　画里昌江"张五常明代金属藏品展在张五常收藏艺术陈列馆开幕,张五常教授携夫人苏锦玲女士参加活动。活动由中共昌江区委、昌江区人民政府主办,中共昌江区委宣传部、中共丽阳镇委员会、丽阳镇人民政府承办。

2021年10月19日,作为当年景德镇瓷博会重点配套活动之一,为期4天的"寻历史印迹　秀醉美昌江"张五常西周曹姬侯青铜展在张五常收藏艺术陈列馆开幕,张五常教授携夫人苏锦玲女士参加活动。活动由中共昌江区委、昌江区人民政府主办,中共丽阳镇委员会、丽阳镇人民政府承办。

张五常教授及夫人苏锦玲女士在张五常收藏艺术陈列馆接受江西电视台采访

张五常收藏艺术陈列馆藏品《龙凤呈祥》盘和象耳尊

王鲁湘工作室

王鲁湘工作室位于山田水库管理处旁,占地面积 500 平方米,展厅及工作室面积 1500 平方米。

王鲁湘工作室外景

2019 年 9 月 24 日,王鲁湘工作室、李可染画院景德镇陶艺中心揭牌仪式在丽阳镇月亮湖风景区(山田水库)举行。中国国家画院研究员、文化学者王鲁湘,中国近代杰出画家李可染弟子、中国国家画院研究员、著名画家、李可染画院院长李庚出席仪式并揭牌。

风情歌曲《丽阳小镇》

丽阳小镇

作曲：林中石 黎佳
作词：林中石 王美珍 姜克正

1= E 4/4

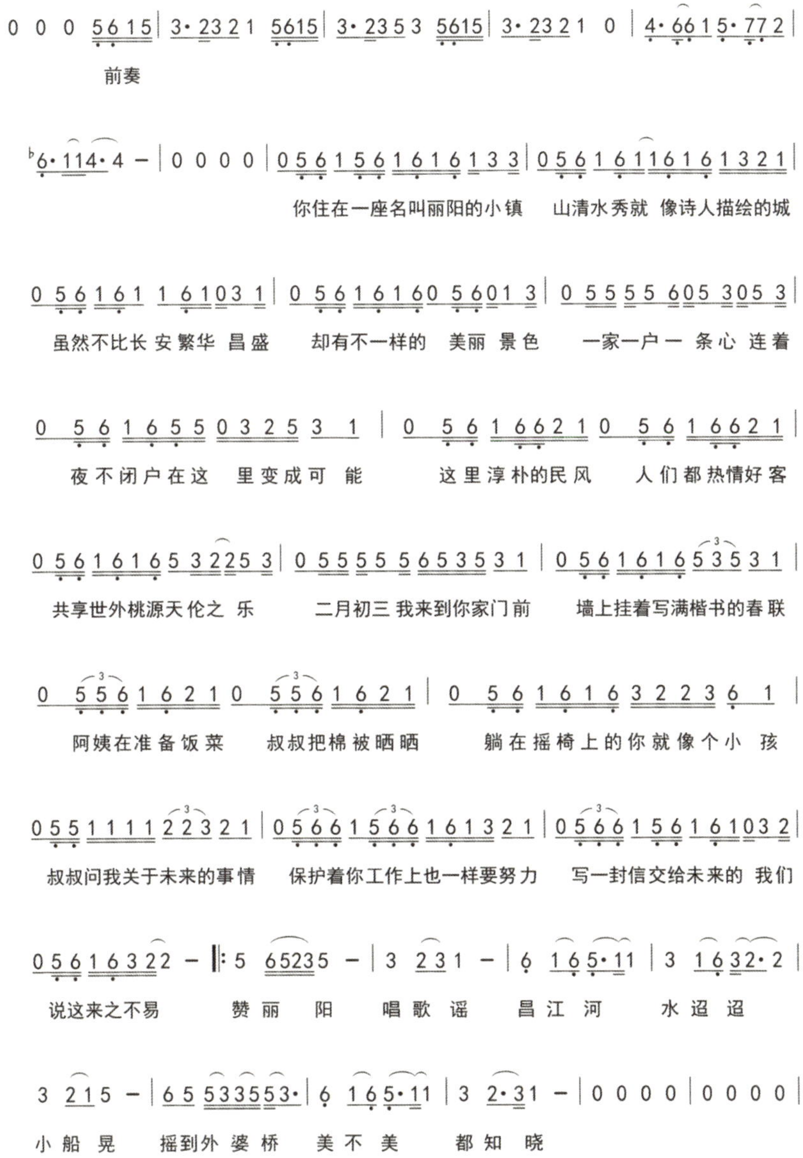

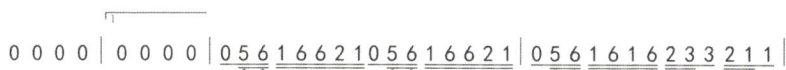

```
0 0 0 0 | 0 0 0 0 | 0 5 6 1 6 6 2 1 0 5 6 1 6 6 2 1 | 0 5 6 1 6 1 6 2 3 3 2 1 1 |
                      小河倒影是星光 山间开满了野花   村里的小狗也结成群在溜达

0 5 6 1 6 1 1 6 1 2 3 1 | 0 5 6 1 6 1 6 5 3 2 5 3 1 | 5 3 2 0 1 · 5 3 2 0 1 · |
隔壁的邻居 讲了一个笑话   说我娶了丽阳最美丽的姑娘   弹 着吉 他 画着漫 画

5 3 3 2 1 1 2 2 3 2 1 1 | 5 3 2 0 1 5 0 6 1 0 3 · | 4 3 2 1 0 2 3 2 2 | 5 6 1 2 |
唱 着关 于 我们的家 乡   日出而 作日 落而 息   这是我们 的向往   我将月亮

3 2 3 0 5 · 6 5 2 0 5 · | 7 1 5 0 3 6 5 0 · 6 5 3 2 | 1 6 1 0 3 · 5 6 1 0 3 · |
轻 轻摘 下 送给你 呀   思念的 重 量   分隔两地 我 还是 会偶 尔想 起

5 6 6 1 6 5 3 1 1 0 2 · 5 6 1 2 | 3 2 3 0 5 5 6 5 2 0 5 · | 7 1 5 0 3 6 5 0 · 6 5 3 2 |
我们在田里踩过的泥 巴 我把情话 放在心 上用时间酝 酿   如烈酒 醇香   分外迷人

1 6 1 0 6 5 5 6 1 0 3 · | 3 2 · 1 6 6 2 2 1 · 1 | 0   0 : | 3 2 1 5   3 2 1 5 |
你的脸 庞配上这风 光   真的 美 如画                   路很长 牛羊 慢

1 1 1 6 5 3 3 | 4 4 6   5 3 1 | 6 3 1 6 0 3 2 2 | 3 1 6 1 2 3 1 6 5 |
好山好水好村庄   记忆中 花草香   飘过大街 小 巷   路很 长 牛羊 慢

6 1 1 6 5 3 3 | 6 1 1 6 5 1 1 | 3 1 6 2 1 1 — | 6 1 1 6 5 1 1 | 3 1 6 0 2 1 |
好山好水好人家 月亮湖抱着我们 一起盼月 亮   月亮湖抱着我们 一起盼 月

1 – – – ‖
亮
```

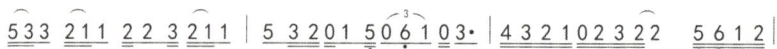

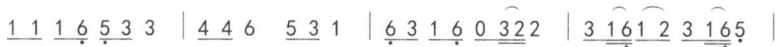

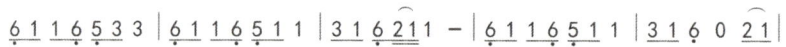

该作品由作者实地采风创作而成。丽阳镇风光旖旎,山川竞秀。作品充分展现了热情纯朴的昌江人和美丽的月亮湖、昌江等自然景观。该作品在网易云音乐发布后广受好评。2019 年,该作品代表昌江区参加景德镇市春节联欢晚会和中华人民共和国成立 70 周年文艺会演,获得综合类金奖。

三、卫生事业

1. 卫生健康

丽阳镇政府设有卫生和计生办公室,共有工作人员 4 人。各村配备专职卫生计生专干 1 人,工资由镇财政统一发放。

自 2020 年起,丽阳镇每年安排卫生计生经费 65 万元,用于开展卫生计生服务。全镇计划生育统计、药具、流动人口管理等工作,均已按要求纳入江西省互联网平台进行管理,并配备有专职管理人员。全镇已纳入省互联网流动人口信息管理平台的流动人口共有 620 名,均已建立专人专档。

2. 医疗保障

2007 年,成立丽阳镇医保所,统筹开展全镇的便民服务工作。至 2021 年底,全镇共有 1.6 万余人参加城乡居民医疗保险,每年报销 2500 多人(次),报销金额累计 500 余万元。每年开展门诊统筹结算报销 1 万余人(次),为 432 人办理慢性病待遇证,有效缓解了慢性病人员通过门诊看病服药的经济压力。

开展健康扶贫,落实医疗保障政策。至 2021 年,共走访建档立卡贫困户 380 余户,安排医院专项体检 400 多人,跟踪医疗报销 100 多人次,发放各类扶贫宣传手册 2000 余份,为 186 名建档立卡人员办理慢性病待遇证。

3. 医疗机构

丽阳镇现有镇中心卫生院 1 个、村卫生室 10 个。现有职工 76 人,其中副主任医师 1 人、主治医师 7 人、医务人员 55 人、工勤人员 13 人。现有住院床位 45 张,拥有电子胃镜、彩超、全自动生化分析仪、全自动血球计数仪、心电图机等先进医疗设备。开设有内(儿)科、中医科、外科、妇产科、五官科、手术室等科室。

丽阳镇卫生院

现址位于丽阳镇丽阳村,占地面积 4000 平方米,建筑面积 1500 多平方米。现有在职在编医务人员 17 人,其中主治医师 2 人、执业医师 7 人、药剂师 3 人、护师5人。下辖的11个村(社区)卫生室,共有医务人员28人。

丽阳乡卫生院创办于1987年,原址在丽阳镇丽阳村下街。1987至1993年,乡卫生院共有13名医务人员,承担着全乡人口的医疗及预防保健工作。1987至1989年,丽阳乡卫生院在私人200平方米的平房中办公。1989年,新建占地面积100平方米、建筑面积200平方米的业务用房。2007年,争取国家卫生项目20万元,在丽阳乡党委政府现驻地——余家村黄牛山新建丽阳乡卫生院大楼,建筑面积900平方米。2009年,医院自筹资金在原乡卫生院所在村——丽阳村新建门诊楼,占地面积200平方米,建筑面积600平方米。2014年,在门诊楼旁新征收土地3000平方米,新建住院部,建筑面积976平方米。

扩建后,丽阳镇卫生院开设临床科室有内科、外科、儿科、妇产科、发热门诊、腹泻门诊,辅助检查科室有B超室、检验室、心电图室,公共卫生科室有防疫门诊、突发公共卫生应急办公室、妇幼保健办公室、居民健康管理办公室等。卫生院开设床位6张,年门诊接待约7000人、年住院400余人,业务总收入78万余元,其中"新农合"直报金额40余万元。

昌江精神病医院

昌江精神病医院始建于2013年,2015年3月迁至丽阳镇余家村黄牛山,为民营医疗机构。医院承担精神病障碍患者的医疗保健服务,负责昌江区乡镇卫生院和村卫生室等基层医疗机构精神卫生的技术支持及业务指导、昌江区精神卫生健康教育等工作。

医院占地面积15亩,建筑面积约1500平方米,现能提供彩超、生化检测、移动式床头X光片、心电图等各类专业医疗服务,有住院床位130张。现有专业精神科医师5名、其他科类医师10名(副主任医师1名)、精神类专科护士6名、其他类护士12名、专业护理人员12名。

四、社会治理

治安管理

丽阳镇深入推动"枫桥经验"落地生根,"丽阳模式"日臻完善。通过成立镇综治联调指挥中心、镇基层矛盾化解中心,推行"公安 +"模式,保丽阳一方稳定和平安。

丽阳镇社会治理中心

在昌江公安分局丽阳镇派出所建立指挥中心,将辖区重点企业(江西富祥药业股份有限公司、江西美琳康大药业公司等)、重点场所(加油站)、党政机关(镇政府及村委会)等 16 个监控探头接入指挥中心。指挥中心不仅能为维护社会治安、打击犯罪提供有效影像资料,还能为处置突发事件、综合管理提供服务。中心发现问题后,可协调相关职能部门(环卫、城管、应急救援、网格员等)第一时间进行处置。

加强基层调解工作力度,将矛盾化解在基层、化解在萌芽状态,取得显著成效。2017 年,胡名辉获评"全国模范人民调解员"称号。2019 年,成立丽阳镇基层矛盾化解中心,对接法律咨询室、巡回法庭入驻中心,整合司法所、综治办、信访办合署办公。当年联动司法、综治等部门,处理意外死亡事件 6 起,化解年内纠纷 127 起,为农民工维权讨薪 745 597 元;巡回法庭开展巡回审判 6 起。

推行"公安＋"。镇派出所针对辖区治安特点,克服警力少等困难,由以往的被动出警转为主动出击,积极与辖区单位建立联动机制,有效打击了违法犯罪行为。

社会救助

丽阳镇现有农村低保救助 723 户 982 人,月发放资金 372 810 元;城市低保救助 14 户 20 人,月发放资金 8905 元;每年下拨临时救助约 200 人次,资金 10 万余元。丽阳镇加快推进农村殡葬改革,共投入 350 万余元,建成丽阳村、古田村、山田村、港南村、联村村、余家村村级公墓。

安居工程

制定《丽阳镇农村建房管理实施细则(暂行)》,进一步规范村民建房行为和办事程序,加强村民建房管理,助力美丽乡村建设。加大农村危房改造力度,为建档立卡贫困户等四类重点对象的住房安全提供有力保障。2016 年以来,全镇共有 80 户贫困户享受农村危改政策。根据危房安全鉴定的等级不同、年份不同,补助的标准也不同。其中,维修加固房屋补助标准:2016 至 2020 年,为 4500 至 12 400 元不等;新建房屋补助标准:2016 至 2019 年,为 24 000 至 34 000 元不等;交钥匙工程补助标准:2017 至 2019 年,为 37 840 至 43 500 元不等。

第五节　村镇建设

21 世纪以来,尤其是"十三五"时期以来,丽阳镇村镇建设步伐不断加快,村镇建设改造项目有序推进。

2017 年,共投入资金 592 万元,完成丰田光伏、丽阳农贸市场、丰田集贸商铺等省市贫困村基础设施建设扶贫项目 32 个;投入资金 2500 万元,完成 206 国道月亮湖路口环境提升、环(月亮)湖路沥青铺设、张五常收藏艺术陈列馆等城乡环境大整治和"双创双修"(创建全国文明城市、创建国家卫生城市,生态修复、城市修补)项目;投入近 1 亿元启动丽阳窑址保护红线范围内棚户区改造项目,共签约征收集中安置农户 101 户;完成景德镇南高速枢纽互通项目土地征收;投入资金 134 万元,用于水利维修和水库除险加固项目。对道观桥、夏家湾桥护栏、方家桥护栏、丽阳桥头道路、福建至余家通村路、老屋下至红花园通村路等多处路桥维修提升。2018 年,省重点项目景德镇国家粮食储备库搬迁还建项目在丽阳镇余家村黄牛山开工,市重点民生工程丽阳农贸市场新建项目竣工并投入使用,推进丽阳窑址棚户区改造安置地和环(月亮)湖东路提升改造项目。2022 年底,鱼丽工业园区断头路"横五路"项目开工建设,进一步优化了鱼丽工业园区和黄牛山区域的交通路网,有效减轻了丽陵大道所承担的唯一进出丽阳镇西片区主干道的繁重交通压力。

以大力推进全域新农村建设为抓手,不断提升全镇乡村建设水平。2011年,全乡共建设有 5 个新农村建设点,涉及街下、姜家、福建、吴家 4 个自然村。2016 年,共投入资金 245 万元,重点打造山田村老屋下中心村和凤凰、方家新村 2 个新农村建设示范点。2017 年,共建设有 8 个自然村 24 个新农村建设点。2018 年,共投入资金 500 余万元,完成 18 个新农村建设点建设;开工建设 12 个厕所革命建设点;采取服务外包的方式,委托北京环卫集团景德镇京环环境服务有限公司对全镇各自然村主次干道进行常态化保洁。2019年,共投入资金1000万元,新建卫生公厕9座,新建农村三格式化粪池118处,集中清理房前屋后环境6000余户,粉刷文化墙550平方米,完成植树造林142亩,中幼林抚育3000亩,封山育林500亩;推行绿色殡葬改革,新建村级公墓园9个,墓穴位2100个。2020年,建成枫林村草鞋墩(新畈)生活污水处理系统,并对枫林村草鞋墩(新畈)、余家村石口、丰田村董家启动秀美乡村建设。

丽阳村

丽阳村村委会位于丽阳镇东南部,与上饶市鄱阳县金盘岭镇、凰岗镇交界,下辖丽阳、街下、古田、林屋、寺山5个自然村15个村民小组,总人口960户、4200人。现有耕地面积5752亩、林地面积11 620亩。2016年被列为市级贫困村,2018年退出贫困村行列。

丽阳村自古沿昌江而建,水运发达,人气兴旺,集市繁荣。历史上,丽阳村就是丽阳镇的政治、经济、教育、文化、卫生中心,村内建设有丽阳集镇、丽阳老

古朴的古田村景

街、丽阳中学、丽阳中心小学、丽阳卫生院,保存有丽阳窑址(全国文物保护单位)、判官桥、种德桥、法云寺等古迹。

近年来,丽阳村新建了丽阳农贸市场、扩建了中小学校、开通了镇村公交、修缮了丽阳古戏台,为保护和利用好丽阳窑址,还异地迁建了丽阳窑址安置新村,全村各项社会事业日新月异。

余家村

余家村村委会现为丽阳镇党委政府驻地,下辖余家、石口、大畈上等6个自然村5个村民小组,总人口423户、2013人。现有耕地面积2068亩、林地面积约5600亩。

余家村位于昌江北面、206国道旁,区位优势明显,交通便利。余家村通过丽陵大道与206国道相连,可东上景德镇市区方向、西下乐平市区方向、南通昌江区鲇鱼山镇方向。1993年,丽阳镇党委、政府从人口稠密的丽阳村迁余家村黄牛山后,逐步建成了商业街、丽阳镇敬老院、余家希望小学、农村信用合作社、昌江公安分局丽阳派出所、丽阳粮站、丽阳卫生院等,特别是近年来,陆续建成了昌江区电子信息产业园、丽阳中心幼儿园、鱼丽工业园区横四路等项目,余家村已成为丽阳镇新的政治中心、经济中心。

丰田村

丰田村村委会地处丽阳镇西部边缘,与上饶市鄱阳县金盘岭镇合禄村、上兰村交界,下辖姜家、新建、福建、方家、方家新村、董家、凤凰7个自然村,总人口808户、3072人。全村总面积约10平方千米,现有耕地面积4512亩、林地面积600余亩。

2016年,丰田村被列为"十三五"时期省级贫困村之一。自党中央脱贫攻坚战实施以来,丰田村共获得各项扶持资金1100万元,其中新农村建设资金350万元,安排建设省级新农村建设点12个。丰田村通过组建合作社,大力发展光伏发电、扶贫商铺店面、油茶林地收购等产业项目,村集体经济收入快速增长,2018 年如期实现整村脱贫摘帽。

丰田村新农村建设

江联村

江联村村委会位于丽阳镇西部,与上饶市鄱阳县金盘岭镇接壤,下辖 7 个自然村、8 个村小组,总人口 269 户、1240 人。现有耕地面积 2400 余亩、林地面积 4000 亩。

白石江家村是昌江区的新农村建设样板村。该村总面积 2.1 平方千米,总人口 137 户、510 人。现有耕地面积 602 亩、林地面积 2200 亩。全村共有农业合作社 8 户,以水稻种植为主,经济作物油菜、无籽西瓜、山茶油等为辅。2020年 11 月,在由农业农村部农村社会事业促进司指导、中国农村杂志社主办的全国美丽宜居村庄短视频擂台赛活动中,江联村短视频获优秀作品奖。同月,江联村被评为"全国文明村镇"。

芦源村

芦源村村委会地处丽阳镇西境,东邻丽阳镇山田村,南接丽阳镇丰田村,西接丽阳镇江联村,北与上饶市鄱阳县金盘岭镇良田村接壤,下辖陈家、张坞、段坞、罗岭、桃阳 5 个自然村,总人口 197 户、1338 人。全村总面积 2.8 平方千米,现有耕地面积 1713 亩、林地面积 4580 亩。

芦源村建有陈氏蛇业、中药材种植、水产养殖基地等企业和产业基地。

山田村

山田村村委会位于丽阳镇西北部,下辖老屋下、红花园、勾田、神丰、雷林、月山等 7 个自然村 6 个村民小组,总人口 419 户、1676 人,其中老屋下等山田水库移民 617 人。全村现有耕地面积 2926 亩、旱地面积 184 亩、林地面积 9600 亩,小型水库 2 座。

山田村位于月亮湖风景区腹地,G35 济广高速(景德镇至鹰潭段)穿村而过,并在老屋下村建设有景德镇服务区(原名"月亮湖服务区")。

山田书屋

近年来,山田村依托良好的生态环境,以环湖公路改造提升为契机,大力发展文化旅游产业,开发农村土特产品。山田村借助张五常收藏艺术陈列馆落户的名人效应,打造了以山田书屋为代表的文化旅游产业,开发了以"丽阳古镇"牌土特产品为代表的农产品项目,获评全市文明村、全省精品农村等称号。

联村村

联村村村委会位于丽阳镇北部,与上饶市鄱阳县金盘岭镇、景德镇市浮梁县洪源镇和昌江区鲇鱼山镇毗邻,下辖双溪、路下、黄家棚、新建、余家洼、芦四坞、平家棚、林家嘴、鲁东 13 个自然村,总人口 480 户、2220 人。全村总面积 11.5 平方千米,现有耕地面积 3890 亩、林地面积 14 562 亩、水域面积 800 余亩和扶贫产业农业园 105 亩。

近年来,联村村通过对鲁东等村小组实施移民示范工程,基本实现亮化、绿化、硬化,村容村貌得到显著改善。

枫林村

枫林村村委会位于丽阳镇南部、山田水库大坝下游,东与丽阳镇联村村、山田村通连,南与昌江区鲇鱼山镇金桥村、留阳村接壤,西与丽阳镇余家村相接,北与丽阳镇芦源村毗邻,下辖枫林、夏家湾、草鞋墩(新畈)、毛畈上、程家、四甲林、童子坞 7 个村小组,总人口 328 户、1360 人,其中四甲林等山田水库移民 367 人。全村现有耕地面积 2024 亩、林地面积 5092 亩,小(2)型水库 1 座、山塘 4 座。

枫林村入口

枫林村区位优势明显,水资源丰富,交通便利,进出村道与县道和 206 国道相通连,G35 济广高速(景德镇至鹰潭段)穿村而过,并在毛畈上、程家建设有景德镇南枢纽和景德镇南收费站。景德镇农产品批发市场、景德镇冷链物流配送中心位于区域内及周边。枫林村成立有尚康庭、顺风蔬菜等现代农业产业组织,实现了自来水城乡一体化、环卫保洁城乡一体化和公交车城乡一体化。

近年来,枫林村相继完成了穿村而过的主干道"四化"(油化、亮化、绿化、美化)提升工程、草鞋墩(新畈)生活污水处理工程、程家和草鞋墩(新畈)美丽乡村建设工程、四甲林至童子坞桥梁拆旧新建和道路新建移民项目工程、枫林毛畈上小流域治理工程(国家水土保持重点工程),村容村貌焕然一新。2021 年 9 月,枫林村被评为"第二批全国乡村治理示范村"。

生态良好的毛畈上一景

港南村

港南村村委会地处昌江南面,两面环水,一面倚山,与丽阳镇洪家村毗邻,古称"溪南"。港南村下辖 1 个自然村、5 个村民小组,总人口 505 户、2300 人,现有耕地面积 2309 亩、林地面积 3555 亩。

近年来,港南村大力推广甘蔗种植,成立港南村王阿婆蔗糖农民专业合作社,投入资金 32 万元,建成甘蔗加工厂 1 个。2020 年,合作社实现产值 140 万元。

港南村是人口大村,劳务输出是当前村民收入的主要来源。近年来,港南村外出劳动力逐渐走上了专业化路子,由百余名熟练掌握古建工作技能的村民,形成大小不一的专业队伍,常年活跃在国内古建市场。

洪家村

洪家村村委会位于昌江南岸,东临丽阳镇港南村,南与鲇鱼山镇关山村相邻,西北与丽阳镇丽阳村、古田村相接,下辖洪家、彭家两个自然村,总人口345户、1486人,现有耕地面积1653亩、林地面积3273亩。

近年来,洪家村大力实施"连心、强基、模范"三大工程,通过大力抓党建、促脱贫攻坚,初步形成以甘蔗、红糖、红薯、红辣椒等为特色产业的"红色"产业。其中,甘蔗种植面积1000余亩,产值约占村集体经济收入的40%以上,人均收入每年递增500元以上。

丽阳社区

丽阳社区居民委员会成立于2018年3月,总人口220户、435人。丽阳社区以丽阳老街为中心,居民对象主要为原社区企业职工、家属和少数公职人员,以经商和务工为主。

第三篇　古镇文萃

第一节　历代诗词

赠彭器资[1]

[北宋]王安石[2]

鄱水滔天竟东注,气泽所钟贤可慕。文章浩渺足波澜,行义迢迢有归处。中江秋浸两崖间,溯洄与我相往还。我挹其清久未竭,复得纵观于波澜。放言深入妙云海,示我仙圣本所寰。楞伽我亦见髣髴[3],岁晚所悲行路难。

【注】[1]摘录于道光版《鄱阳县志》卷三十一,彭器资即彭汝砺(字器资)。[2]王安石(1021—1086),字介甫,号半山,抚州临川人,北宋杰出政治家、文学家、思想家、改革家,"唐宋八大家"之一。北宋仁宗庆历二年(1042)进士,历任扬州签判、鄞县知县、舒州通判等职,官至宰相,主张改革变法。著有《临川集拾遗》等存世。[3]髣髴(fǎngfú):同"仿佛"。为便于阅读理解,编者特对文中生僻字加注拼音和释义,下同。

彭汝砺诗五首

[北宋]彭汝砺

(一)答赵温甫见谢茶瓯韵

我昔曾涉昌江滨,故人指我观陶钧。庞眉老匠矜捷手,为我百转雕舆轮。镌刓[1]刻画走风雨,须臾万态增鲜新。盘龙飞凤满日月,细花密叶生瑶珉。轻浮儿女爱奇崛,舟浮辇运倾金银。我盂不野亦不文,浑然美璞含天真。光沉未入世人爱,德洁诚为天下珍。褐来东江欲学古,喜听英杰参吾伦。谨持清白与子共,敢因泥土邀仁恩。空言见复非所欲,再拜谢子之殷勤。

【注】[1]刓(wán):削去棱角,(用刀子等)挖、刻。

(二)送许屯田[1]

君尝治浮梁,德爱均父母。黎明令一出,百里无敢侮。黠吏窜狐鼠,惠爱沾农亩。浮梁巧制瓷,颜色比琼玖。因官射利疾,众喜君独不。父老争叹息,此事古未有。(原注:浮梁父老言,自来作知县,不买瓷器者一人,君是也。作饶州不买者一人,今程少卿嗣宗是也。)君尝速我饮,漓薄祇村酒。君举长满觞,我畏不濡口。京师晚相值,相笑俱老丑。我欲提君名,四方为奔走。君立掉头去,自谢吾无取。移舟去都门,待水三月久。不一诣权贵,挂席随南斗。庐陵据艰险,狱讼成渊薮。君以一目视,无恶亦无苟。三年最课上,坐冠江西部。我来君及瓜,欲荐嗟掣肘。有才使如君,未见终不售。即听宣室诏,莫爱潮阳守(原注:广东荐君潮阳)。

【注】[1]许屯田,即许彭年。北宋徽宗宣和年间曾任浮梁县县令,以廉洁著称。见《浮梁县志》、洪迈《容斋随笔》。

(三)奉寄深之[1]学士子开[2]侍郎

万国承平道更尊,君王取士夙临轩。雕虫立废贾马赋,发策趺闻晁董言。

兰艾同荣春霭霭,鱼龙欲化海浑浑。风流想见东华路,夹道传呼看状元。

【注】[1]深之,即李处道,字深之,福州人,历任泉州德化令、建州浦城丞、兴国军录事参军等。[2]子开,即曾肇(1047—1107),字子开,江西南丰人,曾巩异母弟,历任吏、户、刑、礼四部侍郎。

（四）寄桐庐[1]诸友

整顿衰羸尚未苏,信音都向故人疏。须怜犬子常多病,莫笑嵇康懒作书。庠序[2]旧规还在否,道涂新况比何如。鳞鸿[3]若到江南地,愿寄声音一起予。

【注】[1]桐庐:今浙江省杭州市辖县,富春江斜贯县境。彭汝砺曾师从桐庐倪天隐。[2]庠序:古代的地方学校。[3]鳞鸿:鱼雁。此指书信、信使。

（五）送鄱阳太守

青春一日锦衣还,酒上亲闱喜动颜。静视浮名虽羽翼,回瞻明德已丘山。身留桑梓孤衷结,目断旌麾一泪潸。初仕正忧民事拙,愿书余训起疏顽。

彭大雅诗五首

［南宋］彭大雅

（一）致仕得请（组诗）[1]

天书一札许归乡,乐彼邱围故土桑。边报不惊心上火,春风难扫鬓头霜。

杜鹃声里非全蜀,燕子飞来是旧堂。薏苡明珠前日事,衣襟到此两相忘。

归来未解事耕锄,谢却逢迎静看书。两两茅檐怜叟屋,重重烟树野僧居。

雨余石径宜闲步,月上山溪可醉渔。良檄已藏飞鸟尽,头颅华发牛潇疏。

【注】[1]摘录于丽阳镇《彭氏宗谱》。

（二）蜀地感怀

蚕丛[1]开国慢悠悠，万丈嵯峨壮客游。栈道西来通剑阁，锦江东下出湄州。乌蛮洞口平林晚，白帝城边古木秋。欲拜武侯闻兵法，百年谁可木为牛。

【注】[1]蚕丛：相传为蜀王的先祖，教人蚕桑。此借指蜀地。

（三）法云寺[1]

曲径重游地，空门欲暮时。报晴任佛鼓，照水净花枝。尘杨参禅梵，纱笼问旧诗。东风雨好事，惭我鬓如丝。

【注】[1]法云寺，位于丽阳镇丽阳村西南处的寺山。

（四）游法云寺怀约所

绿酒黄花美景筹，敧冠短发试高秋。亭台日落歌僧寺，鼓角风清起戍楼。野老独追彭泽兴，仲君应此司池游。青山绕廓堪行乐，江草何须月唤愁。

（五）游东山书院

无穷胜概少人知，此日重游迈等夷。化雨春潮归硕望，风流儒雅足名师。草深山阁连云拥，人傍溪桥带月移。好是黎阳烟火里，飞虹遥接万峰垂。

题《芳洲诗集》[1]

[南宋]马廷鸾[2]

芳洲黎君，先朝名进士也。既屈于时，益昌其时。古诗近陈子昂《感遇》，绝句可杂半山[3]诗。选中七言如"世事庄周蝴蝶梦，春愁臣甫杜鹃诗"。所谓长歌之哀,非耶? 因书此编,以寓赞叹。

采采芹甘不自谋,殷勤直欲奉王羞。可怜斜日三千字,曾献当年十二旒。

虎踞已知王气尽,鹃啼谁感帝魂哀? 怪渠册后诗情苦,曾到留都丰镐来。

【注】[1]摘录于《四库全书》之《碧梧玩芳集》卷二十四。[2]马廷鸾(1222—1289),字翔仲,号碧悟,饶州乐平(今乐平市众埠镇)人。南宋理宗淳祐七年(1247)进士,官至宰相。南宋灭亡后,马廷鸾拒绝与元朝廷合作,表现出崇高的气节。晚年自号"玩芳病叟",著有《碧梧玩芳集》传世。[3]半山,即王安石。

忆王孙·鄱阳彭氏小楼作[1]

[南宋]姜　夔[2]

冷红叶叶下塘秋,长与行云共一舟。零落江南不自由。雨绸缪,料得吟鸾夜夜愁。

【注】[1]摘录于道光版《鄱阳县志》卷三十一。[2]姜夔(约1155—约1221),字尧章,号白石道人,饶州德兴(今上饶市德兴市)人,后迁鄱阳,南宋文学家、词曲作家、著名词人。

黎廷瑞诗词选

[南宋]黎廷瑞

登鄱江楼

江城一登眺,寒色有无间。帆拂沙头树,僧归云外山。楼高西照急,叶尽北风闲。世事何时足,悠悠飞鸟还。

九日浮梁有约登高者以病不赴

老树荒城噪暮鸦,凄凉节气满天涯。绝怜多病相疏酒,又是重阳不在家。浮世光阴易红叶,秋篱晚节复黄花。闭关宁负登高兴,莫遣西风戏孟嘉。

乐平樊主簿捧檄北行来别,赋此奉饯[1]

拊字心空悴,清寒节太高。无人相料理,惟我独贤劳。万里随归雁,孤帆渺暮涛。归期应不远,新月点梅梢。

【注】[1]摘录于黎廷瑞《芳洲集》。

里中社[1]

藓石莓墙屋数楹,年年来赛社公[2]灵。儿童趁节欢如沸,父老伤春涕欲零。海燕边鸿何日了,夏松殷柏为谁青。村醪如蜜犹堪醉,莫遣东风两眼醒。

【注】[1]里中社:乡里的土地庙。[2]社公:旧称"土地神"。《礼记·郊特牲》有"社祭土而主阴气也"的记载,孔颖达疏引汉许慎曰:"今人谓社神为社公。"

水调歌头·寄奥屯[1]竹庵察副留金陵约游扬州不果

腰缠十万贯,骑鹤上扬州。诗翁那得有此,天地一扁舟。二十四番风信,二十四桥风景,正好及春游。挂席欲东下,烟雨暗层楼。

紫绮冠,绿玉杖,黑貂裘。沧波万里,浩荡踪迹寄浮鸥。想杀南台御史,笑杀南州孺子,何事此淹留。远思渺无极,日夜大江流。

【注】[1]奥屯,即奥屯(又作奥敦)希鲁,字周卿,号竹庵,女真人。元世祖至元六年(1269)为怀孟路(今河南境内)总管府判官,后历官河北、河南道提刑按察司事,江西、江东宪使,澧州路总管,至侍御史。常与黎廷瑞交游。

丞相马[1]挽章

平生甚似洪文惠[2],(原注:公自谓平生禄位出处似洪文惠公。)暮景惜不如盘洲。纤儿何人竟误晋,(原注:公有词云,东晋纤儿撞坏业,令人间受祸。)大夫此日空非周。长夜漫漫不复旦,芳草凄凄其奈秋。(原注:公自号玩芳病叟。)遗书堕泪付千载,往从后轩云间游。

【注】[1]丞相马,指马廷鸾。[2]洪文惠,即洪适(1117—1184),字景伯,江西乐平人,南宋金石学家、诗人、词人,洪皓长子。

同吴仲退[1]周南翁[2]登法云寺志上人流玉阁[3]

偶与幽人期,颇惬沧洲趣。岚影倒虚碧,天光澹晴素。烟横双鹭起,水落孤帆度。凭阑足清眺,隐几得玄悟。顾兹半日闲,愧彼经年度。更迟雪中来,临风看琪树。

【注】[1]吴仲退,即吴存(1257—1339),字仲退,号月湾、雨雪坡诗人,鄱阳县凰岗人,宋末学者饶鲁私淑弟子,与黎廷瑞、徐瑞、叶兰、刘炳并称"鄱阳五先生"。历官饶州路学正、宁国路儒学教授,并聘主江西乡试。[2]周南翁,即周应极,字南翁,元饶州鄱阳人。至大元年(1308)受任翰林待制,后历任集贤司直、皇太子说书,终官池州路同知总管府事。其父周昼(hòu),字良载,南宋咸淳十年(1274)进士。其子周伯琦(1298—1369),字伯温,元代学者、书法家,《元史》有传。[3]摘录于黎廷瑞《芳洲集》卷二(见《豫章丛书》集部十一)。道光版《鄱阳县志》记为《登法云寺》。

癸巳[1]七月送姚廉访[2]移司金陵二首

十载孤怀郁不开,二年谈麈[3]得重陪。亦知久聚难为别,纵复相逢有此回。

野老共遮骢[4]马路,仙翁合管凤凰台。慈湖[5]相见如相问(自注:谓年魁陈宜之),已约钟山探早梅。

【注】[1]癸巳:至元三十年(1293)。[2]姚廉访,即姚燧。廉访,即廉访使,为宋、元、明时期一种官职。姚燧(1238—1313),字端甫,号牧庵,河南洛阳人,元朝文学家,官翰林学士承旨、集贤大学士。[3]谈麈(zhǔ):指清谈。[4]骢(cōng):青色与白色夹杂的马。[5]慈湖,即杨简(1141—1226),字敬仲,号慈湖,明州慈溪人。南宋孝宗乾道五年(1169)进士,历任富阳主簿、乐平知县、温州知府等职,告归后筑

室德润湖(后更名"慈湖")居住,世称"慈湖先生",谥号"文元",著有《慈湖遗书》《慈湖诗传》等传世。为纪念杨简,后人建有两处慈湖书院。一处为饶州府乐平县(今江西乐平)城东古长乐坊,元至元十九年(1282)建;另一处为南宋度宗咸淳年间杨简逝世40余年后,在其故居慈溪建。

忠烈侯[1]酷好山水,作《葬书》以行于世。元翁其族子,传其书。侍父仕赣上,尽得杨氏术[2]。凡谈阴阳家者,见之辄屈膝。余闻其论,洒洒然起忘倦矣!夫既谓之地理,理非儒不精。元翁儒者,精于理,固宜为赋。

英英太极翁,器明吴楚甲。驰辂使沙漠,杖铖帅巴峡。南瞻岭表缩,东睨溟涨狭。林居念环辙,简脱卑藏筴[3]。夫君玉树彦,同祖宝剑匣。六籍既淹通,异闻更博洽。姬公卜宅洛,成后鼎定郏。理也匪荒唐,古甿遗检桮。支分景纯[4]书,嫡出杨氏法。苍苍郁孤台,仙枝竹林插。芳春适游衍,千金日娱狎。厚坤行万龙,立特飞次夹。幽幽何绵绵,意脉能攫掐。神文遂尔授,玄镐了然肷。俗师守橐[5]囊,群喙闹凫鸭。青霄孤鹤唳,未吐气先压。蹇予少狂走,黄尘满乌帢[6]。山川子长笔,天地伯伦锸。某丘可以老,白石盟愿歃。祝君昌兹术,四海救贫乏。

【注】[1]忠烈侯,即彭大雅。[2]杨氏术,即杨氏阴阳学,由唐代杨筠松首创。杨筠松(834—906),名益,字叔茂,号筠松,窦州(今广东信宜)人,唐僖宗朝国师,官至金紫光禄大夫,掌灵台地理事,著名地理风水学家。[3]筴(jiā):夹子,古时用来夹菜。[4]景纯,即郭璞(276—324),字景纯,河东郡闻喜县(今山西闻喜)人,两晋时期著名文学家、训诂学家、风水学者,被誉为风水学鼻祖,辞赋为"中兴之冠"。[5]橐(tuó):袋子。[6]帢(qià):帛制的便帽。

彭忠烈锦袍铁扇落他姓孙公尹购得有诗次韵

[元]吴　存

东归几日竟南迁,苔没渝城万仞镵。社稷已墟遗古庙,英雄不死作飞仙。空闻扇铁遮西日,忍见袍花丽晚天。犹有故家乔木在,年年春绿照番川。

徐瑞赠答芳洲诗六首

[元]徐 瑞[1]

（一）书芳洲题《长江万里图》诗后

万里朝宗势，其源可滥觞。从来不在险，画里论兴亡。

【注】[1]徐瑞（1255—1325），字山玉，号松巢，鹊湖（今昌江区鲇鱼山镇）人。南宋度宗咸淳间举进士不第，著有《松巢漫稿》。常与黎廷瑞交游。

（二）庚子[1]九月十四日陪芳洲观山中泉石次韵[2]

问酒竹篱深，寻诗土花碧。石上更盘桓，长啸情何极。

【注】[1]庚子：元成宗大德四年（1300）。[2]次韵：和诗的一种方式，即按原诗的韵和用韵的次序来和诗，也称"步韵"。

（三）次韵芳洲先生题法云寺流玉阁

危檐面长洲，晴雨各有趣。滩鸣九霄佩，江泻千丈素。笑问流玉师，岁月不知度。心空忘境胜，力定得实悟。师云住是间，非住非非住。更问有句无，寒藤倚枯树。

（四）寄芳洲先生

秋入郊原四望空，石梁老树立西风。文章子不减班掾[1]，丘壑吾能过庚公[2]。池上纷纷成底事，尊前兀兀有奇功。山中芋栗今朝熟，万一寻盟榾柮[3]红。

【注】[1]掾（yuàn）：古代属官的通称。班掾，即班固（32—92），字孟坚，扶风安陵（今陕西咸阳）人，东汉著名史学家、文学家，与司马迁并称"班马"，著有《汉书》。[2]庚公，即庚亮（289—340），字元规，颍川鄢陵人，东晋政治家、文学家，历任西曹掾、丞相参军，晋明帝妻庚后之兄，封都亭侯。[3]榾柮（gǔduò）：木柴块。

（五）寄芳洲先生

山中二十三年约，今日寻诗始得来。举瓢酌水为君寿，从此登临岁一回。周郎折简应难致，退叟高骞招不来。石上留题有神护，不教雨渍长苍苔。时人近日多轻士，造物从来亦忌名。只有青山无世态，与君一见若平生。官衔雅似何水部[1]，文学老于元道州[2]。如此身名应贵重，世间清浊易同流。生来道义胜纷华，晚抱遗经学种瓜。犹有爱山心不厌，时时幽梦到烟霞。

【注】[1]何水部，即何逊（约480—518），字仲言，东海郯（今山东兰陵）人，南朝诗人。因其官至尚书水部郎，后世称之为"何水部"。[2]元道州，即元结（722—772），字次山，天宝年间进士，文学家，唐代宗广德元年（763）任道州（今湖南道县）刺史，故世人称之为"元道州"。

（六）芳洲寄古诗一首申山中之约次韵奉谢

憎俗毋已甚，同尘正自佳。我如张仲蔚，蓬蒿满荒阶。观化有妙悟，委运增旷怀。鸿飞正冥冥，鸡鸣漫喈喈。美人芳杜姿，玩世善打乖。曲肱有真乐，俟命且洁斋。身屈道则尊，不事堑与崖。平生山中约，高致许我侪。此语二十年，此事行当谐。试看红尘客，踏破几铁鞋。

岁戊寅，洲翁寄诗云："结庐溪水上，日夕对郭璞。清晓林霏开，碧玉峭如削。几欲乘兴游，不见云山鹤。青鞋动高兴，安得践斯约。尊酒不须携，岩泉清可酌。"今二十年矣。

宋制置彭大雅玛瑙碗歌周伯温参征赋并序[1]

[元]王　逢

今太尉开藩之三月，命部将王左丞晟书使踔海上，招至吴中。以予无锡避地，说晟劝张楚公归元，擢淮省都事，辞。时江浙参政周公拟[2]莅分省，延饮斋合，欢甚，出玛瑙酒碗曰："此彭大雅燕飨旧物，子才器足当之。"遂引满。酌之

再,气酣思涌,率尔走笔纪清赏,非求知他人焉。歌曰:

淮藩开吴豪杰满,歌钟地属姑苏馆。相儒独为缓颊生,笑出彭公玛瑙碗。血干智伯髅不腥,黄玉莹错红水精。妖蟆蚀月魄半死,虹光霞气喷且盈,隐若阵偎边将营。彭公彭公古烈士,重庆孤城亦劳止。天忘西顾二十年,亩尽东来数千里。武侯祝文何乃伟,败由宋祚民今祀。太湖底宁鱼米丰,官廨[3]喜与闲门同。酒波碗面动峡影,想见制置师犒飘风中。再酌庶沃磈磊胸。君不见汉家将军五郡封,班彪天与世史功。诗狂昭谏客吴越,存心唐室人怜忠。呜呼!尚友予岂敢,醉墨惨淡云飞鸿。

【注】[1]摘录于道光版《鄱阳县志》卷三十一。[2]㨉(chuāng):用手或器物撞击物体。[3]廨(xiè):官署。

赠　二　彭[1]

[明]宋　濂[2]

大学儒生有二彭,九重亲笔许齐名。季方才品难为弟,小宋科名合让兄。玉笋班中联步武,金花席上共恩荣。少年耿耿心向赤,忠孝相期到老成。

【注】[1]摘录于同治版《饶州府志》卷二十九。[2]宋濂(1310—1381),字景濂,号潜溪,浙江金华人,元末明初著名政治家、文学家、史学家,与高启、刘基并称"明初诗文三大家"。

重至鹿洞书感示同志

[明]史桂芳

紫阳[1]学派千秋在,子静[2]流徽奕世传。汲井自惭短牵绠,登程惟慕着先鞭。诚明应到无亏处,义利须严未发前。圣泽有源逢易易,洞中流水是原原。

【注】[1]紫阳,指朱熹。朱熹(1130—1200),字元晦,又称"紫阳先生",世称"朱子",南宋著名理学家、教育家。[2]子静,指陆九渊。陆九渊(1139—1193),字子静,号存斋,抚州金溪人,哲学家、教育家,"陆王心学"代表人物。南宋孝宗淳熙八年(1181)2月,朱熹请陆九渊在中国古代四大书院之首的白鹿洞书院讲学。

登法云寺(次韵)

[明]罗虚公

法云遗刹旧朝踪,今昔河山一望同。壮志无能朝上国,遁形有意晤仙峰。胸悬星月朝川日,节砺风霜暮岭松。侠骨不堪谐俗虑,几回搔首叹遭逢。

登 法 云 寺[1]

[明]黎 亮[2]

法云古刹南朝踪,悼颓不与铜驼同。梵音遏送渔歌汀,篆烟屡锁丹炉峰。我来避暑侣古槐,志期待请返苍松。世界悬悲宁足济,刚肠愤满无人逢。

【注】[1]摘录于丽阳镇丽阳村《黎氏宗谱》。[2]黎亮,字祝官,曾就读于鄱阳县学。

题 郭 璞 峰

[明]史乘古

仙迹何年别,烧丹鼎尚存。松风吹不断,落日半关门。

题 郭 璞 峰

[明]史　白

郭岭何崔嵬,晴空耸寒翠。引领绝攀援,岚光在襟袂。细缊[1]玉篆文,馣
馤[2]金丹气。仙翁招欲来,划然探灵秘。

【注】[1]细缊(yīnyūn):同"氤氲",天地间的元气、造化。[2]馣馤(ān'ài):
香气浓盛状。

史彪古诗四首

[清]史彪古

(一)登芝山

蹑屐陟崔嵬,幽寻亦快哉。千樯云外出,双塔望中来。磬罢僧归定,岚横鸟
数回。行行仙路近,洞古为谁开?

(二)清　斋

清斋许自问,懒性怯征尘。对鹤琴为侣,悬鱼酒是邻。兴余林外屐,身隐梦

中贫。竹榻连千帙,沉吟见古人。

（三）九月舟中述怀

病骨轻舟兴若何,晴霞片片映烟波。暮帆千里悬秋色,戍柝三更接晓歌。醉里摊书灯影乱,床头望月客思多。故园丛菊衡门外,孰是柴桑载酒过。

（四）浮洲小酌

爱携双屐出郊坰[1],野色岚光集水亭。入座远分千顷碧,穿林遥献数峰青。轻舫贳[2]酒浮明镜,晓堞凝烟列翠屏。客去尚余鸥作侣,忘机泛泛狎前汀。

【注】[1]坰(jiōng):都邑的远郊。[2]贳(shì):借贷、赊欠。

过溧阳镇有感

[清]史同人

戎马纵横甲乙间,居民墙屋未修完。无涯寺里鼓镛咽,英布城边草木寒。田路迂歧迷虎落,江流混浊抱牛山。抚今追昔情何限,欲说人知说最难。

馆法云寺闲吟二首（丁丑）[1]

[民国]黎尧书[2]

幽楼逸致卧云松,薄有书田岁未凶。眉睫山光和水性,耳边暮鼓与晨钟。芸生各得真机趣,精舍堪羁雅客踪。爱杀烟霞为伴侣,此间颐养乐时雍。

漫言老马反为驹,得伴诸贤共业儒。青丁出蓝终较胜,珠求生蚌已徒输。

有情桃李春风暖,不为桑榆慕景吁。耿耿心长忘发短,忙忙补读欲医愚。

【注】[1]摘录于丽阳镇丽阳村《黎氏宗谱》。[2]黎尧书,名雍,号柳溪,饶州府学生员。

敬步尧书先生馆法云寺闲吟原韵二首(民国丁亥)

[民国]黎献章[1]

表表高标岭土松,几经霜雪不逢凶。问难请益亲函丈[2],启聩[3]开聋悟警钟。宾主往来无世态,后厨顾及有行踪。光天化日堪娱老,锦绣山河庆肃雍。

居诸迭运驶同驹,把酒聊吟君子儒。利销名缰无系累,笔耕墨稼不将输。琴棋消遣何忧虑,天地忘怀岂叹吁。高士眼前谁省识,古来大智固如愚。

【注】[1]黎献章,名亦鹄,字泽翔,曾在景德镇任江西第五行政区师训所、江西私立静安中学国文教员。[2]函丈:讲席,此指对前辈学者或师长的敬称。[3]聩(kuì):古同"聩",耳聋。

法 云 古 岸

[民国]黎献章

世远城荒草色萋,牧童缓吹牸歌兮。劳人借憩投孤树,舟子迎商出夹溪。水涌狂澜惊砥柱,山呈巍石峙云霓。却怜景物今非昔,潭影岚烟谈墨题。

敬步尧书先生原韵诗[1]

[民国]黎传成[2]

挑灯侧耳听鸣蛙,意乱心烦感觉嗟。朋比为奸何日止,流离失所遍天涯。堤边枳棘偏生叶,世外桃源爱玩花。惟望升平宁宇宙,邓林雨露润枝丫。

【注】[1]摘录于丽阳镇丽阳村《黎氏宗谱》。[2]黎传成,字祝三,号华封,国学生。

邻邑宾朋聆望吾乡吟诗二律酬之

[民国]黎传成

地属鄱阳有利阳,夵生斯邑老斯乡。孤峦拥户餐风露,双涧环门去滥觞。旅舍商氓居市隐,村庄儿女迓时忙。偶来嘉客停骖望,返驾休嗤里俗荒。

一生羁处授童男,本里风光腹内参。绣环锦云围舍北,石屏砥柱塞溪南。情为耕牧声歌远,看到渔樵兴趣酣。尚想先人留旧句,时将十景当奇探。

利阳八景诗[1]

[南宋]彭大雅

东山书院 山绕平岗水向东,书声咕哗出林中。良宵直到鸡鸣后,篝火藜光映彩红。

古寺松风　松间拂拂晚秋凉,古寺轻风送夕阳。鸹讶梵声相断续,微微隐隐按宫商。

义井寒泉　金井沙堤甚自然,不穿不凿出寒泉。仰流一豚清如镜,安受途人饮马钱。

郭璞晴雪　迢递层峦耸半空,晴雪满岫影重重。徒存遗迹荒苔石,谁觅仙丹古灶中。

夕阳东流　东流一片水茫茫,落日山御景色苍。堪叹光阴如逝者,今今古古吊斜阳。

石口滩声　发声隐隐似鸣雷,残碣排空急濑来。今古兴亡多少恨,长江不尽有余哀。

谯楼暮角　谯楼耸峙建城东,暮角吹来晚照中。几度凄凉无处觅,烟云缥缈绕长空。

浮洲山色　山洲遥接势相迎,山白青兮水自泓。淡淡暮烟浓暮树,高低断续两分明。

【注】[1]摘录于丽阳镇《彭氏宗谱》。系彭大雅自四川致仕回归故里后,乐守林泉而作。

利阳十景诗[1]

[南宋]黎廷瑞

古寺松风　僧房幽幽入松林,长风西来号其端。窗户潇潇气怀冽,金铁凛凛秋阑珊。半夜龙吟海涛立,万壑虎啸山雨寒。但愿收入解愠操,毋使大夫长不安。

荒祠藓石　巉岩老石依荒祠,香烟晓拂苍苔滋。斜棱翠剑龙可化,钩角架箭虎不疑。秋干发枯铁骨瘦,夜深月出璞玉奇。何当作去中流砥,颓波倒澜为扶持。

浮洲山色 高标巍巍跨苍穹,悬崖隐隐如升龙。红颜正娇花浴露,翠光不动松无风。晴云暖阁画屏阔,晨昏晏然香发浓。何时一陟最高处,招摇九华归其中。

石口滩声 吁嗟万物鸣不平,奔涛撼滩滩有声。夜凝出海潮浩浩,朝闻击铁冷风风。翻洲挟势雷震怒,触石嘘气鲸敲舫。谁访羊裘风雨趣,神光半夜磨客星。

璞阜晴云 郭璞晋踪遗至今,白云舒转岩壑深。悬崖磅礴缥缈间,高标耸峭势嵚崟[2]。画晴荡光不作雨,苍狗变态浑无心。几时结茅向其上,当追仙客为同吟。

谯楼暮角 谯楼画角斜阳前,悲风隐隐连荒烟。西风吹入杂芦管,落梅行尽惊霜天。深闺悠悠怨离别,孤馆惨惨烦愁眠。枕戈关戍寒浸骨,无端月色秋娟娟。

义井寒泉 繁宗同井宗义全,晨昏共饮夸甘泉。渊深不动其本静,饥渴可慰良自迁。一泓无尘冷湛湛,百汲澈底清涓涓。谁家秋葵惜枯槁,辘轳晚响银床边。

石梁夜月 老石横梁亘清溪,明月高照良夜奇。苍龙横沙拥骨节,玉兔落水涵琉璃。光芒摇辉尘脱角,斜棱倒影鱼露鳍。夜深气秋清入画,上天下天能相宜。

野渡横舟 野渡茫茫秋月明,石根重击孤舟横。蒲帆卷风韫经济,桂棹卧月贪幽清。芳草洲前伴鸥宿,绿杨影里招人行。何时解缆从所意,去寻赤壁追吟晴。

江城晚照 天气朗朗悬晚晴,江村日落从西倾。残照醋沙雁落渚,归鸦闪闪风木明。回光贯去连远峤,彩霞映水摇荒城。扁舟渔翁收钓罢,长歌欸乃山自鸣。

【注】[1]摘录于丽阳镇丽阳村《黎氏宗谱》。[2]嵚崟(qīnyín):高大、险峻。

丽阳十景诗

[清] 史　珥

古寺松风	风与人偕去，松因寺尚存。怒涛挟秋雨，隐隐撼云根。
荒祠藓石	祠荒余石丈，枯藓积为衣。介性知难转，长年卧落晖。
浮洲山色	山名洲肇锡，应欲并浮丘。紫翠年年色，闲庭一望妆。
石口滩声	石立滩成骨，滩奔石作鳞。浅清便洗耳，偏聒饮牛人。
璞阜晴云	崔嵬千仞翠，丹青隐云深。昨夜霖初霁，余霞散满林。
谯楼暮角	斜阳迷古戍，寒角动西楼。却忆狼居外，征人总未休。
义井寒泉	井以寒为德，泉因义更甘。何年随邑改，汲绠委烟岚。
石梁夜月	石虹跨秋水，蟾影射清濠。铁笛一声起，遥天霜露高。
野渡横舟	舣舟何所待，独自卧渔蓑。醉后无拘束，吟成击楫歌。
江城晚照	睥睨前朝圯，营茅望里黄。许多兴废事，强半付斜阳。

新田畈[1]六景诗[2]

原荡洲　云笼深柳水笼沙，鸥鹭追陪宿草丫。好是新田烟火景，堆成古迹获人家。

鸦鹊塘　草色青青水色清，盈塘丽孟却分明。禽知沐浴鱼知跃，鸦鹊成群嬉野晴。

仙人桥　白石嶙嶙几万年，清涟河水淼无边。波回浪涌常如此，天降神桥渡众仙。

彭家园　有形有势最堪娱，草色葱茏树影疏。卧听禽声忙报喜，前峰钟鼓动栖乌。

小港水　一派汪洋一派流，清潺澈底去悠悠。而知小港鱼游乐，自有渔翁泛钓舟。

马家林　一林深秀树苍然,忽睹村庄起暮烟。为问此间光景处,牧童遥指是新田。

【注】[1]新田畈,彭氏族人聚居在新田彭家新田畈,山环水绕景致佳。[2]摘录于丽阳镇《彭氏宗谱》。

陶家嘴[1]十景诗[2]

独山松　鹤鹿归来一若何,独山松色密如罗。千年劲节原无匹,卧听猿猴唱啸歌。

大坞塘　坞底垄深獭逐鱼,冰洁水气亦非卢。此塘今古须防旱,定卜农家庆有余。

古井泉　无涤无尘澈底清,石间流出却无声。几多渴者思泉饮,岂仅吾村任支烹。

村边竹　雨洗风摇色色亲,猗猗萧竹绕为邻。故人君子村边合,深处留来慰客宾。

柏树林　树色参差一派荣,杉林万木始坚真。蚕娘采摘归家里,又有葵花向日倾。

双板桥　上通徽婺下通饶,一派东流决此桥。自古至今谁考究,当知双板是根苗。

凌湖岭　高不高兮低不低,雪横烟锁与天齐。人行半岭无停处,自有苍松息马蹄。

百花洲　蜂蝶纷纷舞半空,百花开放各西东。闲游此地多佳色,触我诗怀与不穷。

旗山石　旗山形势恰如嵩,一片斜阳照眼红。最是吾材烟火景,清泉滴滴石树珑。

梨树园　疏红密绿映梨园,子弟嘻嘻究本原。忽听猿声初啸月,此花满地不开门。

【注】[1]陶家嘴,即今丽阳镇方家新村。彭氏族人由丽阳村迁居陶家嘴村,见其山水如画,茂林修竹,秀雅可观,于是作十景诗,并记载在族谱中。[2]摘录于丽阳镇《彭氏宗谱》。

中山嘴[1]十景诗[2]

芦柴林　水村山郭少人知,鸿雁□□正及时。乍觉芦林花吐处,哪知洲白鸟将至。

烟波山　层岩耸翠若千重,惟有烟波万里浓。山面松表排闼送,宛如雪拂老人峰。

桂花园　天香馥郁桂园中,子弟闻知兴无穷。折去拨来看不厌,犹如月里广寒宫。

蜈蚣峰　岭上苍松一派浓,葱茏万木秀层峰。森然气象连云拥,朝听泉声暮听钟。

梁上燕　前堂上下顾徘徊,料与春风一路来。偶向上林穿过去,花飞片片是新栽。

铜君山　铜君山前风景闲,任君到此便开颜。莫言此地无幽雅,绿树阴浓获发□。

红嘴雀　天生佳境获村前,四处观来第一先。自是乾坤钟秀气,到今犹唤雀名传。

纱帽山　巍巍高耸一峰奇,纱帽名之有为□。后嗣果能绳祖武,那时移向凤凰池。

叶里桃　云苍树树绕四图,村耆遥望武陵微。层岩献去无穷趋,幸得高人手指挥。

象鼻嘴　地利丰腴几万年,湾环象鼻护村前。无边秀色看难尽,一样风情景倍鲜。

【注】[1]宋元时期,丽阳彭氏宗族人口大增,便由丽阳村迁居陶家嘴、沈家坞、中山嘴、三门、小源坞、大畈上、新田畈、桐源桥等地。[2]摘录于丽阳镇《彭氏宗谱》。

溪南八景诗[1]

徐书云

河洲牧笛　驱犊登河畔,横吹玉笛幽。曲终天霁朗,遗韵绕芳洲。

塘坞樵歌　塘坞无严令,山村任采樵。兴来分鸟韵,随处响歌谣。

马滩客艇　客子鸣箫瑟,轻舟渡马滩。风帆飞片片,破浪逐双鸾。

龙窟渔舟　渔唱声何急,渔灯照碧峰。明河星子落,惊起在渊龙。

渡口朝烟　晓日初升渡,千条挂柳烟。波平双岸阔,风正一帆悬。

井头夜月　皎皎圆光满,清晖印井头。水天同一色,高下两轮浮。

牛山箖竹　苍松萦古路,美竹荫牛山。咏叶淇源句,猗与岂等闲。

虎涧清泉　危石泉声咽,泠泠虎涧清。风从归大海,鼓荡振蓬瀛。

【注】[1]摘录于丽阳镇港南村《徐氏宗谱》。

溪南八景诗[1]

徐书云

河洲牧笛　河畔何人撇笛声,芳洲隔断水盈盈。千条杨柳笼烟处,吹去梅花一曲清。

塘坞樵歌　翘首峰头睹夕曛,深林挑出半肩云。樵歌随意沿溪唱,时被风吹隔岸闻。

　　马滩客艇　花自缤纷草自香,扁舟一棹拂垂杨。科头尽日篷窗坐,风景何如忆故乡。

　　渡口朝烟　溥溥白露遍郊坰,凉浸蓬窗梦乍醒。绿树荫中谁唤渡,试看一抹晓烟青。

　　井头夜月　薄霭浮云万里空,井头明月起溪东。悠然一片清光里,如坐琼楼玉宇中。

　　牛山箬竹　牛山修竹耸千竿,翠色平分到画栏。安问主人何处是,倚倚长许卷帘看。

　　龙窟渔舟　叠嶂临江半壁孤,涟漪万顷碧波铺。更添几个渔舟荡,疑展天然一幅图。

　　虎涧清泉　踞石何人坐碧阴,流泉几派漱清音。烹茶时作松风响,惊起双栖翠翡禽。

　　【注】[1]摘录于丽阳镇港南村《徐氏宗谱》。[2]撧(yè):用手指按。

溪南[1]十景诗[2]

余运一

　　河洲牧笛　二川相决隔河洲,顶注钟潭下斗牛。两畔碧连春草长,四时闻笛牧童游。

　　塘坞樵歌　信是人烟辏集中,以时入伐乱鬐[3]松。堤边樵担难枚举,嘹亮歌音彻碧空。

　　马滩客艇　滩势流轰砥柱雄,舟人到此着心瞳。往来不断他乡语,过此方能乱使蓬。

　　龙窟渔灯　一水频分三峡流,春潮夏涨任君游。渊源一注龙居此,数点渔灯傍柳洲。

　　渡口朝烟　时气清和日上堤,东方正曙影离离。沿河一缕横拖带,不是浮云不是霓。

井头夜月 万里长空一样同,无如此地倍玲珑。素娥相荦水泉内,豀度幽人解闷容。

牛山蓉竹 不生淇澳与山齐,信渡来人路接衢。脱却班衣君子操,武公德配正相宜。

虎涧清泉 越壑穿岩一槛肥,源源接浙灌田陂。樵人一插怀千镒,虎喷龙涎味更奇。

古刹钟音 妙智钟潭水溯洄,沿河古寺势崔嵬。南薰解愠游人趣,风送钟声此地来。

西山伐木 高峙崔巍仁宅门,杉桑松柏翠连云。丁丁响彻秋空内,付与他年作栋人。

【注】[1]溪南:今丽阳镇港南村旧称。[2]摘录于丽阳镇港南村《余氏宗谱》。[3]髼(péng):头发松散的样子。

坑培[1]八景诗[2]

徐应润

两峰兢耸 突兀巉岩势接天,两峰并峙蠢门前。游人蹑屐攀萝上,极目穷高果浩然。

双月联辉 宛肖蛾眉月一弯,天然两美兢呈芳。好凭静对参元境,心印明时意趣长。

新荷擎盖 碧水环流绕带长,芙蕖拥翠满银塘。花穿细浪金鳞戏,馥遍村墟君子香。

古堰鸣珂 菑畲[3]新绿遍平畴,古堰潺湲水绕流。雅韵悠扬时在耳,如弦断续不春秋。

凤栖修竹 曾因医俗植千竿,结实离离瑞霭攒。翙[4]羽和鸣迎晓日,不须过客费雕刓。

狐尾松乔 青松霭霭碧云俱,山势疑分岣嵝孤。岂是谈经三宿稳,缘何听讲有丰余。

宅外红莲 拨刺渔惊月一钩,垂虹影里荡轻舟。前津早结披蓑侣,莫使人方富渚俦。

田中石笋 法相庄严石丈人,田中笋立俨朝真。米颠拜后苔封久,吸露餐霞迥绝尘。

【注】[1]坑培村,今属丽阳镇江联村。坑培村徐氏与港南村徐氏及马田村徐氏为同宗,均以南昌徐孺子为祖。[2]摘录于丽阳镇港南村《徐氏宗谱》。[3]菑畲(zīshē):耕耘。[4]翙(huì):鸟飞的声音。

福见村[1]十景诗[2]

张上诚

旗山古石 壁立悬崖似走旗,百千古石列如眉。苔青藓绿美如画,磊落巉岩瘦亦奇。

海坞樵歌 坞深似海列山多,往采樵人叠发歌。一路崎岖悠不断,闲云相送几声和。

高峰晴霁 高作凌湖水口峰,晴来新霁锦重重。随阳灿烂深鬓表,堪与飞霞断丽容。

松林夜月 林间蟾蜍照高松,遍有清阴寂寂浓。向月老龙麟亦著,还腾涛韵应宵钟。

村前田水 眠来一案锁千阡,水绕村前遍是田。每到稻香流不竭,环六瑞霭胜清渊。

陇畔溪声 陇畔流来却是平,非金非石出幽声。凌凌有韵溪边放,偶送窗前响亦清。

饶畈茶烟　饶畈南居是我家,轻烟淡绕四边茶。每逢谷雨春三月,叶叶含香趣最嘉。

丽阳酒市　葡萄美酒出谁乡,闹市从来羡丽阳。各路沽春声不断,提壶争说郁金香。

寺山秀障　一障青青现秀颜,松间古寺倚高山。排来曲曲如三折,拱立门前翠可攀。

新井寒泉　井里源流别有天,龙行带秀出鲜泉。若教永饮甘如许,常有新机汲万年。

【注】[1]福见村,为其始迁祖命名,取后代子孙福气可见之意。又因从福建清流始迁而来,遂改"福建村"至今。[2]摘录于丽阳镇丰田福建村小组《张氏宗谱》。

第二节 历代文录

答彭舍人[1]启[2]

[北宋]苏 轼

伏审显膺宸命,进直掖垣。除目播腾,舆情欣属。国家董正百官之治,聿追三代之隆。用事考言,因名责实。然而宪台省闼,无预于文词;儒馆学宫,不关于政理。惟此六押之任,要须二者之长。非该通经术,则不足以代王言;非晓达吏方,则不足以分省事。是为文士之极任,岂止时人之美谈。果有真才,来膺妙选。伏惟某官,道师古始,识造精微。学穷游、夏[3]之渊源,文列马、班[4]之伯仲。自期甚厚,所得实多。对策决科,尝魁天下之士;犯颜逆指,有古名臣之风。粤从言动之司,亟掌丝纶之美。璠玙美质,岂独一时宗庙之华;杞梓异材,固为后日栋梁之用。轼备员法从,窃庇余光。聊陈舆诵之言,少答函封之辱。其为欣佩,莫究颂言。

【注】[1]彭舍人,即彭汝砺,北宋哲宗元祐二年(1087)任起居舍人,次年迁任中书舍人。[2]启:古代一种陈述性的应用文体。[3]游、夏,指子游(言偃)与子夏(卜商)。两人均为孔子学生,擅长文学。[4]马、班,指司马迁与班固。司马迁著有《史记》,班固著有《汉书》。

爱 山 楼 记[1]

[北宋]彭汝砺

人情得所乐则喜,然皆累于物。徇名者劳,徇利者忧,驰骋田猎者危,乐酒者荒,溺色者亡。山水可以无累矣,而好之者鲜。知所以好之者尤鲜,樵夫野老,出作入息,日夕于是,焉知所以好之?佛老之宫,深据险阻,得其形势,焉知所以好之?

屏山在饶浮梁东南,其秀丽出数十重,其广绵亘数百里。其洞出于郁者为集仙,其门容众一旅。屈折行百步,若寒溧,而入以烛。既达,空洞深沉如大厦,其鳞石如金刊木,机巧殆尽其妙。溪横其前,其清若鉴,可见其毫发;其声若珮玉,中律吕。

外舅宁公宅于是,始诛茅而为庵,凌空而为桥。日与佳客游,以为未足,乃面一山之胜而作楼百尺。既落成之,四顾踌躇。山连如珠,或枯或菀[2],如云涌而水波兴焉,如新决聚讼而车徒趣焉。其崇卑险易,回环屈折,草木荣落,参差错然不齐。日星风云,雾雨霜雪,昼夜四时之气象,消息合散于须臾。绘画之工,以微尘为墨曾不得其仿佛;论述之士,辩周万物亦不能道其绪余。公方玩千里于一席,览胜概于樽俎,几尽之矣,不亦善乎?公曰:"吾见其高明而有容,广大而无隅,登日出云,甘雨沾濡;草木润泽,遍覆昆虫。"予曰:"嗟夫!是知所以好之者欤。"

公名锡,字祐甫,子洵今为靖安军节度推官。

【注】[1]摘录于同治版《饶州府志》卷二十七《艺文志》之二。[2]菀(yù):草木茂盛的样子。

东山书院记[1]

[南宋]彭大雅

　　东山书院者,乃利阳彭氏教子孙之所也。孟子曰:饱食、暖衣、逸居而无教,则近于禽兽。委子孙于禽兽,教而不教,俾禽兽竟同于子孙可乎?昔西汉韦贤繇诗书登相位,传之元成,复以明经至相。邹鲁之人慕而颂之曰:遗金满籯[2],不如教子一经。斯言也,虽愚者能颂之,虽智者不能行也。相可有可无,子未必皆元成,而韦贤之教则不可后。教子一经,父道之常。初何论几金之足计哉?故家无贫富,祖父肯教子孙,乐受教入其门,孝慈友恭,蔼然成风。识者知其贫可富,贱可贵,信如! 父不父,子不子,兄不兄,弟不弟,虽甚富甚贵,不保其往。嗟夫! 此东山书院之所以创也。矧[3]平山川迫隘之势,至是平旷院址,高明爽垲。俯视万象,水田护而将绿,山排闼而送青。美景良辰,赏心乐事。得之于此,故藏修游息以发胸中之怀,其有不超然尘俗者乎?

　　书院乃吾祖汝执公所创。公宋政和丙申乡贡进士,任黄州教授。归年登九秩,碧瞳红颜,起居饮食若盛壮焉。抱其丰标,谁不为之钦仰。家之士望,冠于饶郡,沛然垂裕。然所不足而独孜孜焉以藏书、择师、教子为急务。此盖前人之襟期,不外承先启后于斯。可见唯兹院也,皆翁悠远之良图,不朽之勋绩。冀世之下,缅其遗泽,未有勃然而兴起者矣。

　　宋嘉定甲戌进士、官朝请郎、任四川制置使兼管剑门关事、孙大雅谨撰。

　　【注】[1]摘录于丽阳镇《彭氏宗谱》。[2]籯(yíng):箱笼一类的器具。[3]矧(shěn):况且。

《昭德先生读书志》序、后记[1]

[南宋]黎安朝

(序)《昭德先生读书志》四卷,盖所得南阳井氏藏书也。井氏始收之蜀道,聚于庐山之阳。既乃归先生,徙而置之三峨之下。书今不可得尽见矣,而志独存。宜春士赵希弁,公族之秀,博学好古,藏书亦富,遂以属之校正。因即其所藏之目参焉,已载者不复取,未有者补其缺,其间互出者,盖详略之不同,文义之或异,后来诸贤之所著述亦藉以概见,益为五卷,别以《读书附志》,并锓诸梓,俾得托晁氏而兹传,抑以寿赵君之所藏。博极君子,当有取于斯。

淳祐己酉日南至[2],宜春郡假守番阳[3]黎安朝谨书。

(后记)昭德先生三荣《郡斋读书志》四卷既刊传矣,赵希弁君锡继从郡员外司马辂辖蔡廉父得三衢本参校,为后志二卷,以补其缺。盖晁氏旧藏之书也,合南阳所界,与夫君锡附志为七卷。今书之传于世者,固已十之六七,然寡陋而未见,宜尚多焉,后之君子增益之。

淳祐庚戌小至[4]二日,番阳黎安朝谨识。

【注】[1]摘录于民国二十二年(1933)上海涵芬楼印《续古逸丛书》之三十五《宋槧袁本昭德先生郡斋读书志》。括号内序、后记为编者加。[2]淳祐己酉,即南宋理宗淳祐九年(1249)。日南至,即冬至。[3]番阳,即鄱阳县,旧为饶州府治。[4]淳祐庚戌,即南宋理宗淳祐十年(1250)。小至,即冬至后一日。

利阳镇仁祐庙记[1]

[南宋]黎廷瑞

地之祉,岳最贵;岳之神,岱最尊。庙虽在东,而祠宇遍同遍于四海,意者东主生生之意,充周乎天地之间。而于王之郡固,其心之所共乐而趋之者耶!

利阳镇东岳庙以广应王陪祠,相传王为岱帝,元祠肇迹于蜀,著灵于吾乡之甿。岁不雨,祷于王。请诸其父母,其应也,倾泻注满,若出其所藏。

宋嘉熙己亥,番旱甚。守臣遣吏致祭祀,下祈得四境霑足,年谷大熟。遂以节闻于朝,凡三锡,命加封广应昭佑宣惠仁福王。

淳祐中,吾族父大理少卿安朝始率乡人立专祠宇,复请于朝,奉诏赐仁祐庙为额。呜呼! 如一雨之功,当时之所以报神者,犹亹亹[2]然。若是其勤于民之心亦可想见也。

夫庙在东岭,历岁滋久;风雨漂蚀,梁柱栋桊腐缺弗支。至元乙丑秋,里族父老同相谋曰:乙亥丙子之交可胜道哉? 吾乡市井之聚,衣冠之会,又当南北军旅往来之衢,马足摇摇压吾境屡矣,而终不践其一草,四民安堵弗改其旧,非有神物者相之冥冥之中,岂人力而可及哉? 今灵宇弊坏,非以妥神,吾属因循弗图,非以报德,乃一致齐力度材,命工载饰载营,翕然恢宏。以明年五月,吉奉神归于庙,而属余记之。

惟吾乡山水绝奇,两峰东起大川,西驰石梁;积陈荣岫列拱,峭石巨壁错立。外户卜曰:"吉是,中有王侯出焉!"已而臣果疏王封,而吾乡之四川制置使彭公名大雅,亦荷赐庙于蜀,封忠烈英卫侯,又封其父灵祐侯,而灵祐自我黎氏而出也。夫王起于蜀而庙于番,侯生于番而庙于蜀,俱大有功于民,其记也固宜然。宋三百年,都为郡方千里,而王侯之风独并见于吾乡。则山川之钟灵,阴阳之著说,亦有不可诬者欤? 诚如是,则神福于斯不可不以自励也,故拜识之。

大元至元十一年仲夏月望日。

前进士、迪功郎、肇庆府司法参军黎廷瑞立石。

【注】[1]摘录于丽阳镇丽阳村《黎氏宗谱》。[2]亹(wěi):缓慢流动。

宋处士桂轩公墓志铭[1]

[南宋]谢　章[2]

自南正重司天，北正黎司地[3]，而黎氏以土德土功为百官首，厥后分处于荆扬益者，皆其裔也。荆扬之谱惟鄱为甲族，家诗户书，翁季仲诸侄，于于接武[4]，举不乏人。有廷瑞者登咸淳辛未进士第，初知肇庆府司法参军。亲年方隆气盛，里闾荣之。癸酉季秋，廷瑞访余康山[5]，素冠栾栾，拜云：某窃儒科，皆父天之育之教之恩，幸而去民亩就吏禄，将以供菽水，乃大不幸，遽丧所怙，欲报罔极。今葬有日矣，非名世君子哀而为之志铭，无以光显潜幽。

余继室以黎，于廷瑞为诸姑情，义不得辞。

廷瑞之先君桂轩，能哲，字哲卿，世居鄱之丽阳，曾祖旗，祖赳，皆领乡荐。父安图潜德弗耀，于君本兄也，先是君所生。父禹与所继大父为同产兄弟，娣姒[6]亦为同气姊妹，俱生五男。子君幼孤，同堂兄安图抚鞠如子兄，即世无后，嫂氏孀居无依，以请兄命继安图，后君亦克念鞠养恩，宁屈尊居卑，恪恭子职，家业素凉薄，君经纪襄事如礼，事嫂如事母，晨昏定省，愉色婉容，奉甘旨无怠，盖孝友出于天性，非有所为而为也。孜孜力学，靡间寒暑，凡所为文，去华就实，试有司，辄不利，乃笃意课子，菑畲耕糯，冀食有秋之报。二团竞秀，廷瑞果策名奉常，捷者闿门，贺者满堂，君无一毫矜色，方以久远，功名诏若子。咸淳九年五月十六日，得疾卒。方易箦时，长幼环问所欲，言则指心答曰："仰不愧于天。"言甫讫，溘然而逝，年四十有九。娶严氏，生子二，长即廷瑞，次廷俊，习举业，三女未出适。余尝游君之乡，升君之堂，夷考君之行，问诸宗族，宗族曰："善人也。"问诸乡党，乡党曰："吉人也。"既善且吉，宜寿而臧，乃不克登上寿，以享一日禄养，天道之难诘如此，以其不可诘者，登其可诘者，乃为之铭，铭曰：朴斫勤只，亦既肯堂。丹雘[7]未坠，折其梁。不于其躬，其后也昌。

广信忝眷进士大常寺谢章铭撰。

丁未进士国史谢枋得[8]书。

江西运判钟季玉^[9]题额。

【注】[1]摘录于丽阳镇丽阳村《黎氏宗谱》。[2]谢章,建昌(今江西永修)人,南宋理宗淳祐七年(1247)进士。由本墓志铭可知,谢章继娶丽阳黎氏为妻,故自称为眷属。[3]南正、北正:上古天官,分别掌管天文、农事。[4]接武:接续、连续。[5]康山:又名康郎山,在余干县城西北鄱阳湖东南湖中,谢章隐居地。[6]姒(sì):古称丈夫的嫂子。[7]艭(huò):船。[8]谢枋得(1226—1289),字君直,号叠山,信州弋阳(今上饶弋阳)人,南宋末年著名爱国诗人。他领兵抗元,被俘不屈,殉国,著有《叠山集》。[9]钟季玉,初名诚,以字行,改字之纯,饶州乐平(今景德镇乐平)人。南宋理宗淳祐七年(1247)进士,调为都大坑冶(宋朝官名,负责管理冶炼工作)属,改知万载县,历枢密院编修官,出知建昌军,迁江西转运判官。金兵至后,不屈而死。

芳洲黎公行述^[1]

［元］吴　存

至大元年戊申夏四月己亥,芳洲黎公廷瑞祥仲甫卒。邦人士无贵贱贤否,识与不识,皆叹息相吊曰:"芳洲先生亡矣。"有出泪者,虽他郡远方犹然。余干胡愕诗曰:"鄱阳四月十一日,优钵昙花枯一株。"盖此志也。明年某月日将葬,其孤再拜谓吴某曰:"昔者吾先君子实知子,先君子言行惟子知之为详。"请予述之,以藉手乞铭于先友,先君子死且不朽矣。予再拜,哭谢不敏,卒不能辞。

谨按:黎氏系出北正,历商周为侯国著在诗书。唐京兆、宋眉州皆声誉彰彻其后世。居鄱阳者,惟鄱利阳为衣冠盛族。名荐书登上第,背项相望。有为大理少卿名安朝,于公为叔父行。公曾祖旗,以词赋两举于乡。祖趑,父能哲,号桂轩居士,仍世隐德。

公生而颖拔,日诵数千言,即了大义,才思警敏,赋咏立成。桂轩公伏腊无赢,而重币聘名士,朝暮课程益严。少长从族父临安纠曹会卿,乡贡士徐困孙学举子业,既成。里评月旦,率常出流辈上。乐平谨斋吴公中守,准轩吴公中行,以双峰饶子之学讲道于龙湖，公蹑屩从之，深契旨要，由是为文，一宿于理。

咸淳庚午与计偕，辛未奏名礼闱。知举刑部侍郎方公逢辰、殿中侍御史曾公渊子，见公所为文，贯穿出入，沉郁典据，意必老于场屋者。及谒谢，使之年，曰："某甲生二十又三年矣。"皆叹息久之。绍陵亲策，赐同进士出身，授迪功郎、肇庆府司法参军，濡次未上。

癸酉丁外艰，家贫，客授资束脩以给丧。士徒步踵跰，不远千里，谒虚舟谢公章为铭，叠山谢公枋得书之，云房钟公季玉篆额，时称"三服"。盖三公负天下之重名词翰，皆不可苟得也。服平将调，玉改鼎移。幽居十年，以文墨自娱，种梅艺菊，雅意丘壑。而北方士大夫之来南者，闻公名莫不愿见，既见欢如平生。竹庵粤屯公希鲁、疏斋卢公挚、竹居姚公燧廉问之，日以歌诗乐府相唱答。金春玉应，赏叹不已。竹庵巡行郡，属命后车载公，自随所至，击强锄奸如雷霆风雨，咸谓神明，公盖有力焉。

至元丙戌，按察副使五善王公懋至鄱，会郡博士，久疾不任职，诸生以请王公檄公摄教事。公至，宾礼耆英，激扬后进，佩衿俎豆，彬彬有承平风。时有以学校羡利言于朝者，上命有司程出内会之，吏为刻急，析及秋毫，列郡文学至破产，庚责不给。公独从容酬应，不辱色辞。诧以计上无他，先是有旨，凡博士弟子员，皆复其身，勿事郡县，吏谊不用多。士困于役，公每至，公府力争之，不由其说不止。庚寅大阅户口，公收拾遗轶，俾占名数于教官，儒者至今赖之。

自丙戌至庚寅凡五载，改创采芹宫、爱莲亭，葺尊经阁，不一事。尝种竹阁下，纪之以诗。比代去，绿色绮绮，光照几席，修廊永昼。闻有赋《淇澳》之章，一唱而三叹，吾不知谁之子，而公于是有遗爱矣。

异时右辖五峰燕公公楠知公最深，以公姓名剡上，谓公可词馆、可乌台，且遗公书"圣上求贤如渴，公等安能久此"之语。公谓其人曰："阿婆老矣，吾菽水温清[2]，惟日不足，而暇从人间事乎？"卒不报。

始治第于先庐之南，虚中堂以奉春晖，而扁其东轩曰朝霞观。晚取"居易俟命"之义，更号"俟庵"。弹琴著书，高歌咏啸，洞视今古，意气浩然。自赋闲居三乐：曰读书、曰会友、曰游山。其言淡而不厌，净而不污，趣尚远矣。太夫人终，公哀瘠殊甚,卜高未食,焦劳旦暮。逮葬,须发顿白。初公幼失所,天又值元之变,先畴已虚,弟妹尚幼,公以稽古之力,裕母之蛊,营婚嫁不失其时,扶孱拥懦植其门户,其孝友,天性然也。

生平倜傥豪逸,雅慕李太白、杜牧之为人,稠人广坐,罢酒赋诗,挥尘制圣,余子碌碌,直以气吞之耳。所友皆四方名胜士,居家常致千里外客。客至,不问家有无,必延欸弥日,谈笑竟夕。有急赴之,必为尽力,无德色。或负之,亦终身不复言。暮年文声亦倾动,士争至门,求品目,乞铭些,公厌苦之,戒门以绝不能禁也。

公为文必点黜百家,崇孔氏,以愈为宗,尤酷嗜欧阳子。不用奇字生语,而幽然之光,苍然之色,绝出笔墨。畦径外,诗尤神解,自成一家,驰骋唐、宋以还,深入陶、谢之室,气韵雄浑,趣味深永。盖不独专美一时,二百年来无此作矣!

呜呼! 先生以盛年掇取科第,如屈伸肘,自谓一日千里,其意气为何如? 岁晚江空,独立苍茫,怀抱又可知己。故先生文章,和平恬淡之音,时有豪宕感激之气,而不自觉。然自先生之作既出,学者翕然慕之,江左之风为之一变。使当承平,居给谏,入馆阁,黼黻[3]典章,砻错政化,方且与司马、班、扬、夺策友篸,而暇屑屑,与郊、岛辈较声病耶!

公卒,养吾[4]李先生以书唁予曰:"悲哉! 辛未以后,出语天拔,不烦绳削而自合,有如斯人者乎?"养吾之叹,为江左叹也! 三纪之间,风流文物至是焉。澌尽矣! 呜呼! 文集若干卷,讲义若干卷,诗词旧稿若干卷,续稿若干卷,藏于家。娶吴氏谨斋[5]先生之女也。男三,镛、熊、稷,皆有文采。女一,适许同祖。孙男五,勋、烈、焘、熙、照。孙女二。

公生淳祐己酉,至是甲子一周云。

同郡门人吴存谨述。

【注】[1]摘录于丽阳镇丽阳村乾隆年间《黎氏宗谱》。[2]清(qìng):凉、寒冷。[3]黼黻(fǔfú):泛指礼服上的华美花纹。[4]养吾,即李谨思,字养吾,上饶余干人,南宋度宗咸淳元年(1265)状元。南宋灭亡后隐居,其诗作都是亡国和思宋之情,被后人称之为"宋状元"。[5]谨斋,即吴中守,号谨斋,今乐平后港人,师从饶鲁,以理学著称。黎廷瑞岳父。

汝砺公重修墓志铭[1]

[明]刘 莘

芮城[2]距东数里曰仙坛,宋故状元汝砺公墓所寓焉。

爰自宋室隆兴,天下文明,故五星聚奎,而人才盛焉。粤太祖太宗及真宗太平兴国大中祥符以来,善类满朝,同寅协恭,搢绅荣之。洎英宗治平年间,则汝砺公出焉。

公姓彭氏,字器资,番阳人。曾祖荫,祖袭,父素,赠少保。初居浮梁,游学郡庠,迁居番之凤凰岗宣砺巷。治平二年乙巳及状元第。英宗年敕命迁入廊,扁坊锦标[3],历职御史,兵、刑、礼、吏侍郎,升天官尚书,终极枢密都承旨。兄汝发,官显谟阁待制;汝芳,知衢州,诟贼死节,谥忠毅,赠龙图阁直学士,并同贵显于朝。尚书娶宁德封安君,赠德化县君。先卒葬于县之西廓牛首山义犬乡美正里,舅姑茔左。宣和年间,尚书致仕,建炎己酉秋,游于宁氏门,七月十三薨于彼焉,享寿八十有二[4]。嗣男曰侗,早卒;修,举进士,任太常寺协律郎,知醴州,赠中大夫;佚,任分宁县尉。侄偶,字德陵,任奉议郎。孙烨,任常平司提干;燧,任将仕郎;炤,任嵊邑宰。侄孙焕,任南康星子县主簿。曾孙大问,任五二将仕郎;大鄂、大信、大同、大训,俱宦游四方。

时,进士妻侄宁琯具棺敛忌葬尚书。公□彼之江村南向潮井。绍兴三年,修奉敕命荣迁于县东怀德乡仙坛马蹄山之西,迁德化县君合葬焉。

嗟夫!惟公善始令终,克大所为。置义庄以赡养宗族,注诗文以贻后来。居官惠爱,而尚忠义显白之操;丧母庐墓,以致甘露白鹤之祥。故丰碑嵯峨以纪,实昭示悠久者。非幸也!宜[5]也!

暨元末兵燹,文字磨灭毁弃,惟龟趺存焉。自尚书越三世祖焕,芮城锦昭,迁居宾贤[6],距祖墓七十里余。洎天顺庚寅,十二世孙贵德公年丁八十有五,钦蒙恩典优老,之官受帛,携弟公信守成翁经由拜墓,追慕慨叹,以谓不重立碑文,恐终坠厥绪致后无闻。于时心同意协,果于有焉。勒石垂成,而贵德公寻逝。

守成翁年七旬有五，第恐众心泮涣，怠于因循，庸是率合族，属捐金庀[7]功，确尽乃心，以显先烈。令侄邑庠生泰微文，篆刻以示悠远。水木本源，如指诸掌，岂然灵光，不灭旧物，庶有光于祖宗焉。俾前代之丰功茂绩，昭如日星，荡人耳目，清风伟烈，流诸千万世，耿耿而不磨猗欤！盛哉！

其辞曰：

彭维钜姓，侨寓昌江。洎公游学，继世鄱阳。唯其秀异，器宇昂藏。汪洋学识，奎璧文章。迁墀较艺，首冠词场。伟哉梁栋，陟彼严廊。番绅正笏，显历明扬。风云步武，志节秋霜。随时伸屈，兴道翱翔。爰封斧屋，敕命辉光。具君贤懿，合祔崇冈。穹碑继刻，炳焕昭彰。子孙千亿，俾炽而昌。绵绵翼翼，永嗣遗芳。

进士出身朝列大夫山东布政使司致政参议前吏部考功员外同邑刘莘撰文

大明天顺八年甲申春二月清明节吉日　宾贤裔孙　立石

【注】[1]此墓志铭，由明代刘莘撰文、周璇篆额、徐轸书丹。碑石现存于鄱阳县农科所滨田村彭汝砺公纪念馆内。此外，馆内还藏有彭汝砺撰《宋夏侯处士墓志铭》碑石。[2]芮城：指鄱阳县城，汉代吴芮曾任县令，故有此称。[3]锦标：彭汝砺中状元后，宋英宗敕命其家迁居鄱阳县城，并赐匾"锦标"。此后"锦标"成为鄱阳彭氏的堂号。彭汝砺后三世子孙始迁宾贤村。[4]享寿八十有二：据史志记载，彭汝砺于江州(今江西九江)任上去世，时年54岁。此处"享寿82岁"，不知所据，待考。[5]宜(yí)，古同"宜"。[6]宾贤：即今上饶市鄱阳县农科所滨田村。[7]庀(pǐ)：治理。

余祐序文三篇[1]

[明]余　祐

《经世大训》序

天下国家之治，莫盛于古昔帝王。而帝王之治，必本于圣贤之学。秦汉以降，治不古若。非帝王之治不可复于后世，实圣贤之学不复传于后世也。宋既南渡，文公朱先生出于其间，以圣贤之学，近接周、程之传，远绍尧、舜、禹、汤、文、武、孔、孟之统。穷理极其精深，而于天下之大用已备；修身极其纯正，而于天下之大本已立。其于帝王盛治，特举而措之耳。尝考先生年谱，则几弱冠已登仕籍，自是历官未尝通显，然随权力所及，而所以尧舜其君民者，则无一毫不竭于心，而欲尽见于措施之间，虽多沮挠不容自已，若其上告人君，下语卿相，及谕戒门弟子之从仕者，则又摅极忠尽剖析几微，使致治本末如指诸掌。当时君相果能大用先生，而惟其言是从，帝王之治端可复见，而宋不卒于宋矣。然而，先生道大难容，进未尺寸而退已寻丈，甚至不徒不用其言，而摈弃其身，禁绝其学，放逐其徒。帝王之治固不能使之显设于上，圣贤之学又不欲其退讲于下。呜呼！先生果何人哉。当时君相昏暴不仁，一至如此，尚复何言？而宋之民物不被先生之泽。先生之学不获施及一世，岂不深可惜哉！

祜不敏，盖尝窃读其书，妄窥其道，虽未有得，而已见其广博宏深，精切平实。用之大者，则家齐国治而天下平；用之小者，虽一事一物之微，亦莫不各得其所。顾恐学者未尝尽读其书，虽或读之，徒为口耳之资，而无体验扩充之实，则亦岂能真知先生之学，体用具备，本末兼该，不可一日不明于天下也耶。又尝虑先生之书，如《文集》《语类》卷帙浩繁，学者卒难检阅，而二书之中杂论治道，可以类相从者。自宋迄今，未见合为一书，以便观览。况先生之道虽不用于当时，而遗书幸存，实后世有天下国家者，所当诵习师法，用臻至理，庶几斯世斯民蒙被先生之泽。此《经世大训》所由编也。

正德甲戌夏四月日。

《居业录》序

圣贤之学，明诸心，体诸身，措之家国天下，言语文字非其得已者也。夫道固无乎不寓而吾心为之，统会行心之迹也。言，心之声也。孰谓知人者，惟于其行，不于其言；感人者，亦惟于其行，不于其言乎？六经四书暨夫程朱之论，万世所共仰赖，不可磨灭，道存焉耳。敬斋胡先生，讳居仁，字叔心，饶郡余干人也。

弱冠时奋志圣贤之学，往游康斋吴先生之门。退而藏修于家，书无不读，理无不穷。存诸心者，不以一时而或息；反诸身者，不以一事而或遗。久之，则知益精而守益固，养益裕而得益深矣。

《居业录》者，先生道明德立理有契于中，而无可告语，事有感于外而无可施行，故笔之于册，而命以是名。盖取易修辞，立其诚，所以居业之义也。其间论圣贤德业、经传旨趣、学问功夫、政教基本、性命渊微，不一而足。此外，则于异端佛老之学，尤加深辨详辟，惟恐其或陷溺人心，变乱士习，盖亦有为而发。故其词繁而不杀焉。祜尝因是录，窃观先生之学，纤微昭晰有不可掩之明，分寸积累有不可泯之实，强毅坚忍有不可易之操，宏达周悉有不可穷之用。远追千古，举天下不足以回其心；高出一世，举万物不足以挠其志。读者深思而有得焉。则其学之淳道之美，迥然无俦。跻之濂洛关闽之列可也。先生之道，本欲施之天下国家，而与斯人相忘于无言之境。奈何卒与时违，未获小试，乃不得已而有是录，其志可悲也。已方且怡然自得若将终身不肯少贬以徇时焉。呜呼！所谓不易乎世，不成乎名，遁世无闷，先生真庶几矣。

成化癸卯，祜初谒函丈请教，方恨亲炙之晚，而犹冀夫可卒业也。逾年，先生寿甫五十，遽[2]捐馆舍。岂惟祜之不幸，尤斯文斯世之不幸也。抱持遗书，于今廿载。昏愚之质，殊无进益。然而每一读焉，凛若先生之临其上，不敢不思奋励而图无负于将来也。若夫道德宏深，言论纯粹肤浅之见，未易窥测，必有知德知言君子尚论先生于天下后世也。

《敬斋集》序

文莫盛于五经四书，诗莫盛于三百十一篇。其体制华质，字句详简，各以时异，不相沿袭，要皆妙道，精义所存，传之万世，无弊者也。后世作者不本诸身心道义，同符古人，顾惟役志，辞翰宜其愈工而愈下矣。宋兴，程、朱继出，道德隆盛，焕然三代之风。所著诗文，莫非道义津液流畅，大可以明人伦，小可以识物理，实与六经四书共为布帛菽粟以资民生之日用也。由元迄今，学者幸生程、朱之后，宜皆向慕，不容背驰。而言文，若诗必称汉唐，惟以理学归之宋焉。

呜呼！天下古今果有理外之诗文乎？理既精到,而谓诗文未工,犹木之根本深固,而枝叶未茂,谁其信乎？汉唐名家,最称杨、韩、李、杜辈,借有圣人重加删定,不知四子于程、朱孰在所取,孰在所去乎？若四子者,虽未可与希圣,亦各聪明过人,使偕程、朱而生,必望其庐俯首帖耳,不敢自立异矣。世之聋瞽乃欲舍此取彼,何哉？擅彼作者,未尝去意而就辞也。今则惟其辞而不惟其意,世降益下。真吾夫子所谓:吾未如之何也。窃尝以诗文喻之女子,贞其理也,美其辞也。贞之性,美之质,皆出于天,其辞理流出胸臆,而耻夫假借牵合以成章也。不取女之贞,而惟其美,可乎？不取美质出于生成,而惟其膏沐容饰,可乎？后世诗文,贞固鲜存,而所谓美者,视古昔亦大不侔矣。

敬斋胡先生,学以治心养性为本,经世宰物为用。每患朱子之后经传既明,学道之士类,多口语籍籍,无得于心,而其去道远矣。故于经书,惟加熟读详玩,涵泳义理,不轻为之注焉。而况诗文又非传注之比,是以所作既少而所存尤少。载此集者,皆祜于先生既没之后,访之远迩,收之散亡。间多少时之作,亦不忍删。盖先生虽不役心诗文,而凡有所作,罔不关切民彝物理,非俗学无用之空言也。就中与人书疏析义,精详体道真切,尤非汉唐诸人可及。读者能以程、朱轨辙求之,则其造诣宏深,真足以羽翼。斯道之传而永垂世教,岂无能辩者哉？

【注】[1]摘录于道光版《鄱阳县志》。[2]遽(jù):仓促、突然。

与陈汝时书

[明]史桂芳

正月初二夜,二仆夜工完各就寝,余围炉独坐。取《山屋集》[1]读,完时夜半矣,令人义气激烈,私心尽忘。山屋我师也,彼贾史者求为墙下犬豕,不可得矣。语云:多寿多辱。危哉！欲寿而不辱,须超脱形气。时取《山屋集》,庄诵一过,良是一助。新年六十六矣。来日无多,警省警省。时夜将晓,独持灯入内房,登坐榻,私意尽去,万虑俱忘。此时此际,晴空太虚,固无恶念,亦无善念。身如天地之大，回视从前种种，渺乎小矣。

初三夜，读《自警篇·张无垢[2]先生》曰："司马温公与王介甫，清俭廉洁，孝友文章，为天下宗仰。然二公所趋，则大不同，其一以正进，其一以术进。介甫所学者申韩[3]，而文之以六经；温公所学者周孔[4]，亦文之以六经。故介甫之门多小人，而温公之门多君子。温公一传而得刘器之[5]安世，再传而得陈莹中瓘[6]；介甫一传而得吕太尉惠卿[7]，再传而得蔡新州京，三传而得章中丞惇，四传而得蔡太师确，五传而得王太傅云。"此夜不觉恐惧之甚。他人乱天下不足责也，清俭孝友，淡然无欲，分明是圣人天资。遭时得君，乃为熙、丰纷更，驯至靖康祸乱，安石深可惜亦深可恨，学术不正，杀天下后世，信哉。言乎介甫至和中召试馆职，固辞不就，乃除郡牧判官，又辞不许，乃就职恳求外补，得知常州，繇是名重天下，士大夫恨不识其面。嘉祐中召除馆职，三司度支判官，问辞不许，未几命修《起居注》[8]，辞以新人馆，馆中先进甚多，不当超处其右，章十余上，有旨令阁门吏斋敕就三司授之，介甫不受，吏随而拜之，介甫避于厕，吏置敕于案而去，介甫使人追与之。朝廷卒不能夺，服除，复申前命，辞七八章，乃受。知制诰，吴夫人为买一妾，公见之曰："何物？"女子曰："夫人令执事左右。"曰："汝谁氏？"曰："妾之夫为军大将部，米运舟失，家资尽没，犹不足，又卖妾以偿。"公愀然曰："夫人用钱几何？"曰："九十万。"公呼其夫，令为夫妇如初，尽以钱赐之。后官尊俸禄入门，任诸弟取去尽不问，罢□，贫甚。尝雇驴至下关访故人，此何等人品乃乱天下乎？学术不可不慎，如此不学而宰天下，其流毒甚于豺狼。畏哉！畏哉！昔年一友当作郡，问余汝宁之政。余答曰："只在静而和上亏欠。"自今思之，语有病。静而和易，动而和难。必静而有养，方能动而和。不惟当官，虽居家亦然。不和则躁暴，妻妾仆婢，必受其殃，乡里亲友，必有不堪处，况当官乎？程子曰："凡有血气莫非天。"此至言也！初八夜读《皇极内篇》[9]数则，堕九之八，堕物极于上，必复于下，君子下下吉。老农曰："人情莫不欲上，上而不已者凶也。"何也？凡欲皆利也，利塞于中，其体不虚，逢人即求，所以百事非。人到饥寒两窘，公私逋负追逼，此时不胡乱思，方是有守，衰老困急时，犹激昂奋发，方是浩然之气，汝时亲家，抄一通念诸同志。

学术不正,致乱天下,说得凛凛可畏,介甫亦当心折。罗近溪先生尝称我先人之学,踏实不浮,有好结果,读此书至篇终,则益信先人当年于修己治人之间,亦何在而不踏实也。

不孝曾孙简谨识。

【注】[1]《山屋集》,许月卿撰。许月卿(1217—1286),字太空,后改字宋士,号泉田子,徽州婺源人,人称山屋先生。南宋理宗淳祐四年(1244)进士,授濠州司户参军,历徽州及临安府学教授,南宋亡后深居不出,谢枋得甚重其气节。著有《先天集》《山屋集》。[2]张无垢,即张九成(1092—1159),字子韶,号无垢,汴京(今河南开封)人,后迁海宁(今浙江海宁)盐官,理学家。南宋高宗绍兴二年(1132)状元,历任宗正少卿、侍讲、礼部侍郎兼刑部侍郎,后出知温州,卒后追赠太师,封崇国公,谥"文忠"。[3]申韩:战国后期的申不害和韩非,当时法家学派的代表人物。[4]周孔:中国古代两位圣人周公和孔子的合称。[5]刘器之,即刘安世(1048—1125),字器之,号元城、读易老人,魏州元城县(今河北大名)人,太仆刘航之子。北宋神宗熙宁六年(1073)进士,出任洺州司法参军,从学于司马光并被他举荐入史馆工作。以直谏闻名,称"殿上虎"。南宋孝宗淳熙八年(1181),赐谥"忠定"。[6]陈瓘:字莹中,福建沙县人,泉州太守陈偁(chēng)之子。[7]吕惠卿(1032—1111),字吉甫,号恩祖,泉州南安人,政治家、改革家,北宋神宗熙宁年间王安石变法的二号人物。北宋仁宗嘉祐二年(1057)进士,历任翰林学士、知军器监、知太原府、参知政事等职。[8]《起居注》:皇帝的言行录。[9]《皇极内篇》,即《洪范皇极内篇》,宋蔡沈撰。

钟文陆[1]《自警编》序

[明]史桂芳

顷闻胡敬斋[2]、陈白沙[3]、王阳明[4]三先生,从祀追随孔门弟子后,说者云:"明兴三百年,豪杰滚滚,昔祀薛文靖[5],并今仅四人,何难也?"又云:"圣门求仁，颜子三月不违仁，其次则月至，又次则日至。"吾辈夜坐清虚，或师友聚会，逼真恍然有悟，时一至仁，诚有之，旦昼应接，危乎？不可恃矣。敢望日至乎？四君子试反省，果月至乎？抑日至乎？甚矣！仁之难成也。虽然，非仁之难也。知所志者难也。陆象山[6]先生曰："宇宙何尝限隔人！人自限隔宇宙。"诚悼夫形气之为累，陷井之难拔也。

乐平自开治以来千余年，其间百廉能者凡几？进而为循良者又几？而有志者，独一杨慈湖[7]。又五百年，仅一钟文陆。其奋迅激昂之气，具在录中，可按而知也。而功课条目，录未之及，乃发会所。昨年冬孟，大会四方来学士民，沉默久之，奋然曰："修德、讲学、迁善、改过，此四者求仁功课也。"师而事神，使民礼师生士大夫。吐握[8]邑中长者，散衙就馆，理典谟[9]旧业，此课当无断续。明年，入觐，走马都门，见赫赫贵人。云："某为清，某为要，某为清且要。"乘问则奉身入焉。此旦昼之大者。危乎？危乎？自今当必有大主脑，为四课根基。请从源头一假，贴实寻求，诚感诚应。乐平士人将见知何志者。奋焉！托不朽之业。余邻封亦被余润，老夫有厚望焉！

时万历十三年正月十日书于利阳镇山庐。

【注】[1]钟文陆，即钟化民（约1545—1596），字维新，号文陆，浙江仁和县（今浙江杭州）人。明神宗万历八年（1580）进士，历授惠安知县、乐平知县，人称"钟青天"（赞他为不要官、不要命、不要钱的"三不要"县令），官至河南巡抚，谥"忠惠"。乐平人将他任职乐平所办案例汇编成《洗冤录》传世，杭州西湖跨虹桥左侧建有钟忠惠祠，《明史》有传。[2]胡敬斋，即胡居仁（1434—1484），著名思想家、理学家。[3]陈白沙，即陈献章，明代思想家、教育家、书法家、诗人。[4]王阳明，即王守仁，字伯安，别号阳明，浙江绍兴府余姚人，以"心学"著称。[5]薛文靖，即薛瑄，明代著名思想家、理学家、文学家，河东学派创始人，世称"薛河东"。[6]陆象山，即陆九渊，心学始祖。[7]杨慈湖，即杨简，世称慈湖先生。[8]吐握：吐哺握发，形容礼贤下士，求才心切。[9]典谟：《尚书》中《尧典》《舜典》和《大禹谟》《皋陶谟》等篇的并称，这里指经典。

答耿楚侗[1]书

[明]史桂芳

来书云："眼前幻景，百态胸中，亦自如尝，兄至此泰然矣。"处之一则化而齐，富贵贫贱，夷狄患难，皆眼前幻景。然顺境少，逆境多，自是常理。若非些儿主张，安能无入不得。

近读《周子通书》[2]，颜子[3]师友二章，甚省发。孟子说性善，周子却说道义，繇师友有之。此周子苦心体贴真言，到此方识得性善。弟念幼淫放如鬼魅，稍长荷师友，颇知趋向如再生，此心甚明。顷山居废师友，兄责之甚当，更何敢逃罪。严子[4]而泰，归自都下，道面命之。严范与同会诸友共商之，咸倾尊教。

但先祖母葬在山庄之后，日夕在侧，此心方安妥。而妻孥衣食取给于此，故不能丢舍。顷因郡侯[5]陈公祖，以兴教化为己任，屡书山中催督入城将议。长儿书言，居乡事农业，弟与幼儿二孙居城，庶会友为便。念昔年与老伯每一会，即一感太古意。今年愈高，德必日进，百年上寿，自可以理必之。汝愚、定向子昔年以童子作奇语，初意必大发，乃迟迟至今何故？虽然吾望汝愚，不徒作科甲中人耳。定裕、定向幼弟近作何状？悬知两日无交外累，自寡进德，自易为力。令侄彼年尚幼，不能学文，亦拜我为师，此岂俗心为文墨计哉！将订终身之盟，期不负愧于师友间耳。此兄之爱侄如子，故以侄相托，不后于托子，故我之致望于二生，亦不后于吾之子若孙也。二生其念之，兄命二生，各亲笔书年来功课复我。

想其世相磋切，是何相取，今日设身其间，尤凛凛有蓬生麻中之势，况于亲灸之乎！

【注】[1]耿楚侗，即耿定向（1524—约1596），字在伦，又字子衡，号楚侗，人称天台先生，湖广黄州府（今湖北黄冈）人，著名理学家。明世宗嘉靖三十五年（1556）进士，历任行人、御史、学政、大理寺右丞、右副都御史、户部尚书，晚年辞官回乡，与弟定理、定力居天台山，创设书院，讲学授徒，潜心学问，合称"天台三耿"，并与史桂

芳交往甚密。追赠太子太保,谥号"恭简"。著有《冰玉堂语录》等。[2]《周子通书》:北宋著名思想家、文学家、哲学家周敦颐(1017—1073)著,是一部简明而有代表性的哲学著作。[3]颜子,即颜回(前521—前481),字子渊,尊称复圣颜子,春秋末期鲁国都城(今山东曲阜)人,思想家。孔门七十二贤之首,13岁拜孔子(前551—前479)为师,终生师事之,是孔子最得意的门生。[4]严子:一作庄子,颜师古注《汉书·叙传上》"若夫严子者"称:"严,庄周也。"一作西汉末严君平。此指高人隐士。[5]郡侯:郡守,此指饶州知府。

答黎抑庵[1]书

[明]史桂芳

　　昨日读《草庐先生集》[2],正怀老兄今捧手教,敢录以闻云:甚矣!人之不可忘孝也。孝者何?尝以父母为心而已矣。人而尝以父母为心,则所以谨其身者,将何所不至哉!一举足而不敢忘父母,一出言而不敢忘父母。父母庆而庆焉,父母喜而喜焉。行必不招辱也,言必不招忿也。其顺必足以尊长,其忠必足以事君。惟知父母之可慕,虽有名位之贵而不慕也;惟知父母之可慕,虽有货财之富而不慕也;惟知父母之可慕,虽有声色之纷华而不慕也。一瞬息之间未尝忘父母,则无瞬息之过矣;一毫发之事未尝忘父母,则无毫发之过矣。孔子以谨身为庶人之孝,孟子亦以守其身而后能事其亲。然人能思,所以孝于亲,则自在所以谨守其身矣。使一瞬息间、一毫发事,而不以父母心,则是忘其身之所从来者,而又何能知所谨守哉?曾子曰:父母全而生之,子全而归之。至哉言也。学者苟能深有体于其言,则于父母自不能忘,而于身自不能不谨矣。充之以至其极,则虽尧舜文王亦不外是。

　　呜呼!此孝之所以为至德也欤!弟往年看孝,止念念在亲足矣。近觉得浅且陋,惟念念在吾身孝斯全矣。兄昔年会试,已入浙,夜念亲,即飘然返棹,此慕父母不慕名位之真心也。兄更反省,慕货财乎!慕声色乎!老嫂殁后,房无一婢庶矣。一瞬息间或忘乎！一毫发事或忽乎！一举足或招辱乎！一出言或招忿乎！有一于此，则亲在慕之、亲殁忘之矣。贵县孝子，兄昔年谈之甚详，曾托传其事，若因艺文求工，遂因循未举，则是慕名心尚在而返棹之念尚欠扩充。昔曾与鲍少潭言之，今怀思如渴，恐善行泯泯，则吾三人之罪大矣。不学便老而衰，可不惧哉！黎夫人孝节报修，百代之师也。弟与诸生洒扫门墙，尤惧辱焉。省斋陈公祖亦与寮属共太息云：吾辈男子，愧此妇多矣。陈公祖初至，即欲一见兄，不可得。次年虚大宾座奉迁后，称疾不赴。虽然乐平之事，不可不一一道之。盖知己难负也。贤郎理田庐，不落仕宦子孙套，固是善根。然必贤孙奋志圣贤方为孝子。此后日夕兢兢，敢曰旦暮即土少自宽乎？忠池年兄往矣。年侄肖否，兵巡道遣祭至否，亦须致意年侄，令其远大以为志。使旋草草，复陈公祖，秋冬间至乐平观约，兄幸勤勤相之。

万历三年六月十三日。时苦旱，无好怀。

所言皆近理。着已无一刻使人自宽，不孝至今，读之清夜，猛省。识时己亥仲春十一日。曾孙简谨识[3]。

【注】[1]黎抑庵，名天启，字允聪，号抑庵，顺德人。明世宗嘉靖二十二年(1543)举人，官南宁知府。[2]《草庐先生集》，吴澄撰。吴澄(1249—1333)，字幼清，晚字伯清，临川郡崇仁县(今抚州乐安)人，元代杰出理学家、经学家、教育家。南宋末年考中乡试，南宋灭亡后，隐居家乡潜心著述，人称草庐先生。元武宗至大元年(1308)后，出任国子监丞、翰林学士、经筵讲官，逝世后获封临川郡公，谥号"文正"。著有《吴文正公全集》传世。吴澄与许衡齐名，并称"北许南吴"。[3]文末评语为史简重刊《皇明史惺堂先生遗稿》时所记。

家书凡十三

[明]史桂芳

摘录于《皇明史惺堂先生遗稿》，原为十篇，另辑致孙稽古、采古，曾孙祝男书,凡十三。

家书一

数日读书,甚乐。不意[1]老年到此胜境,享此大福,真知世间大乐无如读书。言儿[2]须读书,方知老年之趣。我今日方知有结果,不然,无下梢[3]也。褒、稽、采蚤[4]宜求之。

【注】[1]不意:不料,意想不到。[2]言儿:即史惺堂长子史书言。[3]无下梢:没有好下场。[4]蚤:同"早"。

家书二

陶侃运甓[1],自谓习劳,盖有难以直语人者。劳则善心生,养德养身咸在焉;逸则妄念生,丧德丧身咸在焉。吾命言儿孙,不外一劳字。言[2]劳耕稼,稽[3]劳书史,汝父子其图之。

【注】[1]陶侃运甓:典出《晋书·陶侃传》,后以"运甓"比喻刻苦自励。[2]言,即史书言,史桂芳之子。[3]稽,即史稽古,史桂芳之孙。

家书三

我庚子无科举,辛丑往白鹿洞,一年止看《大学》《中庸》二本,至十一月终,方看《论》《孟》[1],年终完。正初,即看《典》《谟》《洪范》[2],年终经完。岁除回家,经今四十年。稍能记忆,当年置小考[3]科举于度外,止锁门读书。故一日工夫,实是一日。若茫茫涉猎,即读书十年,放下即忘却,总成空也。方及次节一语良是,大场[4]小考,分作两样工课,非我所知也。

【注】[1]《论》《孟》,指《论语》《孟子》。[2]《典》《谟》《洪范》,均为《尚书》中的篇章。[3]小考:旧时童生应县试、生员应学政府考的俗称。[4]大场:明清时称乡试试场,此指乡试。

家书四

稽孙恐汝祖父皆衰病[1],此不足虑。但恐汝祖父学不进,心地不洁净,自求衰病。纵壮健徒添过愆[2]。我近日饮食胜尝,起居甚乐,稍窥见千古圣贤气象。此意或可靠。今日洪阳送碑来,问我今年收成好么? 我对曰:"你不消[3]问我收谷好不好,只问我近日心好不好? 如我心好,老年自安泰,儿孙自昌盛。如我心不好,多收此谷何用? 救得甚事? 我对茂林修竹,清风明月[4],虽日不再飧[5],亦快乐。"因与洪阳及老木匠相对叹息。人生天地间,只要勤苦方可做圣贤。隆庆六年九月初一。

【注】[1]衰病:衰弱抱病。[2]愆(qiān):过失、错误。[3]不消:不需要、不用。[4]茂林修竹,清风明月:此处比喻高人雅士的风致。[5]飧:吃晚饭。

家书五(示祝男曾孙书)

丁酉十一月二十三日读《传说圣训》,寒冻不忍忘,特抄寄汝。惟学"逊志务进敏"此五字万世学脉。朱子曰:"逊顺[1]其志,捺下这志入那事中。"仔细低心下意[2],与他理会,若高气不伏,以为无紧要,不能入细理会,则其修亦不来矣。既逊其志,又须时敏,若似做似不做,或作或辍,亦不济事。须是逊志[3],又务时敏,则厥修乃来。为学之道,只此二端而已。又戒以允怀于兹二者,则道乃积于厥躬,积者来得作数多也。汝细思之。

小子尝称"虚心实力"四字,不虚心枉费实力,不实力辜负虚心,亦逊敏之粗注也。

【注】[1]逊顺:顺从、恭顺。[2]低心下意:小心谨慎、专注不移。[3]逊志:虚心谦让。

家书六

横渠张氏[1]曰:"《尚书》难看,盖难得胸臆如此之大。只欲解义,则无难也。"书称天应[2],如影响其祸福果然否? 大抵天道不可得而见,惟占于民。人所悦,则天必悦之。所恶,则天必恶之。只为人心至公[3]也,至众也。民虽愚无知,惟于己私,然后昏而不明。至于事不干碍处,则自公明,大抵众所向者,必是理也。理则天道存焉。故欲知天者,占之于人可也。

【注】[1]张氏,指张载(1020—1077),字子厚,世称横渠先生,北宋思想家、教育家、理学创始人之一。北宋仁宗嘉祐年间进士,历任签书渭州判官公事、崇文院校书、知太常礼院。尊称张子,封先贤,奉祀孔庙。其"为天地立心,为生民请命,为往圣继绝学,为万世开太平"的名言,被称作"横渠四句",历代传颂不衰。[2]天应:上天的感应、显应。[3]至公:最公正、极公正。

家书七

皇天至公至明,必不负一善人。报愈迟,则福愈大。我作秀才时,奋励时少,放肆时多。辛丑白鹿书院遇傅愚斋,方知改过。中举后更知改过。壬子会试,饥寒劳苦,非心全消。当时有诗云:"非心妄念消磨尽,美髯无端白几茎。"癸丑藉同志真友提诲。南京七年,恩同再造,延平、汝宁、两浙,不甚差谬。但做悖未除,纸赎不敢侵一文,昼夜不敢怠一刻,凡此兢兢业业,怕为儿孙造孽耳。六十后,无大过,庶几光明,不须瞒昧妻子,居乡颇有济于孤寡。吾儿孙或有天佑,吾与言、褒、稽、采[1],划除奢淫妄念,为秩和地,努力学高祖母。耐得高祖母苦寒,不愁不到圣贤地位。朱子云:"怨天者不勤,尤人者无志。"戒之。

万历八年长至[2]。

【注】[1]言、褒、稽、采,即史桂芳长子书言、幼子书褒,孙稽古、采古。[2]长至,即夏至。

家书八

十四年十二月除夜读书。念我七十岁,如何学不成? 学必要不知手舞足蹈,方是学。要手舞足蹈,先要恶可已,意趣方今尝见可已,不见恶可已,奈何?要寻生机,生机不易得,须寻孔颜乐处,乐则生矣。元旦至今十日颇有进,看《泰誓》《武成》[2]完,颇会武王真意,都是经史未载,幸悟于无言之表。朱蔡小小差误,亦为考正,经史未传,无怪朱蔡传讹也。

万历十五年正月十一日

【注】[1]《泰誓》《武成》:《尚书·周书》篇名,记载武王伐纣的事件经过。

家书九

今日祝延之[1]寄书到,寄息斋[2]诗,甚有益。向余言卿送此诗,我在家正冗杂,读过不知味,今在乡清闲,一开卷契心。中云:"何人解管身中事?今我总知心有源。养得心源身事毕,春花秋月共忘言。"又云:"为善无近名,安能议优劣。"有味有味!闲暇中有益如此,祝延之寄书,书中言,皆益我之言也。人苟不知学,则闲暇中更有大害。

【注】[1]祝延之,即祝世禄,生卒年不详,约明神宗万历三十年(1602)前后在世,字世功,饶州德兴(今江西德兴)人。万历十七年(1589)进士,官至尚宝司卿。耿定向讲学东南时,世禄从游之,与潘去华、王德孺同为耿门高弟。善草书,著有《环碧斋》诗集三卷、《环碧斋》小言等,均录于《四库总目》传世。[2]息斋,即余芑舒,号息斋,宋末元初饶州德兴(今江西德兴)人,余季芳(字子初,号桃谷,1247年进士)之子。喜欢诵读研究朱熹之学,著有《易解》《息斋集》,已佚。

家书十

林放[1]问礼之本,孔子赞其问之大。亦伤时之忘其本者之众也。又答以俭、戚二事,俭、戚自常情视之,是小事,如何孔子以为大?细思之,诚大也。诚礼之本也,礼是圣人缘人情制的,俭、戚是未制之先的。凡为人子者,孰不戚?但知俭者少耳。一介贫儒,骤登清要,即奢僭淫酗,子女日渐染。但知富贵,其欲无厌。遑知礼之本乎!魏牟告范雎[2]曰:贵不与富期而富至,富不与粱肉期而粱肉至,粱肉不与骄奢期而骄奢至,骄奢不与死亡期而死亡至。当战国时犹知以此相戒,况今日乎!

【注】[1]林放(前552—前480),字子丘(邱),春秋末鲁国人,约与孔子同时代,以知礼著称,周敬王时为鲁国大夫。[2]魏牟,战国时魏国人,所以又叫魏公子牟,因封于中山,是中山国王子,所以也叫中山公子牟。早年曾与公孙龙交好,亡国后改宗庄子。范雎(生卒年不详),亦作范且,字叔,魏国芮城(今山西芮城)人,秦国宰相,著名政治家、军事谋略家、外交家。他辅佐秦昭襄王上承秦孝公商鞅变法图强之志,下开秦始皇统一霸业,是秦国历史上继往开来的一代名相。

家书十一

天热多病,南京颇甚。但得祖母安,及稽孙、师孙各无恙为慰。昨夜读《象山先生文集》,甚有感。杨慈湖乃尊盛德士,少时尝自视无过,视人则有过。一日自念曰:"岂其人则有过,而吾独无过,殆未之思也。"于是思之,即得一过。旋[1]又得二三,已而纷然,乃大恐惧,痛惩力改,刻意[2]为学。读书听言,必以自省,每见其过,内讼不置[3],程督精严[4],怨艾[5]深切。或至感泣,积时既久,其功益密。念虑之失,智识之差,毫厘之间。无苟自恕,嘉言善行,不旷耳目。书之盈室,着之累帙。尝曰:"如有樵童牧子谓余曰吾诲汝,我亦当敬听之。"一夕被盗,翼日[6]谕子孙曰:"婢初告有盗,吾心止如此。"张灯视笥,告所忘甚多,吾心止如此。今吾心亦止如此。每曰:"人心至贤,迷者谬用。"公尝行步小跌,拱手自若,徐起翛然[7],殊不少害,从行异之。公曰:"蹉跌未必遽伤,此心不存。或自惊扰,则致伤耳。"余闻之曰:"所谓颠沛必于是。稽古赤子之心未失,作圣胚胎,千古善养之。勿如我破后补空费力。幼年如素丝,惟所染也。"

【注】[1]旋:不久。[2]刻意:潜心致志、用尽心思。[3]内讼不置:内心自责不止。[4]程督精严:对于法定赋税、工程劳役、学课等的监督精细严密。[5]怨艾:悔恨。[6]翼日:翼通"翌",次日。[7]翛(xiāo)然:无拘无束的样子。

家书十二(寄稽孙书)

余干刘尹,乡会[1]两魁,乐平赵尹发解[2],文章遭际,两得之矣。刘又选翰吉,敬以居之。可登卿相,佐太平。二公到此,只是一傲字断送,惜哉! 书经[3]注云:"自圣一病,既生百病,皆从之。"稽书一通置座隅[4],但倦时歌咏一遍。我细思之,敬者圣学始成,终然须亲师取友,勤时讲会,方能敬。陈亲家规我三条,至教也,圣学也。先正[5]云:"善仕不如逢时,力田不如逢年。"此有激之言也。当官敬必过,力田勤必获,此理之尝也。存乎人,存乎天者于我何奥? 亦无着力处。又云:"循时者通,忤时者穷。"亦非至言。穷通[6]有分,忤者固穷,循者未必通也。惟敬则不徇时,亦不至忤时。罢官来,静夜细思,真见傲之为害。当官不饮酒,不蹈声色,不殖货利,勤而夜以继日,吏才亦通晓,只一傲字百善皆掩了。

要之敬，自不敢恣肆妄念。自消阻敬，则百善自生。不见有善，汝辈业举子，得如刘赵可矣。取科第，得如刘赵可矣。制行如处子，方有受用。刘之父巨塘长厚，乃有此子，况父祖不如巨塘者乎？汝辈迈迹[7]自身而已。繇二公观之，可见虽极贫极贱，夭折乏嗣，亦一个堂堂丈夫而已。万历十年二月初十。

【注】[1]乡会：乡试、会试的并称。[2]发解：明清时乡试举人第一名称为解元，考中举人第一名为"发解"。[3]书经：《尚书》，儒家经典之一。[4]座隅：座位的旁边。[5]先正：泛指前代的贤人。[6]穷通：困厄与显达。[7]迈迹：开创事业。

家书十三（示采孙书）

初闻南京之行，吾不信，汝父兄亦皆不信，不意立志坚定，经年不渝，可喜可喜。立得志定则德进，德进则业进。但志空立不得也，须有个课程帮扶他。程子[1]云："人为气所移，习所陷，只责志不立。"此奋发实言。然在初学，亦空责他不得，空责志亦无用。惟象山先生说得痛切："志个甚的"，吾故曰："责志不如辩志。"汝试反观汝志甚的，志在进学，进学便足了。志在科第，科第便足了。志在首相，首相便足了。一足便放，一放便倒，一倒便填满壑，即为正人君子所鄙贱，遂至嫉贤误国，丧身灭宗，子孙羞以为祖，到此不可救，只为初立志差误，可不早辩哉！象山先生曰："孔子十五而志于学，今千百年来无一人有志，也是怪他不得。志个甚的？须是有智识，然后有志愿。"读此言，今人痛心堕泪，极警策初学，但有语病。历观载籍[2]，代代有人。皆有志于学，其间特立一节者，固不足言，而力任此学，可为师友者甚多，亦有史书无姓名，而别刻偶见者，难说千百年来无一人有志。吾意百十年间，亦有百十人有志，但不得生同时，居同地，朝夕规磨，致未究竟，良可痛惜！汉董子亦有智议，使及孔门，未可量也。王通、黄宪，姑置勿论，周子、程伯子知识已到，又幸相遇相扶策，卓然直透圣学关窍[3]。陆子亦超然顿悟，必周子图书启发，而曰："无一人有志，志个甚的？"不几于失言乎！吾意陆子急于觉天下后世，恐人昏惑圣脉，遂愤激通言，其心有足谅也。自陆后亦代有人。吾庚戌下第[4]，三月初八登舟，五月初八抵家，舟中两月。日夕读《吴康斋日录》，心中洒然。此书止数叶，而生意满腔。此后白沙、敬斋、阳明，皆私淑[5]陆而有得,皆过言之赐也。是言虽过而教泽远,能自得师味。其言感其恩而忘其过也。吾孙请汝师严子,汝友陈子,静夜细思之。

【注】[1]程子:宋代理学家程颢、程颐两兄弟的尊称。程颢(1032—1085),字伯淳,号明道,世居中山,后徙河南洛阳,世称明道先生,北宋理学家、教育家。北宋仁宗嘉祐二年(1057)进士,历官鄠县主簿、上元县主簿、泽州晋城令、太子中允、监察御史、监汝州酒税、镇宁军节度判官等职,著有《定性书》《识仁篇》等。与胞弟程颐,同学于周敦颐,共创"洛学",世称"二程",同为北宋理学的奠基者,后为朱熹所继承发展,世称"程朱学派"。程颐(1033—1107),字正叔,世称伊川先生,北宋理学家、教育家。历官汝州团练推官、西京国子监教授。元祐元年(1086)除秘书省校书郎,授崇政殿说书。著有《周易程氏传》《经说》等,后人辑录为《程颐文集》。[2]载籍:书籍,典籍。[3]圣学关窍:孔子之学的诀窍。[4]下第:科举时代考试不中者曰下第,又称"落第"。[5]私淑:私自敬仰而未得到直接的传授。

江忠臣外传

［明］史桂芳

按《宋史》,公讳万里,字子达,都昌人。少以文名。

理宗潜邸[1],尝书其名于儿,累官[2]至左丞相,兼枢密使。性峭直,临事极言。权相贾似道尝恶其轻发,似道以去要君,帝至涕泗拜留之,公以身掖帝[3]云:"自古无此君臣礼,陛下不可拜。似道不可复言去。"似道不知所为,下殿举笏[4]谢公曰:"微公,似道几为千古罪人。"然以此益忌之。公力求退,得以端明殿学士,提举洞霄宫[5],任便居住,寻起复[6]知建宁府。

咸淳元年,度宗即位,召赴闽,四请归田不允。然亦未及柄用[7],又出知潭州。咸淳五年,复左丞相,以襄樊为忧,屡请益师往救,似道不答。极力求去,出知福州。咸淳十年,辞益力,得退,侨居饶城。会襄樊破,乃凿池芝山后圃,扁其亭曰:"止水",人莫喻其意。帝㬎德祐元年[8],元兵将及饶,公执门人陈伟器子曰:"大势不可支,余虽不在位,当与国存亡。"遂赴止水死。子镐及左右相继投沼中,积尸如垒。翼日,公尸独浮出上,门人殓葬之。事闻,赠太师益国公,谥文忠。辍视朝二日,城破。知州唐震死之,通判万道同以城降。呜呼!道同何足贵哉!方胡元[9]入中华,势如破竹,望风乞降者比比,得如唐震死节者鲜矣。虽然,唐震在位当年事也,公去位死节不亦难乎!及宋亡,元统一天下,宋故臣率反面事之,号称豪俊者不免焉。得如马廷鸾,屡召不起者鲜矣!虽然,马以右丞相,公以左丞相,同日罢相,其归故乡,又同饶州,不事二君,马固忠矣!有死无二,公其烈乎!一身死义,亦已难矣!况子镐同心乎!况其左右仆从乎!苟非道行于妻子信孚于一家,安能全家死节乎!人之知公者,但曰:"观公之诗,可以知公之清。"江中遇风诗曰:"万里为官彻底清,舟中行止甚分明。平生若有亏心事,一任碧波深处沉。"呜呼!公其清矣乎,虽然清不足以尽公也。又曰:"观公之论,单骑见虏。"公其忠矣乎,虽然忠不足以尽公也。又曰:"襄樊去饶尚数千里,公明炳几先[10]。凿池止水。"公其智矣乎,虽然智不足以尽公也。公之心如止水,而一毫私欲不足以动之,公其圣贤之徒也!与惜乎遭国难,不克永年,以竟所造,此公未尽之怀也。门人陈伟器辈,不得久相规磨,此后生未尽之怀也。兹芝山后圃,实公死节之地,公与弟万顷、子镐,及一家忠魂,必萃于此。岁时虽无宗族吊祭,而凡有良心敬慕者,其皆公之子孙也夫。

万历九年。

【注】[1]潜邸:借指太子尚未即位。[2]累官:积功升官。[3]以身掀帝:用身子挡住皇帝。[4]笏:古代大臣上朝时拿着的手板,用玉、象牙或竹片制成,上面可以记事。[5]洞霄宫:道观名,在今浙江大涤、天柱两山之间。[6]起复:明清后,指服父母丧满期后重新出来做官。[7]柄用:被信任而掌权,也指被任用。[8]帝昺德祐元年:此处史桂芳原文有误。德祐元年为恭帝,而非帝昺。[9]胡元:对元朝的蔑称。[10]几先:如先机、先兆。

经许忠节^[1]墓诗纪

［明］史桂芳

余四岁育于祖母膝前,尝道忠节公死事,历历在耳。逆濠^[2]举兵破南康九江,余家相约皆死,赖公首挫贼锐,人怨神怒。故文成^[3]一倡,山谷响应,元恶就擒,列郡底定,虽文成之功,实公之功也。微公一死,直指金陵,绝饷道,事未可知也。危哉首祸之地,先齑粉矣! 余辈苟生一日,敢自弃于忠义之门哉! 岁庚午,归道公之故乡拜墓下,追思先灵教我者,但有此耳。又得公后嗣南涧道往事,此心振起,归当一一告复先灵,赋诗一章见志:

躯壳于公信未真,真灵终古照丹青。诸司畴更从先见,豪俊犹能振后兵。再造乾坤奠滕阁,重明日月映徐亭。遥瞻古道松愀色,归思偏能慰母灵。

【注】[1]许忠节,即许逵(1484—1519),字汝登,河南固始县人。明武宗正德三年(1508)进士,升为江西按察副使,明武宗正德十四年(1519)被宁王朱宸濠所杀。嘉靖帝即位后,追赠左副都御史、礼部尚书,谥号"忠节"。[2]逆濠,即宁王朱宸濠,明太祖朱元璋五世孙。起初封为上高郡王,明孝宗弘治十年(1497)袭封于南昌,弘治十二年(1499)袭封宁王。明武宗正德十四年(1519),朱宸濠在南昌起兵造反,杀死江西巡抚孙燧、江西按察副使许逵,革正德年号,史称"宸濠之乱",又称"宁王之乱""宁王叛乱"。叛乱波及江西北部及南直隶西南(安徽南部),仅43天,便由南赣巡抚王守仁平定。[3]王守仁(1472—1529),本名王云,字伯安,号阳明、乐山居士,浙江余姚人,明代杰出思想家、文学家、军事家、教育家。心学集大成者,倡言"知行合一"说,后专主"致良知"说。仕于明孝宗、明武宗、明世宗三朝,明孝宗弘治十二年(1499)进士,历任贵州龙场驿丞、庐陵知县、南赣巡抚、两广总督等职,接连平定南赣、两广盗乱及宸濠之乱,明穆宗隆庆年间追赠新建侯,谥号"文成",称"王文成公"。明神宗万历十二年(1584)从祀于孔庙,著有《王文成公全书》传世。

祭忠烈胡公文^[1]

[明]史桂芳

初九潜龙,芝峤灵钟。方九有之战血玄黄^[2],独不扰乎幽人之耿衷,揽辔澄清,寄意咏松。一言动主,声蜚九重。补阙簪螭头之铁笔,封章^[3]击卖国之景隆。东昌捷奏,棘寺^[4]阶崇。天光分曜,阳九奇穷。甘俎醢^[5]以如饴,遂湛族以相从。仁皇登极,首念诸忠。郡奴生还,传福释戎。妥木主于乡祠,赖端峰之文宗。史局大吏,隐掩非公。二百年来,竟缺昭融。幸遭逢大圣人,嗣无疆,大历服,矢诸二三元辅曰:"所谓诏赦者,循故常,蠲^[6]租税,释系囚已乎!"褒表忠魂,激厉臣节,肆余冲人之首事也。乃涣大号,乃布寰中。所在专祠,典祀攸隆。坟墓苗裔,恤录恩丰。维时按台,侯公复吾。前守陈公省斋,钦承恩诏,登进士民飏言曰:"大圣人不继,祖宗之迹而丕从,祖宗之大志不述,祖宗之事而光大。"祖宗之明聪,宏武周之达孝^[7],树孤竹之高风,则有瞻山屠令,被召台郎。首崇风化,抗疏言昌。天颜嘉赏,部檄榜章。悬之邑门,杲日正阳。旋风卷檄,扶摇翱翔。万目惊仰,嗟叹彷徨。自午迄申,还于邑堂。一纸不裂,一字不伤。今日胡公,真飞腾灵物耶!二百年英爽,遏之愈扬,抑之愈光,程令蕴阳,躬遭奇遘,躬检戎牍,而深慨慕乎前贤。得惠州张先生一百一十四人,开释厥愆,士民咸为英风纪异,著有诗篇。小子际会,甫一入郡,程令慷慨,为忠建言。令未言毕,余心奋然,对扬天子之休命,孰大乎此焉!宏敷^[8]七饶之风教,孰切乎此焉!复痛我公,一腔血洒荒原,一寸丹照九天,无血胤一线,承录荫历恩,无荒坟一丘,被封树珉,镌独建专祠,合祀群贤,食念在食,眠念在眠。顷得兹基,为饶城最高阜,虽居城内,实远尘喧,但其地世为民居,一夕其家,梦绯袍巨卿,卜筑于此,且开郡邑,咨诹勤倦,遂徙其居,愿为公捐,虽忠烈之显灵赫濯,亦斯民之趋义懁忕^[9]。余即折柬约乡大夫,达观其所,载登其堂,宏厂高坚,四墉崇耸,祀公俨然。后楼即堪寝室,祀公夫人及公之子与公之姻之友,英爽聚焉。祠之后,为番君庙,公之会所,豪杰毕集,精魂合焉。祠之左,为硕辅坊、胡家桥,公之祖考咸萃于斯,则又公所承祀者焉。矧兹长至令节,龙德方亨。君子道长,此日迎神。于公正宜,此地尝蒸。忠灵必栖,月夕风辰。公与同志诸贤,握手论心。呜呼!公为君死,哀此群贤;亦为公亡,求仁得仁。颠沛何伤,际会虔诚。拜舞门墙,敢不夙夜惟寅,庶可觐乎公之耿光。济济后生,敢不以道义相砥磨,期步趋乎后芳? 公之英爽,临之在上。同志诸贤,质之在旁。玄酒一滴,直通九原。呜呼胡公,尚其顾瞻。尚飨。

【注】[1]胡公,即胡闰,字松友,鄱阳人。明洪武四年(1371),授都督府都事,建文帝时任大理寺少卿。1402年,朱棣夺得帝位,年号永乐。朱棣即位后,胡闰身穿孝服进殿怒斥朱棣,朱棣下令缢死胡闰,并以石灰水浸脱其皮,以草裹成人形,悬于武功坊示众。又命人驰籍鄱阳,抄杀胡闰家族,217人皆缚东市斩杀。万历年间,明神宗颁发恩诏,对胡闰等死难诸臣"旌表"。时任鄱阳令程朝京即按诏按籍安抚,乡人杨世德捐宅为胡闰立祠。[2]方九:九州。玄黄:玄为天,黄为地。[3]封章:言机密事之章奏皆用皂囊重封以进,亦称封事。[4]棘寺:大理寺的别称。古代听讼于棘木之下,大理寺为掌刑狱的官署,故称。[5]俎醢(zūhǎi):肉酱。[6]蠲(juān):免除。[7]达孝:最大的孝道。达,通"大"。[8]宏敷:大力敷扬。[9]懽忻:喜悦、欢乐。

史惺堂行状[1]

[明]陈嘉训[2]

吾师史先生,嗜学不厌,尤惓惓欲引人于学。尝念先忠胡补阙,未有祠,相郡邑侯共拘[3]堂祀之,且因以为讲所。

岁辛丑,嘉训请告来谒祠下,则先生已不可作矣。追忆高风,恐模范之日远也,会先生冢,孙稽古出年谱属为状,敢撮述梗概,俟同志者咸就正焉。

按,先生讳桂芳,字景实,系出溧阳侯史氏。

先生生七日,目不辟,祖筠雪公,夜梦二曜照寝室,翼早先生始张目,其异征也。一岁丧父梅坡公,三岁丧母章安人,五岁连丧祖,先生茕茕一人,独育于祖母杨氏。是时,史氏之绪不绝如线,祖母诫之曰:"汝父无禄早世,若再读书,是绝史氏后也。"遂缄柜不使窥,先生窃启而观之不释手。年十八,游庠序。先生性既聪慧,愈益刻励自奋,尝与先君龙冈读书员明寺,终夜达旦不寝。迨辛丑,负笈鹿洞,则遇高安傅愚斋公,傅因先生豪迈,为书"主忠信"三字,悬座侧,先生遂儆惕,自此无一妄语。盖愚斋乃白沙门人,邓公德昌之所自出。而先生学脉自此来矣。丙午举于乡,三上春官成进士,即与旰江近溪罗公为友,又就狱会杨椒山朝夕讲论,忽然有得,自喻此番如病去汗,不学爽然,近溪为之敛衽。

明年受歙令,歙故烦剧,先生事必亲裁,庭无请谒。时赵甬江以工书出,监军势甚凌铄。先生不随众,参谒又票取军饷二万两,先生持不与,赵怒,欲中以奇祸,屹不为动。三年升南刑部主事。先生精律例,尝与大司寇赵方崖公持论,争执久之,赵亦虚怀,相信凡有疑,辄曰:非史郎中不可,而又以暇日,与奉新蔡公、天台耿氏兄弟,及白下诸友如焦君竑闳、吴君自新等,共相观摩不替。

盖先生之学,始闻于白鹿,既悟于燕京,而勇往精进,则在于留都之七年。先生尝曰:留都吾再造地,非虚语也。升延平知府七日,以祖母忧归,归庐墓侧,朝夕哭奠,足不履城市。服阕补汝宁,勤政与歙同,而尤以力行教化为先务。时民间有刘氏二孝女贞不字,先生以鼓乐导谒,先师更迎至衙舍,与邓孺人一会,两孝廉以学行著,先生又折节尊礼,以为齐民倡。在汝三年,往来止一竹篋相随,衙中计俸籴麦为养,故凌斗城作史大夫官,评有自朝至日中以钱数文,买麦饼之说。噫!先生之清操苦节,即古良吏不多见,乃犹升两浙运使,以去直道之难行。于时如此哉!

先生自浙归居古田山庄,日三省祖母墓,如昔四方学者徒步往质,先生与偕行歌,诗甚乐也。省斋陈公守饶,请先生出山为七饶师表,一时门下讲席环堵,观厅耸然。先生曰:吾垂老见此,此唐虞世界也。初陈公得过江陵,即有以讲学荒政论者,先生复入山,诸友亦散归乡邑,嗣后止轮会各邑,或先生山庄,在城则有四仲会,至今源源不绝,皆先生倡率之力也。昔吾夫子,忧学不讲,而近世或以讲学为诟病,先生宁冒时禁,暮年勤恳弥切,古之君子已立,立人已达,达人非独。成已亦以成物,先生自读书外,惟日孜孜求友。

己丑以道尊,请主讲鹿洞,辛卯以按院币聘修通省志,前后学使者,临饶即庭称先生。以为诸士最,咸曰:史先生,吾师也,诸生当共师之,海内同志,如敬庵许公、曙台唐公,居常以近功相质证,甚有不识面而书相问者,先生亦为矍然,曰:朋友即为我,性命有味乎? 钱怀苏之言也。

先生自解组来林下,近三十载,布袍疏食,有如寒素间,徒步不用车马,终岁不延宾设席,亦不轻受人一缕之馈,受则必以其直酬之。尝有疾归城,就医犹曰:"愈疾莫如读书。"又曰:"一日不读书,则天理不活泼。"人欲横生此心,死矣。故历寒暑不辍,卷夜有得,即燃灯起书。嘉训造先生山庄各房,俱设楮墨,犹类书生。云先生耻于请,不轻造公府,遇有节孝瑰行,或岁歉当赈,始向当事言之。所居乡,先令出赋税以佐公,上不烦县官鞭扑。

辛未来,有省过日程录事,事必书间,尝语及门曰:"天行健,自强不息。一息便不肖,天便非学。"又云:"吾生平受用只是一耻字,触着时便赤颊痛心。"噫!先生用功真切如此,真学问正脉也。先生嘉言懿行,不可殚述,此姑状大略云。

【注】[1]摘录于道光版《鄱阳县志》。[2]陈嘉训(约 1567—1618),小名思岗,字彝仲,饶州鄱阳西乡(今鄱阳双港)人。明神宗万历十七年(1589)进士,授职行人、吏部给事中、南京吏科给事中,明熹宗追赠奉议大夫光禄寺少卿。曾从学于史桂芳。[3]拘(jū):古同"拘"。

史惺堂墓表[1]

[明]耿定力

姚江之学得大江以西而益显,无论及门诸君子从游吉虔之间者,澡修力践,足以尊师传而信来学,即闻风兴起,凡产自江以西者,迹其行事,无不可以载道而行远。彼实行不孚而徒侈要眇,以标空谈,使天下见其可骇可疑之迹,而因以不信学,则岂惟姚江之罪人,亦同志之士所共屏弃者也。先恭简学宗姚江,而取善于江以西为多。尝兄事泰和胡观察、盱江罗参知,而友安成邹奉常矣。奉常为文庄公季子,文庄得姚江宗传,故恭简与奉常交知最密,不啻肝胆手足之相为依附。其后视学留京,始获交都阳史先生,而严事之。尊其行为蓍龟,信其言为药石。旬日不见史先生,若恐鄙吝复生,而有过未闻焉者。盖先生不喜空谈,而矢真修不善依违,而善与世相激昂。始为歙令,歙多富人子,往往不爱千金以借交游,先生力摧抑之,即于情稍拂,而竟服其真,及迁南比部郎折狱,按法当情,大司寇而下咸倚重之。其出守延平也,仅携一奚童,敝衣决履之郡,剑津人俨望之若仙,无何以忧。去服阕,补汝宁,汝属城十有四,延袤千里而饶,又帑多羡金,往为守者多以汝为饵,先生至,尽出帑羡以佐公赋,岁省民闲万金,而乡约保甲举行必力,方千里内,熙然成仁俗焉。待属吏必因才而笃之,尤加意学校,有新蔡令弱龄,高第入谒,呼至案头,教之如子。诸博士趋跄庭见,必进而拜之曰:"公等吾子弟师也,吾奈何不敬?"中丞直指行部至,迎送不出郭。有双节女祠,远在三十里外,适督学蒲坂杨公校士汝中,经其地,先生出迎之,随请杨公迁道往拜。杨公入,长揖,先生曰:"此风化所关,宜拜。"杨公不得已,拜之。时公父襄毅公方秉铨,始见先生,远迎也,若疑为内交也。事既竣,不见郊而送也,乃知向者之远为祠行也。杨公益大敬服,间语人曰:"夫夫也,真学道人哉!"折节光山官孝廉,化盗魁四十八人为新民,梁楚间赖之。寻以直道难容,迁两浙都转运使。无何挂冠去,每宦归,令两人舁一竹笥,不用扃钥,俭约性成,非有所矫也。里中垂三十年,从之游者,户屦常满而师道益尊,咸仰之为泰山北斗云。忆嘉靖癸亥岁,先恭简奉先大人命,使不肖执贽于金陵,与焦太史竑、吴司寇自新共学,先生咸器之,至谓吴早秀,焦晚成,若持左券。然者先恭简刻意砥行,动以先生为宪,不肖往随侍邸中,布袍蔬食,率以为常。留邸,盛夏多蚊,夜不能寐。驾部刘公,楚人也,过而见之,谓恭简敕使,例得用公家物,因假二红纱帐张之。又值先夫人寿,市鸡豕酒脯以进,中庖狼藉,先生偶顾一见,不怿而去。嗣是疏阔者旬余,恭简莫测其故。一日,谒拜而诘之,先生叹曰:"富贵溺人固易乎?往过,君供帐中庖,何太侈也。"恭简唯唯谢过。一日先生廉得其状,卒遇恭简曰:"子奈何不以实告而辄引咎为?"恭简曰:"吾安敢处白心迹,而杜箴诲?"此非先生不能切规，亦非恭简不能虚受。人两高之。不肖计偕，时谒先生汝上，未敢以华服见。及由益州守迁闽督学，过先生里中，又未敢以币帛见，止具俸八金为寿，且镌其文曰："此俸薪余也。"恐先生以不义见，却命坐庭中。家徒四壁，馔不掩豆，然不敢不饱。古称："师严道尊，人知敬学。"其先生谓哉！先生嘉言善行，与世系后贤编年终始，详具焦太史墓志，中不具著。兹特举耳目所睹，记与谱志，未及载者大都各随所入，以窥其绪。余非敢谓能，穷先生之精蕴也。善学者，繹先生之践履，笃信而精求之，即于姚江学脉，殊途而同归矣。彼哆口谈要杳，而行不掩言者，何足与议哉？虽然非江以西信道好学者众，即先生亦安所资，以自成耶？敬表而传之，以垂来者。

【注】[1]摘录于道光版《鄱阳县志》。丽阳镇丽阳村古田村小组存有石碑。

《史惺堂先生年谱》序[1]

[明]刘应麒

吾番理学之士，国初有大理胡公，世以节义称，掩其学后若干年，而少宰余公崛起。少宰者，敬斋先生高弟，倡道南都，都人士翕然宗之。屡忤权珰，中遭屏斥，刚劲之气，百折不回，可谓不负所学。又若干年有舒健庵先生，舒先生天资纯粹，弱冠举进士，即私淑薛文清公，余尝议其诗，有曰："货色两关俱行破，古今到此几男儿。"又曰："心随俯仰能无愧，中夜安眠梦亦清。"历官闽楚，具有政绩。惜享年不永，未尽其学力所至。惺堂先生与舒先生同时而稍后达。幼故豪迈不羁，癸丑以后，始折节有志于学，其学又刻意尚行，务为苦节，所至落落难合，而其志益坚。奉新蔡公、麻城耿氏兄弟，雅崇信之。自两浙归，不复仕进，安贫乐道，惓惓以成人材、厚风俗为己任。郡大夫一泉史公、省斋陈公，先后拔诸生之俊者，师事先生，后多成就。数能发明其学，而二三同志，从而羽翼之，名益著闻海内矣。或犹以矫激病之者。嗟乎！先生力挽末俗，慨然有先进之思而过之，学有宜师其意，至其任道之力，虽自谓贲育不能夺也。见人一善，喜谈乐道，若已有之,亦不能藏人之过,人或疾之如誓,而同志乐受其益,知我罪我,先生弗愿也。所谓特立独行之士,非与彼匄狗仁义,桎梏名简,矢口高谏,大自标榜,以误后学,又先生平日所羞称也。年谱出门人夏布衣之手。草创粗具,乃孙稽古属余序之,余亦益先生者,为之述其梗概如此。

其言先生有惟恐不及,惟恐过之之思,斯亦中郎有道之碑文矣。

同邑后学刘应麒撰。

【注】[1]摘录于《皇明史惺堂先生遗稿》之《史惺堂先生年谱》,为序言。

祭史惺堂文[1]

[明] 焦 竑[2]

维士有名,未易以命,其政维风,其本惇行。世降道衰,士失操柄。游谈无根,猥鄙不竞。惟师崛起,以迫究竟。言必禀经,动必准圣。尺步绳趋,周精程正。明志在澹,致远以静。摆落俗氛,方之陷阱。筮仕岩邑,再典名郡。蔬水自甘,脂膏匪润。我以为安,人以为病。闻人一善,翼翼增敬。去其蠹螟,惟恐不胜。扶义摧邪,玉贞松劲。匪直性然,良以示训。风俗大清,纲条以振。治行既优,学志弥逊。理奥经疑,师镌友订。谨守前规,不歧他径。归修于家,积有余庆。祖悦孙贤,子戴父令。闾里风行,是亦为政。

竑等,弱冠及门,志意梦骋。指我康庄,德音耸听。型范日临,趋向乃定。成我之功,匪夷可并。一别卅年,罔效尺寸。仰德长勤,闻风斯咏。犹冀抠衣,遽闻归椁。音微如在,栋梁顿尽。执绋靡从,见封知近。布奠临风,泣血霣迸!

尚飨!

【注】[1]摘录于道光版《鄱阳县志》卷三十一。[2]焦竑(1540—1620),字弱侯,号漪园、澹园,祖籍山东日照,生于江宁(今南京),曾师从耿定向、史桂芳,著名学者。明神宗万历十七年(1589)状元,官翰林院修撰,任南京司业,著有《焦氏笔乘》《焦氏类林》等。

夏宁源余氏谱序[1]

[明]陈文衡[2]

　　夏宁源余氏,洪四公后裔也。四公迁兹地以来,燕贻谋者有人,绳祖武者有人,而且戴仁抱义名垂简册者有人。与予余姓,桑梓相越无多,素结茑萝,得附葭未兹。值续修家谱,予婿辉向予索序焉,予曰而亦知谱之所由作乎。夫人之有祖,犹水之有源,木之有本也。表曲者影必斜,源清者流自洁,人克穷本穷源则孝弟,于是乎生礼让,于是乎出族党,亦于是乎崇信敦义,虽推此以达诸邦国遐陬,鲜有不道一而风者,矧一家已乎,无如世之勃豀起构风雨兴悲,以致角弓之偏反行野之感,悼者总缘本原,两字殊多蓂没也,贵族宗谱所由作也,而续修之洞洞属属不忘乎前,继继绳绳永垂于后,则将来之比户可封门庭日大者,不察可量也,爰乐为之序。

　　皇明天启六年秋菊月吉旦,赐进士第原任监察御史山东按察使司按察使年爰姻晚生陈文衡顿首撰。

　　【注】[1]摘录于丽阳镇《余氏宗谱》。[2]陈文衡(生卒年不详),字惟平,昌江区鲇鱼山凤岗村人。明穆宗隆庆二年(1568)进士,历官仁和知县、监察御史、广东副使、湖广参政、山东按察使、广西右布政使等职。《广东通志》举其为名宦,道光版《鄱阳县志》有传。

运使史惺堂先生桂芳[1]

[清]黄宗羲[2]

史桂芳字景实,号惺堂,豫之番阳[3]人。嘉靖癸丑进士。起家歙县令,征为南京刑部主事,晋郎中。出知延平府,以忧归。再补汝宁,迁两浙盐运使以归。

先是,岭表邓德昌,白沙弟子也,以其学授傅明应。先生读书鹿洞,傅一见奇之曰:"子无第豪举为,圣门有正学,可勉也。"手书古格言以勖,先生懹然,响学之意自此始。其后交于近溪[4]、天台[5],在歙又与钱同文为寮,讲于学者日力。留都六载,时谭者以解悟相高,先生取行其所知而止,不轻信也。其学以知耻为端,以改过迁善为实,以亲师取友为伙[6]助。若夫抉隐造微,则俟人之自得,不数数然也。天台曰:"史惺堂,苦行修持人也。"天台以御史督学南畿,先生过之,卒然面质曰:"子将何先?"天台曰:"方今为此官者,优等多与贤书,便称良矣。"先生历声曰:"不图子亦为此陋语也!子不思如何正人心、挽士习,以称此官耶?"拂衣而起。天台有年家子,宜黜而留之,先生曰:"此便是脚根站不定!朝廷名器,是尔作面皮物耶?"天台行部,值母讳日,供张过华,先生过见之,勃然辞去,谓天台曰:"富贵果能移人,兄家风素朴,舍中所见,居然改观矣。"其直谅如此。天台又曰:"平生得三益友,皆良药也。胡庐山为正气散,罗近溪为越鞠丸,史惺堂为排毒散。"

先生在汝宁与诸生论学,诸生或谒归请益,即辍案牍,对之刺刺不休。谈毕,珍重曰:"慎无弁髦吾言也。"激发属吏,言辞慷慨,遂平令故有贪名,闻之流涕,翻然改行。郡有孝女,不嫁养父,先生躬拜其庐,民俗为之一变。其守延平,七日忧去,而尽革从前无名之费。若先生者,不徒讲之口耳矣。

【注】[1]摘录于黄宗羲《明儒学案》。[2]黄宗羲(1610—1695),字太冲,浙江余姚人,明末清初著名思想家。著有《明儒学案》《宋元学案》《四明山志》等。[3]豫之番阳:鄱阳县汉代属豫章郡,故称。"番"同"鄱"。[4]近溪,即罗汝芳(1515—1588),明代中期著名思想家、教育家。[5]天台,即耿定向(1524—1596),湖北红安

人,著名学者。[6]伙(cì):帮助。

《芝郡文献录》序[1]

[清]史　简

　　夫百里一贤,千里一圣,群宗其至以为归也。今人与居,古人与稽,我取其型以成式也。生长父母之邦,举前贤之姓字无闻,则视听塞矣! 身被先王教泽之隆,举乡先生之行谊,文章不能别黑白而定一尊,则是非淆矣!

　　予自垂髫受先君子提命,尝闻某邑有某先贤、有某先贤遗书,辄心识其姓氏不敢忘。今溯前代文献,存者半,亡者半。若建文时之胡公闰,正统时之孙公原贞,成化时之孙公需,弘治时之戴公珊,正德时之余公廷瓒、苏公章,嘉靖时之卢公琼、舒公春芳,万历时之刘公应麒、陈公文衡、陈公嘉训、陈公大绶,天启时之黄公龙光,皆国之桢干,邦之典型也。今欲摭拾其遗文,几为空谷之足音矣。惟幸为胡公传者,有《英风纪异》一编,此则不必其言之传,而传之者已有其人。

　　若夫言与人之必可传,传而必可法者,若敬斋胡公、古城张公、认斋余公、先人惺堂公,其学行则濂洛关闽之遗也;若念斋程公、青峰汪公、星桥金公,其文辞则庐陵、旴江之气也;资启沃,勤献替,则桂太傅、祝黄门是采,此又政治得失之鉴,而董江都、刘更生之筹画也。思数君子者,生当其时,幸而躬逢其盛,为宰相,为卿贰,为藩臬,为台谏,为良牧守,则各致君泽民;为岩穴老,则亦明体适用,皆不负所学以彰国家文明之治;即不幸而身履其变,为志士,为仁人,则独舍生取义,奋不顾家,以续纲常人纪之统。是其文章足以华国,道德足以持躬,至性足以质天地、格鬼神,声施至今,何赫奕也!

　　予尝欲仿宋景濂先生评浦阳人物,著《饶郡名贤记》,有志未逮。今幸先后罗致诸先生集于家,推当时休养之隆,念师友渐摩之力,卜山川秘惜之珍,与鬼神呵护之灵,虽经乱离颠沛,不致磨灭澌尽,犹得裒集而叙次之,用示后人。自是而后,悉其姓氏,察其言行,知诸先生之遗泽在一时,而流风在百世者,悉于是焉征之。征之而足，尚藉此留有美则传之盛，而闻见无违；征之犹或不足，亦藉此辟无善而称之诬，而疑殆斯阙。则斯编也，匪但不没夫昔人，或亦小补于后人矣。

编成，劬见江公、梧叟叶公，两家子弟各以存稿见示。呜呼！小子于二公，尤亲承颜色者也。

彼都裒带之容仪，时廑寤寐，负剑辟咡之诚恳，奚啻再三。今犹昔也，顾谁为询黄发者乎？谁为系硕果者乎？讽诵遗篇，盖不胜穆然兴感矣！亟为诠次，附于编内。姑志予平生所见知者又如此，共计文若干卷，谨题曰《芝郡文献》，著实云尔。

【注】[1]摘录于同治版《饶州府志》。史简纂《芝郡文献录》，保留了前代鄱阳文献资料。

《芳洲集》序[1]

[清]史　简

公讳廷瑞，字祥仲。生而颖拔，日诵数千言，即了大义。少长，闻乐平谨斋吴公中守、准轩吴公中行以双峰饶子之学，讲道于龙湖，公蹑屩从之，深契旨要。由是为文，一宿于理。咸淳庚午与计偕，辛未奏名礼闱。知举刑部侍郎方公逢辰、殿中侍御史曾公渊子见公所为文，贯穿出入，沉郁典据，意必老于场屋者。及谒谢，使之年曰："某甲生二十又二年矣。"皆叹息久之。绍陵亲策，赐同进士出身，授迪功郎、肇庆府司法参军，需次未上。癸酉丁外艰，家贫，资束脯以给葬。服平将调，玉改鼎移。幽居十稔，以文墨自娱，种梅艺菊，雅意丘壑。而北方士大夫之来南者，闻公名莫不愿见。既见，欢如平生。竹庵奥屯公希鲁、疏斋卢公挚、竹居姚公炖廉问之，日以歌诗乐府相唱答。竹庵巡行郡属，必与公同行，所至击强锄奸，如雷霆风雨，咸谓神明，公盖有力焉。至元丙戌，按察副使五善王公懋至番，会郡博士久疾，不任职，诸生以请王公檄公摄教事。公始出受事,宾礼耆英,激扬后进,佩衿俎豆,彬彬有承平风。时有以学校羡利言于朝者,上命有司程出内史,率刻急,析及秋毫。列郡文学至破产以偿不给,公独从容酬应,不辱色辞。多士困于役,公每至公府,力争之,不申其说不止。自丙戌至庚寅,凡五载,改创采芹宫、爱莲亭,葺尊经阁,不一事。尝种竹阁下,纪之以诗,比代去,绿色猗猗,光照几席。公于是有遗爱矣。异时右辖五峰燕公公楠知公最深,以公姓名剡上,公语其人曰:"阿婆老矣! 吾菽水温清,惟日不足,而暇从人间事乎?"卒不报。始治第于先庐之南,虚中堂以奉春晖。晚取"居易俟命"之义,更号"俟庵",弹琴著书,高歌永啸,洞视今古,意气浩然。自赋闲居三乐:曰读书,曰会友,曰游山。其言淡而不厌,净而不污,趣尚远矣。太夫人终,公哀瘠殊甚,饘粥未食,焦劳旦暮,逮葬,须发顿白。公生平倜傥豪逸,雅慕李太白、杜牧之为人,所友皆四方名胜士,居家常致千里外客。客至,不问家有无,必延款弥日,谈笑竟夕。有急赴之,必为尽力,无德色。或负之,亦终身不复言。为文必黜百家,崇孔氏,以韩子为宗,尤酷嗜欧阳子。不用奇字生语,而幽然之光,苍然之色,绝出笔墨畦径外。诗尤神解,自成一家,驰骋唐宋以还,深入陶谢之室,气韵雄浑,趣味深永,盖不独专美一时矣。至大元年戊申夏,公卒。余干养吾李先生谨思,以书语吴仲退曰:"悲哉! 辛未以后,出语天拔,不烦绳削而自合,有如斯人者乎?"胡文友愕有诗曰:"鄱阳四月十一日,优钵昙花枯一株。"二公之叹,盖皆为斯文叹也。

【注】[1]摘录于史简编《鄱阳五家集》之《芳洲集》。

《鄱阳五先生合刻诗集》叙[1]

[清]史　简

《欧阳率更帖》云:"年二十余,至鄱阳,地沃土平,饮食丰贱,众士往往凑聚。每日赏华,恣口所须。其二张才华议论,一时俊杰;殷、薛二侯,故不可言;戴君国士,出言便是月旦;萧中郎颇纵放诞,亦有雅致;彭君摛藻,特有自然;至如《阁山神诗》，先辈亦不能加。"数君子皆为吾饶贤豪也，曾载临川石刻，今其人俱不复可考矣。

元时鄱阳先后以诗名者，则有周伯颜、徐天麟工古诗，蔡儒实工绝句，朱有问工词章，徐省工唐律。或字或名，犹载郡志。今其诗文亦不复能尽传矣。

予素喜溯乡先文献，每欲考其行，传其言，按其里居生长之地，而见山川之钟灵；察其相与交游，而识一时友朋之所切磋，师弟之所传习。稽其永念天显，则古昔称先王。而悉其生平孝友，夙有水源木本之思。与夫出入进退，登降揖让之大要，仿佛其律身行己、泽人爱物之弘愿。有是人而为之传，如同堂语，如觌面亲，如辟呢[2]诏。读其文章，上下其议论，似有所忻而先予歌焉，有所忾而先予戚焉。而知古今人之心志不甚相远也。或薄富贵而甘贫贱，或出汤火而庆风云。比事以观，其异同可见，其人之性情亦与之俱见。昔周伯温氏论诗云："吾饶前辈如准轩吴公、芳洲黎公、养吾李公诸作，皆不尚雄浑，未免有气运使然之叹。"若李灿然待制，董宗文、许栗夫、朱克升诸达，则谓其性理精到，专务举业，竞进取之科，犹嫌其于诗道益寥寥，然则诗固难其人哉。

予山居，景行前哲有年矣，愧闻见浅陋，不能博涉广搜。因于暇日，次第汇集吾鄱五先生诗成，为之志。其年世相去之久远，其间闻风亲炙，追步唱酬，历历如见，是其风雅渊源有自来矣。夫吾邑之能诗而宜传者，三四百年之间，固不尽此数先生也，而数先生幸有诗以传。予惧其几于不传，是以汲汲为之传焉。其他宜传而不及尽传者，尚愿同志广予见闻之所未逮，非敢以是而概略也。

时康熙八年孟夏月，芝麓樵夫史简序。

【注】[1]摘录于豫章丛书集部十一《鄱阳五家集》。清代史简纂，原《欧阳率更帖》有缺字，据《容斋随笔》补充完整。[2]呒(ěr)：地名用字。

康熙戊申本《鄱阳县志》序^[1]

［清］史彪古

一代之兴、方策辉煌,下至郡国,文献之昭垂,莫不有书焉以志不朽。鄱有志,创始宋嘉定乙亥,明景泰间章常山先生续稿,称为明备。嘉靖间胡司寇踵修之。逾八十年,万历己酉,刘司空复修之,今所徵者,己酉本也。洪惟我大清统制画一,车书咸同,诸如疆理形胜,兵农庸调。漕河律历,以暨制科学校,若鬺祖,若清问,若星野灾祥之必书,若忠孝幽芳之咸秩,纲举目张,外薄四海,廉有阙遗。况吾鄱六十年来,水土播远,文光吐新,代有循良,治臻既庶,皆不可不亟为纪述,以备职方之掌故者也。先是岁丙申,太守翟公将有事于郡志,驰札燕邸,属余校佳佳焉。未几,公以迁屯田使去。已而楚咸郑君谋葺邑志,又未几而郑君复以量移滁州去,弗遑副墨。讵志之待夫人也,抑亦有时乎?诚慎之也。兹卢侯甫下车,即集邑中名彦,酌古核今,修辑缺典,各矢公慎,分酏详订,而余复以归者之暇,得观厥成。因忆余曩者分藜中秘,折衷良史,不啻详焉。而惟是职方纪载之体,其异词者三;夏五郭公,传疑承误,车书炳郁,路马蹴刍,则文与字之传闻宜辨也,宁为鱼亥,毋为具敖也;七谈八州,识其大者,瑞芝丹井,剑气郁宣,则事与人之所闻宜核也,宁为固密,毋为迂疏也;甲子周星,其在兹乎!承筐之岁,绛人可问,尚猷洛社,则冈所恧,唯是吾鄱之博雅诸君子,操觚以从之也,夫何辞之与有,则名与实之所重者,详以核也,宁为鲁衮,毋为齐谐也。沧溟有言,善是之具,非徒以存文献而已。谓夫一方纪载之盛,具以嘉励将来于勿替焉。鄱自秦汉以来,号称望邑,田治赋清,彬彬乎其土,熙熙乎其民,化纯俗厚,纪载犁然可考,何昔之鄱独臻盛欤!亦代有良司牧噢咻而董率之耳。后之君子,休养元元,厘剔凤弊,以主持风化为己任,则良父师澡德于上,士若民率俾于下,何风治之不古若也?志成而卢君适内擢计曹,其鄱志之幸欤?抑亦人逢其会,时遘其宜欤?予不敏,爰弁数言于诸君子后,亦庶几毋忘窃取焉尔。

【注】[1]摘录于1998年版《鄱阳县志》。康熙年间,戊申本《鄱阳县志》撰成,

郡令邀史彪古作序。

岱 游 记[1]

[清]史彪古

　　长安数载,晨兴赢马,夜而索居,尝思适意山水之乐,少涤尘疴。乃西山在门屏外,若碧霞、玉泉、香山诸胜,曾不得以过。从接韦公,半日闲,何暇远及岱宗之观哉!顾事有不期而遇者。

　　甲午仲冬,余既奉归省之命,驿驰而南,蒙犯冰雪,曾十宿而达泰安。以马瘏仆痡,骁骁[2]税止。窃见巍然天半,忽动人景行仰止之思者。询之,为岱岳也。及州守来谒,复为余备述四方祷祀之应。予思此行良不易易,用是斋祓致祀焉。

　　是月十日,减导从,携篮舆,爰令州佐孙君昌嗣向道偕行。黎明出州之北门,已觉翠色朗然,照人眉睫。行里许,至鄪都城,是岳之麓。又四里许,为灵应宫,即一天门也。自是而登,趾渐高,步渐蹙,径渐狭,石渐险,泉声渐雄。又五里,为歇马崖。又五里,为回马岭。路愈隘,石愈险矣。徒步而上,犹时有颠踬之虞。行人首戴于足,不知宋真宗以前封禅诸君六飞百僚,千乘万骑,何以联辔扬镳耶。道傍,五大夫松已沦其四,其一高不逾寻丈,仅枯枝耳。从人指今道昔,相与歔欷者久之。又五里,为朝阳洞,逾洞而上曲折蚁行,凡历十有八盘始达南天门,至此离平地已四十里矣。入门又五里许,始至元君殿,殿故宏敞儗王宫,今稍颓圮。折而东陟殿之北,俯视金殿,也称元君休息殿。神卧像帐帷衾,袭与宴安之设毕具。殿后壁立者,为唐开元摩崖碑削成。数丈字未漶灭,可读文,既古雅,笔复遒劲,为一再拭之,想见元宗初年之盛,不可谓非燕许诸公力也。前后多唐宋人,留题与。夫近世老生宿儒之至此而拜者,亦皆勒石于此。夸诞登且归而矜语于人者也。西南崖石碣颜,曰孔子登泰山处。及黄华洞诸景,则走泰观、月观诸峰道也。以日将西,不及观,复折而东陟摩崖之北,又俯视摩崖也。大石刻登封台三字,岱于此为绝顶矣。石峰崒崔,四顾苍茫,远则东海碣石、太华嵩室;近而河、汶、泗、济、漕、渠。数千里建瓴,横竖高者而崻嵝也。卑者而衣带也。是日,纤云不兴,气清天宅,望中若螺纹可数。祠者,为余言或逢晻暖,则笼罩若失,喜予与霁宜抑山灵实相之乎。徙倚良久,诚不知身之在天上,抑人间也。步而南,祠者复前通曰,是秦无字碑也。觚棱四削,厚二尺许,高可三丈,余翠润如璧,掐之若隐隐有光射人,真秦代石也。相传揭其顶者,立致风雷之异,予未之信也,然为之意动矣。又东南为日观峰,峰旧有观海亭,即夜半候日出处,今荆榛矣。又抠衣而东,为舍身崖。其下有仙人桥,桥支空中,叠两石于悬崖之际。见者搔首叹人力不至此,盖度者鲜矣。自是始降而下,舆人之于陟也,甚难,其于降也,若张翼而趋,顷刻数十里。复东至曝经石,有石刻《金刚经》。不远一亭上扁:高山流水,乃宋真宗宴群臣处也。

会日已迫暮,松风呼啸,激泉轰崩,若虎豹驰突,使人悸栗不敢留。逡巡而返,望雉堞堙垄间,暝色四合矣。昔人云:无风雨远近之间者,是称胜游是役也。称胜游云:嗟夫,以予之情,耽泉石顾不能得之。西山几案间而天孙晤对,若邂逅于屺岵,瞻望之,余事固有出于意计之外者,岂登临亦别有道缘耶。

遂敲烛而为之记。

【注】[1]摘录于同治版《饶州府志·艺文志二·记》。[2]骁骁(shēnshēn):众多的样子。

利阳镇考[1]

[清]史　珥

《三国史》"鄱阳"言:历阳山石文理成二十字(原注:语甚怪诞不足……)纪录。而鄱之有历阳名,他书亦未见。惟《晋志》"鄱阳郡"有历陵县,《宋书》载《永初郡国志》"鄱阳郡"有历陵县,何志无观。此则历陵置于孙吴,废于刘宋,疑历陵即历阳,陵阳字相似而讹。必吾鄱境内地,非今之历阳,亦非今江州德安旧为历陵者。而郡邑志皆不载。今郡治东北百里外有历阳镇，宋时彭公大雅、黎公廷瑞之里也。元末于公光，尝结乡勇保聚其间。明初移其城，甓石筑浮梁城，居民遂散。今城址犹存，一面临江，三面环深溪，固一方险要也。名以镇者，意必尝设官守御于此，疑在刘宋废历阳县后。盖吴晋未置浮梁，此地毂绾其口，立以为县，正当要害。及县废镇立，土人遂称镇而县名隐矣。今字或作"丽"作"利"，而语言则皆历音也。聊即所见，表出究心，往迹者折衷焉。

【注】[1]摘录于道光版《鄱阳县志》卷三十二《杂记志·旧事》。题目为今人所加。

瓦屑坝续考[1]

［清］史　珥

鄱地以瓦屑坝得名者，莫著于瓦屑坽。若瓦屑坝、瓦屑墩，则传者盖寡焉。考饶郡城西二十里为尧山（载郡志），峰峦苍秀，泛彭蠡者百里外，隐隐可见，延袤起伏，凡十里许，而总谓之尧山。山在鄱江之北岸，南岸有水，斜出通江，即所谓瓦屑坽是也。自坽而上约十里许为双港，亦在江之北岸。港一也，而双名之，盖江自东南而趋西北，随北折而南，望之若二港然也。港南岸皆萑苇芰荷，无居民。北岸有泽，名青湖，志称青江渡。出口处广不三丈，有桥焉，名双港桥，则居民所有起也。烟火断续，抵于博士湖口之小溪，尽焉。溪右冈名龙王山，上有浮图，卓立水际，舟行者所共知。右二三里为夏漾湖，湖涸潦不常，盖瓦屑坽之对岸矣。双港诸地，随地异名，有为桥头者，为庙前者，为赤墈者，为软樯里者，为王家嘴者，为赵家湾者，为夏家园者，为博士湖者；其姓则有余，有陈，有邹，有杨，有王，有赵，有董，有张，有彭。双港一带，厥土赤埴，旧为陶薮，废兴之详不及核矣。然今姑苏陶人，往往自称其先世为双港旧陶，黄巢乱时，徙避吴地。据此，则瓦屑坝名村，应在五季以后。其屑坚厚近寸，虽历风霜不渤，土中掘出，则有如盆者，如百壶罂者，如瓮者，而罂为多，间有如今宫殿所用琉璃瓦者。其全而为阜,纤而为冈,垒而为路,叠而为墙,倾而为崖,罗而为茔,辟而为基,艺而为圃;或蚴蟉如长虹,或从聚纷纭如蝌蚪,或散布如落花、如鱼鳞。乱甓颓垣,绿杨衰草,久与汉寝唐陵,共凭吊于烟销日落潮平之外。而风雨所剥,波涛所啮,不知凡几年矣。瓦屑固如故也,而所谓瓦屑坽者,正在其对岸之西南间。尝泛舟入其坽口,南溯三里许,犹仍瓦屑之名。濒坽有赤阜,虽烟火寥寥,而废甓颓垣,往往有焉。赤阜西南,又有地曰莲河,周回二十余里,原泽相半,而尽于表恩山。由是观之,今坽之名,应是蒙当年之墩坝以为号,及后墩坝之名渐隐,而坽独传。亦犹《易》《诗》《书》之始,止有施孟梁邱,与齐鲁燕大小夏侯诸家,迨费易毛诗、孔氏书传皆后出,而名独传天下。后起者,每足以掩乎前,大抵然矣。按石虹先生谓彭靖诸大姓,皆由洪武初徙实江淮,而鄱阳一府为多。尝求其故,鄱当元季,保障西南为吴公宏,保障东北有于公光,率先纳土,太祖嘉之,故罹患稍浅,大姓之多,想原于此。而鄱阳称府,则正太祖初取饶时事,意其徙时皆择豪右,如汉募民徙塞下,实关中,必如楚之屈景,齐之诸田,始与其选。则瓦屑坝、瓦屑塞虽不敢遽指是何冈阜,而其东北不越双港,西南不越莲河,断可知也。且其地滨鄱湖,秋水时至,渺无津涯,惟康郎数点矗起波心,计三数十里远近耳。遥忆当年,聚族斯地者,升高而望,亲睹夫真人之栉风沐雨,云蒸龙变于风樯阵马之间,暗奸者诛后夫者凶,而此方独以先机之哲得宁。妇子安耕凿,雕龙啸而风谷生,应龙骧而景云起,欢然乐徙,为兴朝披翦荆棘,驱其狐狸豺狼,以慕义效忠于当时,而垂裕无穷。求诸情事,谁曰不然?彼业堪舆者,乃指余干湖岸微有瓦屑者当之,真微乎者矣。至云曾子避寇所居,夫越之伐鲁,应在并吴之后,则余干已为越地,何至远避千里之外,反入其境内乎?又谓研朱渍蛙,曾子时书为简册,何殊可点矣?何以蛙遂至今色如丹砂,则伏羲画卦台畔,亦将马尽负图乎?术士附会,往往如此。顾鄱有儒堂志载,以子固读书其地得名,地产竹叶作墨点,名曾子竹,云子固洒墨遗迹,则曾子或子固而讹,然渍朱变蛙,洒墨变竹,悠悠之说,是一是二,存而不论可也。乃若瓦屑地将十里,为坝为墩,士人当犹有识其旧号,而珥平日所未及深考者,则王父旧隐犹在青湖,先子抔土,现在尧山,岁必数至,双港诸地,路所经由,尚当访故老而问之。

【注】[1]《瓦屑坝续考》原载湖北省《新洲县志》。史珥在白鹿洞书院求学时，奉老师靖道谟之命详考饶地，探访靖道谟祖籍，著《续瓦屑坝考》。靖道谟（1676—1760），字诚合，号果园，黄冈（今湖北省武汉市新洲区）人，著名学者。清康熙六十年（1721）进士，初选为庶吉士，雍正元年（1723）任云南姚州知府，纂有乾隆版《云南通志》、乾隆版《贵州通志》、乾隆版《湖北下荆南道志》和《黄州府志》。辞官归籍后，曾主讲于鳌山、白鹿洞、江汉等书院。史珥在著作《汇东手谈》里说："湖北诸大族，多言自鄱阳瓦屑坝徙。吾师果园先生家亦然。师尝命访，求得俗所名靖家地者，于今瓦屑泠之南。"近年来，随着移民文化研究的兴起，史珥《瓦屑坝续考》引起了学术界广泛关注。

《余氏重修支谱》序[1]

[清]徐世炳

是岁三月春，予与画初叔、绍说兄同在溪南修家谱。功告成，其邻居余淑谱、淑思、先登等遵宪例，亦欲重辑。庭承持谱来观，盖经数十余年之久，恐蹈昔贤所云"三世不修之弊焉"。予与绍说兄校字，并求一言以弁其首。予稽余氏盖皆出于由余[2]之后，厥后支分族散，各成大家。溪南一派祖居徽邑鼍[3]川，灏公任丽阳镇巡宰，绍兴十年迁于此，迄今丽阳北凌湖尚有古迹坟墓存焉。此固同怀所出，为本支之所急也，由此辨世系，联家谊，使昭与穆罔紊，支与支相连，后之览者皎若日星可矣。至妄附同姓之隆，盛录远代之显达，以为族党光，不惟有悖圣天子颁行之至意，亦于亲祖若宗之义无当耳。兹余氏谨忘登之弊，法欧苏之要，书行书讳，纲目井然，纵传之奕世，谅无不亲其亲，不祖其祖者矣。独计予鄱余氏在明有伯献先生[4]谏南巡疏十上，忠烈详于郡志。且认斋先生[5]慨然以圣贤自期，平生无他嗜好，专心理学，所著自《性书》与夫《经世大训》，斯皆先达可法可传者。高山仰止之思，心犹向待焉，况淑谱为同宗之人也哉。故予序余氏之谱，窃愿特柳玭[6]之言，以相励云。

时大清乾隆四十六年岁次辛丑蒲月上浣穀旦,马田徐世炳顿首拜撰。

【注】[1]摘录于丽阳镇港南村《余氏宗谱》。[2]由余:姬姓(生卒年不详),名由余,字怀忠,春秋时期晋国人。唐叔虞十五世孙,晋鄂侯曾孙。其子孙分别以他的名字为姓氏,形成由姓和余姓。[3]鼍(túo):一种爬行动物,亦称扬子鳄。[4]伯献先生,即余廷瓒(?—1519),字伯献,饶州府鄱阳县(今上饶鄱阳)人。明武宗正德九年(1514)进士,授行人司行人,后升司副。[5]认斋先生,即余祐(1465—1528)。[6]柳玭:唐朝官吏,他告诫其子孙不要依仗门第而骄傲自大。

《张氏宗谱》序

[清]董　谊

张氏,望族也。受姓原于修职[1],功名显于留侯[2],善行敦于公艺[3],精微则理学名贤[4],事迹则宰辅台谏[5]。至高科甲第,阀阅缙绅,特其余耳。

迁鄱之祖,秀辉公生长闽中,少精举业,尤嗜学于相阴阳[6],仪容古朴谦谦可风,语言质直呐呐不出。以汀洲清流土虽可怀而人苦。满揽山川之形胜,爰于利阳之饶坪托处焉,地与黎接壤。

吾乡芳洲前辈后,尊行尧书先生者,长厚慕义,始则代为经画,继旦联为婚姻,虽秀翁睦邻有道,而运筹决算,尧书之力居多。翁六子,幼子克熔,聪明绝伦,久从尧书游于经义文章,力追先生诗句,幽思独造不屑,拾人牙后,语每聚首,必磐桓终日,讨论搜寻奇文共欣赏,疑义相与析,临别犹依依不舍。其笃学有如此者,而精心苦志,尤在仰观天象,俯察地理,家学渊源可知也。其子翼云读书,稽古立身,制行肖厥考而颖悟过之。性谦虚,寡言笑,有少年老成之概,循循规矩亦孺子可教也欤? 一门之内,秀者读,鲁者耕,经商通贿,不出四民之外,真所谓难能而可贵者。至数世不分永昭雍睦,非深礼祖宗之遗意而能少成若性哉? 尧书先生序其谱,原原委委,灿如日星。授稿于予,且命予序。噫! 先生序明且悉矣,予复何序? 于以秀翁之为人,与其后嗣之行,谊撮举以并其首,使知尊祖敬宗,重实行非关虚文也。克熔,尧书先生之侄婿,有大志,未遂而殂,子翼云先生以重侄女字之,当就予学焉。

大清道光壬午年五月,年家同学弟董谊拜撰。

【注】[1]修职:挥公,即张挥,号天禄,少昊的第五子,与颛顼同为轩辕黄帝的嫡孙,是古代重要武器弓矢的发明者,被拜为弓正,职掌弓矢制造,也称弓长(掌管弓箭的官职)。黄帝赐挥公张姓于清阳(今河北清河),故中华张姓始祖为挥公,祖根在清河。[2]留侯:张良(?—前186),字子房,秦末汉初杰出谋臣,西汉开国功臣,与韩信、萧何并称"汉初三杰"。他帮助汉王刘邦赢得楚汉之争,建立大汉王朝,被封为"留侯"。[3]公艺:张公艺(577—676),寿星,中国历史上治家有方的典范,著有《百忍歌》。[4]理学名贤,指张载、张栻。此二人均为理学名家。张载详见前注;张栻(1133—1180),字敬夫,又字乐斋,号南轩,南宋汉州绵竹(今四川绵竹)人,右相张浚之子,谥"宣",后世称张宣公,学者称南轩先生,南宋初期学者、教育家。南宋孝宗乾道元年(1165),主管岳麓书院教事,从学者达数千人,初步奠定了湖湘学派的规模,成为一代学宗;南宋理宗淳祐元年(1241)从祀孔庙。[5]宰辅台谏:唐名相张九龄、宋名相张浚。张九龄(673/678—740),字子寿,号博物,韶州曲江(今广东韶关)人。张浚(1097—1164),字德远,汉州绵竹(今四川绵竹)人,世称紫岩先生。[6]相阴阳:擅长星相、占卜。

吴昌瑞公墓志铭[1]

[清]汪升英

公姓吴讳弘澂,字昌瑞,族著海阳。唐左台监察御史少微公三十九世孙,先十一世琇公今本邑迁居金竺,至宋淳熙丁未,进士枢密格公、仲子易公,是为迁良安之始。前明万历间,公曾祖正学公,游学鄱阳,慕其山川之胜,遂家焉。书香接衍,奕叶绵延。叙厥门楣,兆自宋朝之礼乐;谱其氏牒,实出唐代之衣冠。远仰勋贤,振簪缨于渤海;近传懋绩,蕴诗书于松萝。柏墩之树,葱菁英风长在;

金竺之箭,耸秀芳泽犹留。世居良安之街,游学鄱阳之水。可耕可读,因奇秀而寓家;而炽而昌,遂殷阜而成业。公则生而纯孝,性本仁亲,尊人太翁。蔼蔼端良,为乡邦之矜式;温温真挚,洵侪偶之周行。初娶太安人,曾传内助之声,敦诗说礼;继娶太安人,聿修宜家之颂,咏菊鸣莪。公甫届胜,衣年未跻乎象勺;遽伤失怙,事母切凛乎冰霜。轧轧机声,以事父者而事母;依依月影,以触目者触心。有兄既产于前慈,埙篪叶响;而公乃毓于后妣,金石联音。所以敦伦饬纪之仪,禔躬独善;矩步绳趋之则,将母尤纯。方逾丱[2]角之年,绝无童稚之俗。动贤人之誉,望嘉其练达而端方;极儒者之治,生暂辞缥缃而货殖。恢鸿基而创业,展伟略以垂模。然诺无欺,交游不苟。笃爱犹子,既婚娶以及时;致念周亲,复殷勤而循礼。解纷拯困,周恤抚危。隆师之礼必诚,报本之念弥切。曩归桑梓,聚族论心。旋返芝城,临岐握手。仅多公之媺德,不尽余之揄扬。恭逢天家之隆恩,褒锡节孝;窃喜大母之旌奖,特叨殊荣。公之元配程安人,伊洛峨宗,醇儒文胄。早读采蘩。夫子仅生一女,旋驾三山。淑配曹安人,推七步之家声,媲三从之妇德。维蚕有续修,克勤于家风;维蟹有筐立,克俭于身世。凛盘匜于堂上,叶琴瑟于室中。程安人一女,单秀于笄帏;曹安人五男,二媛于瑶砌。咸为令器,可卜奕世之其昌;尽属奇英,信斯门之必大。凡兰荪之蔚起,知鸑鷟[3]之高骞。铭曰:

番山之巅,番脉蜿蜒。一气流行,直接练川。宛彼君子,裔系勋贤。维德称足,维行足传。葆真完粹,乐善夫全。俪德有妇,继室昭宣。燕山五桂。兰萼香绵。纳石幽宅,表著千年。

赐进士出身年家姻教弟汪升英拜撰。

【注】[1]摘录于丽阳镇《左台吴氏宗谱》。[2]丱(guàn):形容儿童束发成两角的样子。[3]鷟(zhuó):鸑鷟,一说为凤凰的别称。

《重修方氏宗谱》序

［民国］方礼清

人生之关系莫重于谱牒，有谱牒亲疏得以分，长幼得以序，坟墓得以志，生殁得以明，上而政府，下而民族，俱不可少也。我方氏受姓始自方雷公，郡望于方叔[1]，其后汉有绂公，晋有干公，唐有圭公，宋有迁浮廷实公，皆名乡巨宦，备载家乘，班班可考，毋庸详述焉。兹将我饶坪支祖而称道之，元末行七十二世祖普二公，见此地山清水秀，龙正地灵，因此而居之，是为饶坪之始祖，奈有干无枝，单传十一代至八十三世祖荣一公，承祖宗在天之灵，得生五子，于是后世，亦皆硕彦[2]名儒，秉心正直，以下子孙振振，人稠派广，不暇枚举。然我饶坪族谱二十年一修，祖例相承今一十有六，谓非修之不速欤！其间有大意存焉，修谱之法以无讹为宗旨，至今文人凋谢，精于斯者仅有国光一人，倘若不修，年湮日远，漫无所考，几不至黄口孺子而齿反，居尊苍然老叟而序反，居末之弊也。是以族众相商，此事不可延慢，观国光前已纂修二届，今又公举，谅必无辞，于是聘请梓师，约于本年八月初三开盘，并举义修，礼燃、礼清、礼志等共商其事，以好俟后有人书云，使先知觉后知盖此意也。所以当局者勤，勤非懈，凡以图像文言生殁名讳一及事项，悉遵前人成法，并不妄加臆断[3]。从此以往，愿我宗人，各亲其亲，各表其表，谨守族规，无蹈法外，务农者耕一余三，为士者才贯中外，斯无负我同人之志，昔今已梓成稿付，因以为序。

中华民国三十六年岁次丁亥吉旦，饶坪裔孙义修，礼燃、礼清、礼志等谨撰。

【注】[1]方叔：周宣王时贤臣。[2]硕彦：指才智杰出的学者。[3]臆断：主观地判断。

第三节　现当代文选

《黑鞑事略》跋[1]

［民国］王国维

此书后有嘉熙丁酉永嘉徐霆长孺跋云："霆初归自草地,尝编叙其风土习俗。及至鄂渚,与前纲书状官彭大雅解后,各出所撰,以相参考,亦无大辽绝,遂用所著者为定本,间有不同,则霆复疏于下方"云云。今书中顶格书者,大雅原书;其低一字者,长孺所疏也。

长孺随使蒙古,在宋理宗端平初年,当蒙古窝阔台汗之七八年。本书云:"霆至草地时,立金帐,想是以本朝皇帝亲遣使臣来,故立之以示壮观。前纲邹奉使至不曾立,后纲程大使、更后纲周奉使至皆不立。"考《宋史·理宗纪》,绍定五年(壬辰)十二月,大元再遣使,议攻金,史嵩之以邹伸之报谢。端平元年(甲午)十二月已卯,大元遣王檝来。辛卯,遣邹伸之、李复礼、乔士安、刘溥报谢。二年(乙未)正月,以御前宁淮军统制、借和州防御使程芾为大元通好使,从义郎王全副之。嘉熙二年(戊戌)三月己丑,命将作监周次说为大元通好使。本书所谓邹奉使即邹伸之,程大使即程芾,周奉使即周次说。是长孺随使当在邹伸之之后,程芾之前,而邹、程奉命使北相距才一月,中间未必更遣他使。本书所谓前纲邹奉使至时不立金帐者,疑谓伸之壬辰初使时事,而长孺则与于伸之再使之役。盖伸之初使实衔史嵩之命,而再使时则奉朝命,故曰"霆至草地时立金恨,想是以本朝皇帝亲遣使臣来",可互证也。

故伸之再使,虽奉命于甲午十二月,然其至草地已在丙申之夏。本书云:"霆在燕京,见差胡丞相来,黥货更可畏,下至教学行及乞儿行,亦出银作差发"

云云。考《皇元圣武亲征录》，甲午（大宗七年），遣忽都忽主治汉民。乙未夏，忽都忽籍到汉民一百一十一万有奇。《元史·耶律楚材传》亦纪其事，则云"丙申七月，忽都虎以民籍至"云云，视《亲征录》差后一年。案"忽都忽""忽都虎"，《元史·太宗纪》亦作"胡土虎"，本书"胡丞相"即谓此人。其至燕京定差发，当在乙未、丙申间，而长孺适以是时留燕，则亦当在乙、丙间矣。后至草地住月余，其回程宿野狐岭在七月十五日，则其至草地时正当盛夏。

又跋中称彭大雅为前纲书状官，则大雅当在邹伸之壬辰一行中。大雅后为四川制置副使，以贪黩获咎。《宋季三朝政要》（二）："嘉熙四年，彭大雅使北。"是大雅于此书成后又膺专对之命。又《宋史》多记大雅获罪事，而《政要》则颇称大雅守蜀之功，云："彭大雅守重庆时，蜀已残破，大雅披荆棘，冒矢石，竟筑重庆城，以御利阆，蔽夔峡，属蜀之根柢，自此支吾二十年，大雅之功也。然取办迫促，人多怨之。其筑重庆也，委幕僚属记，不惬意，乃自作之曰：'某年月日，守臣彭大雅筑此为国西门，谒武侯庙，自为祝文。'云云。其文老成简健，闻者莫不服之。后不幸遭败而卒，蜀人怀其思，为之立庙。"故其为此书，叙述简该，足征战国之识。长孺所补，亦颇得事实。蒙古开创时，史料最少，此书所贡献，当不在《秘史》《亲征录》之下也。

乙丑十二月，海宁王国维。

【注】[1]摘录于王国维撰《黑鞑事略笺证》。

袁本《郡斋读书志》后记[1]

［民国］张元济

此为宋淳祐袁州刊本，故宫博物院图书馆所藏，盖沉埋者六百余年矣。按晁《志》，今行世者有衢本、袁本之别。公武原《志》既刊于蜀，其后蜀中别行姚应续编二十卷本，有所增益。淳祐己酉，南充游钧传刻姚本于信安郡，是为衢本。番阳黎安朝于原《志》四卷之后，录赵希弁藏书为《附志》，录衢本姚氏所增为《后志》，增订《考异》，后一年庚戌合刊于宜春郡，是为袁本，即此刻也。康熙末叶，海宁陈师曾得旧钞袁本刊传之，晁《志》始行于今世。《四库》据以著录，其书久佚无征，馆臣莫能论定。《提要》泥于马氏《经籍考》，反复未得其说，则以误目陈刻错简为残阙，未省马氏所采为蜀本也。迨嘉庆间，瞿中溶得不全旧钞衢本，汪阆源刻家塾旧钞衢本，一时矜为秘笈。瞿氏撰《衢本考辩》一文，倡为两本优劣之论。钱大昕《十驾斋养新录》、阮元《进书录》、钱泰吉《曝书杂记》各有载笔，乃至近人王先谦莫不推波助澜，附和瞿说。或病袁《志》子部脱佚五类，而疑《后志》非赵氏原书，或夸衢本收书多几及倍，而目袁《志》四卷为不全初稿，或误马《考》舍袁取衢，引为两本优劣之判。尝属余友姜子佐禹，即众说以稽求，往往不合事实，盖皆《提要》"衢本不可复见，袁本亦非尽旧文"之语，有以误之。百年朴学之品题，举世盲从而不察，衢本显而袁本晦，是非之倒置久矣。

今按宋椠袁本卷三第十五叶起至三十四叶止，即为陈刻见于《后志·释书类》错入之书。陈氏失于校订，馆臣未能举正。原书固门类悉合，未尝残阙也。衢本二十卷，收书千四百六十一部。袁本卷一至四，凡千三十三部，摘自衢本之《后志》又四百三十五部，合两志以并计，袁、衢相抵，袁多于衢者且七，更未尝有衢本多几及倍之事也。

公武四卷之书，《宋史·艺文志》、王应麟《玉海》并见著录，所志皆南阳井氏书。袁本杜序有曰："先生校井氏书，为《读书志》四卷。"黎序亦曰："昭德先生《读书志》四卷，盖所录南阳井氏藏书也。"公武序原文亦自言"故家多书，兵火之后，尺素不存"，但谓南阳井公所托，不云晁氏有旧藏也。姚氏所编，削杜序而窜自序，改南阳井公为南阳公，故直斋著录是书，有"南阳公未知何人，或云井度宪孟也"之语。观赵希弁《后志》序，知姚编序且伪托，其书真赝难定。是希弁当日所不敢信彼二十卷为公武续笔者，今数百年后，反可疑此四卷为不全初稿乎？马氏《经籍考》"读书志"条，全录《直斋书录》原文，末有"未详"二字。"未详"云者，未详南阳公之果为井度否也。窃谓马氏所见者，非袁本抑亦非衢本而为蜀本。何以言之？袁本杜、晁、黎三序，均著井氏字，马氏果见，何云"未详"？

《提要》称：袁本所有，衢本所遗，如《晋公谈录》《六祖坛经》之类，《经籍考》

实并引晁说,谓为马氏兼采袁本。余按:衢遗二十九种,《经籍考》引晁说者,惟此二书。是二书者,袁本两见《晋公谈录》,杂史类作三卷,小说类作一卷;《六祖坛经》一作三卷,惠昕撰;一作二卷,慧能撰;《志》文亦各异其说。衢所遗者,皆其第二种;《经籍考》所引晁说,乃衢本未遗之第一种。馆臣钩核偶疏,并非兼采袁本也。簿录重目不重文,袁本赵氏《附志》岂果无书可采?谓《志》文,袁略于衢,马氏并赵《志》而弃之,有是理乎?是皆马氏未见袁本之显证,此前人衢、袁优劣,陈、马取舍之说之不足信也。陈、马盖世收藏,插架必重旧本。衢本源出于蜀,所摭宁非蜀本?以时代考之,厉鹗《宋诗纪事》载,直斋端平中已守郡嘉兴,淳祐己、庚两刻出板,已当陈氏晚岁,未必据新刻而始著于录也。马氏悉本陈说,益可证所摭之无与于衢、袁也。抑余更有进者,《附志》不登马《考》,其书久佚可知。陈刻出而始传,当时岂非瑰宝?前人谓衢书多于袁,实则此《附志》诸书,皆袁多于衢。黄荛翁序,汪刻衢本不及袁本,褒贬最为有识。顾千里跋衢本《考辨》,讥汪本《小学类》中有不可通者,当画分六段,其更定次序,与此本前后志合者,殆十有七八。陆心源《仪顾堂集》,衢本《郡斋读书志》第三跋,举汪本误改杨补之为晁补之,斥其不如不刻。然则,袁本舛驳棼乱之名,且可移赠衢本矣。

　　袁本《志》分目别存井书四卷之旧,附赵氏三世所藏,而不没姚氏增收之实。撰录传刻,源流井并,非衢本所及。私窃以为袁本出而衢本可废矣。古书之可贵,从未有不贵其最初之原本,而反贵其后人改编之本者。余夙为袁本怀不平,今获见宋刻,更足正陈本错简之讹。因缀一言,以就正于世之嗜读是书者。

　　民国纪元二十年元旦,海盐张元济。

【注】[1]摘录于台湾商务印书馆影印四部善本丛刊袁本《郡斋读书志》。

彭大雅事绩考辨[1]

[当代] 董其祥

南宋末年的抗击蒙古战争中，四川制置副使彭大雅筑重庆城，作为西蜀根本，"支持西蜀且年"[2]，当时论者与余玠并提，在历史上有着重要地位。但《宋史》不为他立传，致使彭大雅的声名不传于后；私家笔记和地方志虽间有记载，然语焉不详，讹误时出，不足以传信。为此，作《彭大雅事绩考辨》，以补史籍之缺，并就正于博学通人。

一、彭大雅生平简历

彭大雅的生年籍贯、履历、官阶等在《宋史》中不见记载，见于地方志者，多有抵牾。现就所见材料，引述并考辨于后。

（1）雍正版《江西通志》卷八十八《人物》："彭大雅，字子文，鄱阳人。进士，官朝请郎，出为四川制置副使，甚有威名。嘉熙四年使北。淳祐三年守重庆，时蜀地残破，大雅披荆棘，冒矢石，筑重庆城，以御利阆，蔽夔峡，为蜀根柢，人德之，为立庙。卒，谥忠烈。"（《豫章书》）

据《宋史·理宗本纪》《余玠传》和《续通鉴》等记载，彭大雅"淳祐三年守重庆"实误。淳祐三年（1243）守重庆者为余玠。彭大雅于嘉熙四年（1240）三月，因筑重庆城，"获罪""削三秩"罢官；次年，又诏"除名，赣州居住"，成为一位削秩的罪人，哪能再在"淳祐三年守重庆"呢？

（2）同治版《鄱阳县志》卷十《人物》："彭大雅，字子文。祖汝执，汝砺从昆弟也。嘉定甲戌进士，官朝请郎。出为四川制置副使，甚有威名。嘉熙四年，使北。淳祐三年，守重庆。时蜀地残破，大雅披荆棘，冒矢石，筑重庆城，以御利阆，蔽夔峡，为蜀根柢，自此支吾二十年，大雅之功也。蜀人德之，为立庙祀焉。淳祐十二年追谥中烈。孙，克绍，博学能诗，有《学余稿》。"（《豫章书》）《鄱阳县志》同引《豫章书》，记叙彭大雅事最为详尽。《豫章书》未见著录，不知何人所撰，大约明以前地方性质的著述。记述中除"淳祐三年守重庆"一事失实外，其余大率可信。据此可知,彭为江西鄱阳人,字子文,其祖名汝执,为汝砺从昆弟。彭汝砺,《宋史》卷三百四十六有传。治平初举进士,神宗时为监察御史,元祐中迁中书舍人,进权吏部尚书。其弟汝霖、汝方俱有名于时。大雅为其从孙辈,出身仕宦名家,禀受家学熏陶,壮年举嘉定甲戌(1214)进士,官朝请郎。朝请郎为唐宋时在朝的闲散官,皇帝上朝时参与朝请。后出任四川制置副使,适蒙古军入蜀,四川为之残破,大雅筑重庆城,建立防御蒙古的基地。彭大雅曾奉命出使蒙古,有威名。淳祐十二年(1252)追谥"忠烈",可知大雅死于是年之前。其孙克绍,著有《学余稿》,未见著录。

(3)嘉庆版《四川通志·职官·潼川府》:"彭大雅,《旧通志》:嘉祐初进士,淳祐末为东川制置副使,筑城,守御有功。按:《旧通志》,不知本于何书。今姑仍之。但宋之东川,非重庆也,故归潼川。"

嘉庆版《四川通志》记彭大雅事简略、疏漏,且错误百出,简正如下。

①"嘉祐初进士"。按:"嘉祐"为北宋仁宗(赵祯)年号,共八年,即1056—1063年,下距彭大雅活动的嘉熙(1237—1240)、淳祐(1241—1252)180多年,当然彭大雅不会是"嘉祐"初进士,显然是"嘉定"之误。嘉定共17年,彭大雅为嘉定甲戌(1214)进士。甲戌为嘉定七年,说"嘉定初"应无大谬。

②"淳祐末为东川制置副使"。这条有大错误。一是年代,二是职守。先说年代。"淳祐"为赵理宗(赵昀)年号,共12年,即1241—1252年。据记载,"淳祐二年(1242)十二月丙寅,以工部侍郎、四川宣谕使余玠权兵部侍郎、四川安抚制置使兼知重庆府"[3],直至宝祐元年(1253)余玠卸任四川安抚制置使期内,并无副使设置。彭大雅任四川制置副使,于嘉熙四年(1240)三月削三秩罢官,如何能在淳祐末"任副使"呢?再说彭的职守,所谓"东川制置副使",南宋无"东川制置副使"的建制。《宋史·地理志》载:"潼川府,紧,梓潼郡,剑南东川节度。本梓州。乾德四年,改静戎军,置东关县。大平兴国中,改安静军。端拱二年,为东川;元丰三年,复加'剑南'二字。重和元年,升为府。"后以府制行使政权,直至南宋末年,更无"东川制置使"的建制。彭大雅也无任"东川制置副使"的记载。

③《通志》按语，把彭大雅事迹"移归潼川府"，更属荒唐之至。据有关记载，彭大雅"筑重庆城"，或云"城渝"，未见有城"潼川"或"东川"的记载，志书之不可轻信，有如此者。

(4)民国时《巴县志》卷九《官师》引宋邵桂子《雪舟脞语》记载："彭大雅，嘉熙初进士，后知重庆府，大兴筑城，僚属更谏不从。大雅：'不把钱做钱看，不把人做人看，无不可筑之理。'彭大雅筑此城，为西蜀根本。其后，蜀之流离者多归焉，真西蜀根本也。"邵桂子，字玄同，严陵人，生值宋末元初。按《巴县志》引文有"嘉熙初进士"系引者臆加，原文并无此五字。据王国维《〈黑鞑事略〉跋》云："此书后有嘉熙丁酉永嘉徐霆长孺跋云：霆初归自草地，尝编叙其风土习俗。及至鄂渚，与前纲书状官彭大雅解后，各出所撰以相参考。……彭大雅为前纲书状官，则大雅当在邹伸之壬辰一行中。"王国维考证彭大雅在1232年随邹伸之出使蒙古，做书状官，著有《黑鞑事略》一书。嘉熙丁酉(1237)在鄂渚(今湖北武昌)与徐霆相遇，各出所记，卒以彭大雅所记为定本；徐霆所记各疏于下，即传世的《黑鞑事略》。由此足知，彭大雅早在嘉熙初年即已是进士，跻身吏林，随使北行，并入荆湖大吏的幕府，故彭举进士之年，应按《豫章书》定为嘉定甲戌，即嘉定七年，1214年为是。

二、彭大雅使北

近人张政烺有《彭大雅事辑》一文，刊载于《国学季刊》第6卷第4期，称彭为"智周兵略，洞察鞑情，刚毅坚忍，果敢有为"的"英雄豪杰之士"[4]。就"洞察鞑情"而言，或是指曾出使蒙古，与蒙古王公折冲樽俎之间，联盟攻金，取得一定的成果。征途中记所见闻，著有《黑鞑事略》一书，详记蒙古初期风土习俗及战阵、粮秣等等甚详，其后徐霆复就所闻，逐条分疏于下，当时是一部了解"鞑情"的详备资料书。

彭大雅奉使北征，据王国维考证，"当在邹伸之壬辰一行中"，即绍定五年(1232)。据《续通鉴》卷一百六十六云，绍定五年十二月辛卯，"蒙古遣王檝来议夹攻金人，京湖安抚制置使史嵩之以闻。帝令嵩之报使，嵩之乃遣邹伸之往报蒙古，许俟成功，以河南地来归"。彭大雅奉使，当在此行中。继后端平元年

（1234）蒙古、宋联兵灭金;随即破盟,阔端引军入蜀,蒙古与宋的战争开始。不出两年,蒙古攻陷四川三路50余州县,所存者唯夔州一路而已。彭大雅所记《黑鞑事略》一书,足以成为当时四川设防抵御蒙古的重要敌情资料。

诚如王国维《〈黑鞑事略〉跋》语所云:"此书叙述简该,足征觇国之识……蒙古开创时,史料最少,此书所贡献,当不在《秘史》《亲征录》之下也。"其记叙蒙古军制和"阵法"有云:

"其军,即民之年十五以上者,有骑士而无步卒,人二三骑或六七骑谓之一纠。武酋、健奴自鸠为伍,专在主将之左右,谓之八都鲁军。曩攻河西女真诸国,驱其人而攻其城。""其阵,利野战,不见利不进。动静之间,知敌强弱。百骑不挠,可裹万众;千骑分张,可监百里。摧坚陷阵,全藉前锋;祗革当先,例十之三。凡遇敌阵,则三三五五四五,断不簇聚为敌所包;大率步宜整,而骑宜分,敌分亦分,敌合亦合。故其骑突也,或远或近,或多或少,或聚或散,或出或没,来如天坠,去如雷逝,谓之'鸦兵撒星阵'。其合而分,视马棰之所向。其分而合,听姑诡之声以自为号。自迩而远,俄顷千里。其夜聚,则望燎烟而知其所战。""其破敌,则登高眺远,先审地势,察敌情伪、专务乘乱。故交锋之始,每以骑队轻突敌阵,一种才动,则不论众寡,长驱直入。敌虽十万,亦不能支。"战争是敌我双方力量的对比,只有"知己知彼",才能"百战不殆";只有洞察敌情,才能克敌制胜,立于不败之地。彭大雅奉使北征,对敌情做了周密的调查研究,为日后开府重庆、筹建山城防御体系提供了极为重要的战备材料。

又《宋季三朝政要》记载:"嘉熙四年,彭大雅使北。"《豫章书》亦云:"嘉熙四年,使北。"应当说嘉熙四年,彭大雅又一次使北。故王国维说"是大雅于此书(即《黑鞑事略》)成后,又膺专对之命",再次出使蒙古。《续通鉴》记载:"嘉熙四年四月辛卯,蒙古复使王檝来。檝前后凡五至,以和议未决,隐忧致疾卒,遣使归其枢于蒙古。"或许彭大雅即参与此行,再度出使蒙古。但据《宋史·理宗本纪》记载:"嘉熙四年三月辛未,诏四川安抚制置副使彭大雅削三秩……"彭于本年初,筑重庆城,取办迫促,急切完成任务,在同僚中积怨甚多,遭到言官弹劾。三月以"贪黩"获罪,受了降秩处分[5],似乎在此期间,不可能再膺专对之命,奉使北征。或许记载年代有误,录此俟考。

三、彭大雅筑重庆城

清顾祖禹《读史方舆纪要》卷六十九《重庆府》:

"府会川蜀之众水,控瞿唐之上游,临驭蛮僰,地形险要。春秋时,巴人据此,常与强楚争衡。秦得其地,而谋楚之道愈多矣。公孙述之据蜀也,遣将从阆中下江州,东据扞关;光武使岑彭讨述,自江州而进。先主初入蜀,亦自江州而北……从来由江道伐蜀者,未尝不急图江州。江州,咽喉重地也。……彭大雅帅蜀,兼知重庆府。时巴蜀残破,大雅急城重庆以御利、阆,蔽夔峡,为蜀之根柢,狡悍如蒙古,且夕不能以得志也,岂非地有所必争欤。"

重庆地处嘉陵江、长江交汇处,在两江之间,形如半岛,其最狭处仅有二百米左右,地名鹅项颈;中部巴山隆起,三面环江。周代,巴子依山筑城,沿江为池,天造地设,地势十分险要。自古以来,重庆就是兵家必争之地。彭大雅选择重庆作为抵御蒙古的据点,是经过详细调查和周密考虑的。当时朝野上下有许多反对意见,而彭大雅坚持己见,力主"城渝"为西蜀根本,可见其远见卓识。

先是,蒙古军曾于端平三年(1236)、嘉熙三年(1239)两次大举入蜀,四川州县大都受到摧残和破坏。据宋人统计,这两次战役,四川"五十四州俱陷破,独夔州一路,及泸、果、合,数州仅存"[6]。成都两次失陷,早已失掉防御指挥中心的地位。重庆虽正被蒙古兵攻打,但始终没有被攻陷。在"城成都"和"城重庆"的问题上,彭大雅与四川制置使陈隆之意见并不一致[7],经孟珙调停以后,只得各行其是,各以成都、重庆分别设防。事实证明,能作为南宋在长江上游的屏障达40年之久的仍然是重庆。

彭大雅筑渝城的事迹,宋元人私家笔记多有记载,现移录如下。《宋季三朝政要》:

> 淳祐三年……刘晋之言:"蜀当置阃重庆。彭大雅守重庆时,蜀已残破,大雅披荆棘,冒矢石,竟筑重庆城以御利阆,蔽夔峡,为蜀之根柢。自此支吾二十年,大雅之功也。然取办促迫,人多怨之。……朝廷用余玠、彭大雅。余玠……蜀十年,有经理功;大雅亦有劳绩。"

宋罗志仁撰《姑苏笔记》：

> 彭大雅子文帅蜀，筑重庆城。幕客门士各撰记颂，俱不当其意。子文自记十七字云："大宋嘉熙庚子制臣彭大雅城渝为蜀根本。"大书深刻之，诸人叹服。子文以布衣位至方伯连帅，功名震烁，其胸次亦不凡矣。

按：作者生平无考，成书年代当在宋末元初。

元吴莱撰《三朝野史》：

> 彭大雅知重庆，大兴城筑。僚属谏不从。彭曰："不把钱做钱看，不把人做人看，无不可筑之理。"既而城成，僚属乃请立碑以记之，大雅以为不必；但立四大石于四门之上，大书曰："某年某月彭大雅筑此城，为西蜀根本。"其后蜀之流离者见归焉。蜀亡，城犹无恙，真西蜀根本也。

按：作者吴莱，字立夫，延祐间举进士不第，隐居山中，著述以终。

《雪舟脞语》，宋邵桂子撰，其文字与《三朝野史》同，略。

按：作者邵桂子，淳安人。登咸淳进士，任处州教授。著有《雪舟脞语》。

《通鉴》卷一百四十六胡三省注：

> "我朝绍定失蜀，彭大雅城渝，为制府，支持西蜀且四十年。"

从以上这些材料来看，彭大雅筑重庆城为嘉熙庚子（1240），正值蒙古军大举入蜀，四川州县残破达三分之二之后；是年春，蒙古军又由涪州修浮梁过江退出四川。大雅在荒残之余，抢筑重庆城，亲自"披荆棘，冒矢石"重建城防工程，"取办促迫，人多怨之。僚属谏不从"。彭竟说："不把钱做钱看，不把人做人看，无不可筑之理。"他坚信"筑此城，为西蜀根本"，可以屏障长江上游，卫护南宋王朝。大约经过两个月的工期，周十余里、开四门的重庆城终于筑成。"蜀亡，城犹无恙。"元代还沿用此城，直至元末，明玉珍红巾军入川，还说："其城蜀根本也，故元攻之四十三年。"[8]可以想见，彭大雅所筑的城墙是多么坚固。

古代城墙大都是土城，用土夯筑而成，经过岁月的流逝、风雨的侵蚀，就会逐渐崩坍，不能起到防御作用。故古代兴替之际，多有重新筑城之举。彭大雅所筑的重庆城,现已无遗迹可考。但据王尔鉴《巴县志》记载:"明洪武初指挥戴鼎因旧址砌石城,高十丈,周二千六百六十丈七尺,环江为池,门十七,九开八闭,象九宫八卦。"《读史方舆纪要》卷六十九《江州城》引《郡邑考》云:"今郡城堑岩为垒,环江为池,相传李严故址,有城门十七,俗以为九宫八卦之象。城今周十六里有奇。"又嘉庆重修《一统志》卷三百八十七《重庆府》:"周十二里六分,门十七……明洪武初,因旧址甃石。"既云"因旧址砌石城",则这个旧址就是宋元城的旧址。说明明城墙是在宋元古城的基础上,砌石重建,因此可知彭大雅所筑的不是石城,而是土城。土城需要夯筑,故云"大兴城筑",石城为砌、为甃,自然与宋元土城有别。古代筑城是一项艰苦的工程。秦筑长城,孟姜女的故事流传后世,后又引发陈胜吴广起义,秦帝国因而崩溃;彭大雅筑重庆城,不为同僚属吏所容,取怨于民,终为彭获咎之由。据杜佑《通典》所载:"凡筑城,下阔与高倍,上阔与下倍。城高五丈,下阔二丈五尺,上阔一丈二尺五寸,高下阔狭,以此为准。料功:上阔加下阔,得三丈七尺五寸,半之,得一丈八尺七寸五分;以高五丈乘之,一尺之城,积数得九十三丈七尺五寸。每一功,日筑土二尺,计功约四十七人。一步五尺之城,计役二百三十五人;一百步,计功二万三千五百人;三百步,计功七万五百人。率一里,则十里可知。其出土负篑,并计之大功之内。"重庆古城周长在 12—16 里,高十丈,用功量当为五丈之城的两倍。即筑一里之城,就需功 4.7 万人;以十里周长计,则需功 47 万人。宋代元丰年间,重庆所辖仅有 42 080 户,南宋略有增加。如以五万户计,每户五口,仅 25 万人,老幼妇女除外,能出工筑城者,不过五万人。要完成将近 50 万人工程量,每日上万人出工,也需要两个月的工期。后勤杂务人员还不在其内。如此艰巨的工程,无怪"人多怨之"。正如商鞅所说"民不可与虑始,而可与乐成",彭大雅敢犯众怒,抢筑重庆城,"城成,为西蜀根本,其后蜀之流离者多归焉"。蜀人德之,为立庙祀。千秋功罪,留给后人评说。

彭大雅在筑重庆城的同时,还派遣部将甘闰到合州,筑钓鱼山寨。元无名氏《钓鱼城记》云:"宋高宗南渡之后,北兵益炽。彭大雅奉命入蜀,令郡县图险保民。大尉甘闰至州,观此山形势可以据守,故城之。"[9]是为合州钓鱼山筑城之始。其后余玠镇蜀,采纳冉琎、冉璞之议,徙合州治于钓鱼城,屯兵积粮,与重庆城互为掎角之势,抵御蒙古军达 36 年,创造了中外战争史上的奇迹。

彭大雅又派人联络播州少数民族起兵赴援,屯兵江南,牵制蒙古兵力。据《杨氏家传》称:"嘉熙初,制置使彭大雅镇渝,檄价赴援,价督万兵屯江南,通蜀声势,北兵不敢犯。"[10]可以说,在南宋末年四川抗击蒙古的战争中,山城防御系统的建立,彭大雅实有首倡规划之功;余玠、王坚、张珏等继踵前规,其历史功勋同样是不可磨灭的。

四、彭大雅的罢黜

宋代是一个积弱不振的朝代,宋理宗更是一位固守程朱理学、昏庸懦弱的君主。在其统治期,举朝上下,文恬武嬉,对外屈膝投降,对内残酷镇压,士大夫清谈误国,毁誉失所。正如吴泳奏疏《论坏蜀四证》中所说:"誉一人也,则游物拂拭,虽有偾军失地之过,而曲为掩覆。毁一人也,则訾短詈谪,虽有救民保境之功,而终加沮抑……士大夫之阿附曲谄者,往往奖不肖而尊愚,此议论不一坏蜀也。"[11]宋代重文轻武,对武人横加抑制。皇帝深处庙堂,对战场军事部署强加干涉;文人高谈阔论,昧于形势稍有失利,即纷纷交章弹劾,致使是非颠倒、功过不分。有功者不奖,反而以"莫须有"的罪名,遭到罢黜和诛戮。岳飞、韩世忠、彭大雅、余玠、王坚都不得申其志,而有识之士为之寒心。

彭大雅是一位有胆有识、性格豪爽、心胸开阔的大有作为的人才。他少怀大志,有济世才,善文辞,人品和素质是十分可贵的。

他胆识过人,能通权达变。他曾两度出使蒙古,将生死置之度外,与骄横不可一世的蒙古贵族王公折冲樽俎之间:批逆鳞、捋虎须、不辱君命,为宋朝争一席之地;联蒙古灭金,雪靖康之耻,还河南地。他如不具备过人的胆识、超人的机智,怎能担此重任,振奋南宋臣民的志气呢?他既勇于承担重任,又有不居功的美德,深为僚属折服。在筑重庆城一事上,开始"僚属更谏不从,彭曰:不把钱做钱看,不把人做人看,无不可筑之理。既而城成,僚属乃请立碑以纪之。大雅以为不必,但立四大石于四门之上,大书曰:某年某月彭大雅筑此城,为西蜀根本"。当初讨论筑城之议,上下议论纷纷,安于固常,畏难苟安,彭大雅力排众议,独以身任之,亲自披荆棘、冒矢石,完成筑城任务。既而城成,歌功颂德者接踵而至,大雅以为不必,但记岁月、姓名而已。有如此视功名富贵如浮云的胸怀,才能担当重任,成大事业。

他不随俗浮沉,阿世取容。《宋季三朝政要》记载:"(大雅)谒武侯祠,自为祝文曰:大国之卿,不拜小国之大夫。今大雅拜矣,非拜公也,拜公之八阵图,公之《出师表》也。其落落大方不同流俗有如此者。"

然而,没落的南宋王朝和混浊酗醉的环境,哪能容得下如此不羁之才? 当重庆城竣工之日,即彭大雅获罪削秩之时。

《宋史·理宗纪》:"(嘉熙四年)三月辛未,诏四川安抚制置副使彭大雅削三秩……夏四月壬寅,前潼川运判吴申(或作'甲')进对,因论蜀事,为上言:'郑损弃边郡不守,桂如渊启溃卒为乱,赵彦呐忌忠勇不救,彭大雅险谲诈变、殊费关防。'"

又(淳祐元年十二月)"丁丑,侍御史金渊言:彭大雅贪黩残忍,蜀人衔怨,罪重罚轻。乞更审责,诏除名,赣州居住"。

这就是罢黜彭大雅的罪名,其实是不能成立的。所谓"险谲诈变""贪黩残忍"都是一种"诛心"之论,是毫无事实根据的胡说;相反,这足以说明彭大雅是足智多谋、勇敢有为的救世良才。

从另一方面分析,吴申、金渊进谗言的意图,更能反证彭大雅是有功之臣,罪状是"莫须有"的。吴申,《宋史》无传,生平行事不详,其进对讨论蜀事弹劾的人有:郑损、桂如渊、赵彦呐和彭大雅,独不提嘉熙年间制置使陈隆之,可能吴申是陈隆之的亲信。陈隆之与彭大雅不睦,吴申似有挟嫌报复的嫌疑,故以"险谲诈变"迷离之辞加诸彭大雅,用心何其毒也。金渊为侍御史,累官端明殿大学士,后被侍御史弹劾"尸位妨贤"落职,当然不是一个好人。彭大雅遭受这些人的排挤陷害,应当是意料之中的事。

至于"取办促迫,人多怨之",或许是事实。近人张政烺引《学斋占毕》说彭大雅"催敛甚急,自机而笞,笞而杖,杖而徒并用"[12],或当有之。但南宋末年国事艰危,人心离散,上上下下因循苟且,为要治疲缓之民,挽救危亡之势,处于军务繁忙,戎马倥偬之际,不采取权宜措施,行严酷之令,将何以挽颓风而救民于水火? 此正所谓"以逸道使民,虽劳不怨"的仁政善举,应当是无可厚非之事。

历史是最公正的,彭大雅功过自有千秋论,城渝抗蒙之功终为后人所传颂。明人王逢在《梧溪集·宋制置彭大雅玛瑙酒碗歌》中赞颂彭大雅的功业:"彭公彭公古烈士,重庆孤城亦劳止。天忘西顾二十年,亩尽东南数千里。"宋末渝城保卫战,坚持斗争40年,渝城足以不朽,彭公足以不朽。

【注】[1]摘录于董其祥著《董其祥历史与考古文集》,重庆出版社2005年5月版,有修改。[2]见《通鉴》卷一百四十六胡三省注。[3]《续资治通鉴》卷三十六,又《宋史·余玠传》。[4]张政烺《宋四川安抚制置副使知重庆府彭大雅事辑》,原载《国学季刊》第6卷第4期,原文未见。此转引自陈世松《余玠传》,重庆出版社1982年版。[5]《宋史·理宗本纪》及《续资治通鉴·嘉熙四年》。[6]无名氏《宋季三朝政要》卷一。[7]《宋史·孟珙传》载:"四川制置使陈隆之与副使彭大雅不协,交章于朝。珙曰:'国事如此,合智并谋,犹惧弗克,而两司方勇于私斗,此不愧廉、蔺之风乎?'驰书责之,隆之、大雅得书大惭。"[8]见1982年重庆江北区明玉珍墓出土《玄宫之碑》。[9]万历、乾隆版《合州志》和民国时期《合川县志》都全文著录。[10]见宋濂《宋学士文集·杨氏家传》。[11]见吴泳《鹤林集·论坏蜀四证及救蜀五策札子》。[12]今本《学斋占毕》未见此条。此转引陈世松《余玠传》引用张政烺《事辑》,不知张氏所据何种版本。

守蜀名臣彭大雅事迹补证[1]

[当代]陈　晔　杨　槐

彭大雅,字子文,饶州鄱阳人,宋宁宗嘉定七年(1214)进士,宋理宗绍定五年(1232)出使蒙古,嘉熙初年出任四川制置副使兼知重庆府,有城渝退敌之功,其后因卷入党争而罢职,身后追谥"忠烈",著有史料价值极高的《黑鞑事略》一书。对于这样一个宋蒙关系史中的重要人物,《宋史》无传,学界关于他的研究主要有:张政烺《宋故四川安抚制置副使知重庆府彭忠烈公事辑》[1]5—100、徐南洲《彭大雅传略》[2]355—362、董其祥《彭大雅事绩考辨》[2]363—375。这些出色的既存研究已为我们提供了丰富的信息,但也存在一些疏漏与错误。本文拟就彭大雅出使蒙古次数、入蜀主政时间、罢黜缘由、与四川制置使陈隆之的关系冲突四个问题再加辨析,希望能厘清事实、辨误补缺,对进一步了解南宋后期的政局、人事有所裨益。

一、出使蒙古次数考

彭大雅宋理宗绍定五年使蒙古为人所熟知,因蒙古遣使商议联合灭金事宜,宋廷派邹伸之等人前往蒙古,当时正担任京湖制置使史嵩之幕僚的彭大雅以书状官随行。彭氏还宋之后便写成了著名的《黑鞑事略》,王国维曾对此书有高度评价,见其所著《黑鞑事略笺证》[3]。不过《宋季三朝政要》卷二[4]121、雍正版《江西通志》卷八八又记载:“嘉熙四年(1240),彭大雅使北。”[5]34虽然张政烺先生已指出其误,但只言“观《宋史》大雅帅蜀获罪年月自明”[4]121,未结合当时局势加以详辨,王瑞来笺证《宋季三朝政要》采纳张氏之说,亦未深考[4]121,此处枚举数证,再加分析。其一,嘉熙四年上半年,四川地区正处于蒙古军猛攻之下。该年三月,彭大雅因守蜀不利而削三秩,仍任四川制置副使兼知重庆府一职[6]819。次年(1241)底,又因侍御史金渊弹劾,彭大雅罢官,居于赣州。由此可知,嘉熙四年宋廷在川东的关注重点乃是如何加强防守应对蒙古军来犯,没有派遣彭大雅这样的地方要员出使蒙古的道理[6]12283。其二,此时宋廷与蒙古的关系已颇为紧张,即便在该年夏蒙古退兵后,南宋方面也没有遣使的可能。就在此年,蒙古使者王檝第五次使宋,却被拘禁于湖北沔阳(今仙桃市),未能抵达临安觐见宋理宗。此后,王檝“隐忧成疾”,数年而卒,至此南宋方面才遣还其灵柩[7]227。其三,从史料质量上说,《宋季三朝政要》和雍正版《江西通志》可信度不高。《宋季三朝政要》记事舛误颇多,学界早有定论[4]1—6。雍正版《江西通志》为雍正年间江西巡抚谢旻所监修,相距彭大雅生活时代已有近五百年,记载准确性更是值得怀疑。如紧跟“彭大雅使北”一句的是“淳祐三年(1243)守重庆”[5]34,系年之错乱实显而易见。其史料来源于明郭子章所撰的《豫章书》,张政烺指出《豫章书》关于晚宋资料多是抄自《宋季三朝政要》,所以该书的这段记载不足信。要之,彭大雅出使蒙古仅为绍定五年一次,必无二次使蒙之事。

二、彭大雅入蜀主政的确切时间

彭大雅因在史嵩之幕中的突出表现而被史嵩之、李鸣复联合举荐,朝廷任命他为四川安抚制置副使兼知重庆府。至于彭大雅是何年入蜀主政,史无明文。徐南洲先生认为是在嘉熙元年(1237),他指出,"杜范于嘉熙元年正月、二月两度弹劾李鸣复,皆以李鸣复'阴谋'结交史嵩之、彭大雅为辞",只有当彭大雅为一地方大员时,才能与执宰、阃帅相提并论[2]355—362。虽然杜范弹劾李鸣复"阴谋"交结的对象不是史嵩之,而是史寅午,但笔者仍赞同徐先生嘉熙元年的判断。理由有三:其一,《宋史·赵必愿传》载:"必愿应诏言:宜敕彭大雅自重庆领王青之兵东下以复夔。"[6]12411虽然赵必愿此番言论具体时间并无记载,但前文明揭"嘉熙元年"四字。"东下复夔"起因,据《昭忠录》记载"夔州路安抚卢普集兵,命李安国节制诸军,分守云安、白帝等关。十一月二十七日(嘉熙元年),蒙军忽自州后卧龙山穴至白崖,统制杨福兴战不利,普及安国遁",蒙古军因此轻而易举攻占了夔州[7]225。《宋史·史嵩之传》也提到"嘉熙元年,……奏诛张可大,窜卢普、李士达以其弃城也"[6]12425。以上三条史料可互相印证,表明彭大雅嘉熙元年已在重庆。其二,淳祐二年(1242)五月,右正言刘晋之指出:"蜀祸五六年间,历三四制臣,无地屯驻,独彭大雅城渝为蜀根本,不然蜀事去矣。"[8]2561此番话是在彭大雅刚刚罢居赣州时所说,因此彭大雅当为最近一位四川制置副使,由此逆推,彭大雅入蜀应该在嘉熙元年左右。其三,明初宋濂著《杨氏家传》载:"嘉熙初,制置使彭大雅镇渝,檄价赴援,价督万兵屯江南,通蜀声势,北兵不敢犯。"[9]536—542价为杨价,杨粲之子。综上,彭大雅入蜀时间应以嘉熙元年为准。

三、彭大雅罢黜再论

彭大雅出任四川制置副使期间最重要的事迹是修筑重庆城,此举很大程度上影响了后期的宋元战局,甚至说它延缓了南宋灭亡的时间也不为过。彭大雅修建重庆城时面临的压力很大。据说他"僚属更谏不从",表示"不把钱做钱看,无不可筑之理"[10]605，独自承担起了全部的责任。董其祥先生在《彭大雅事绩考辨》中指出：修城每天需万人出工，费时两月而成，其所需钱粮更是不计其数，因此遭人反对也在情理之中，这也成了彭大雅被罢黜的一大诱因。此论自然极有道理，不过朝臣间的人事恩怨可能更值得重视。嘉熙三年（1239），蒙古军再次大举攻川。汪世显部进攻川东，连陷万州、涪州，并于该年年底首次突破长江天险，"施、夔震动"。其军遭到孟珙部截击后，西攻重庆，在守城宋军的顽强抵抗下，未能如愿，后天气转热，撤围北归。在这次成功抵御蒙古进攻的军事行动中，嘉熙四年（1240）初才完工的重庆城在第一次防卫战中便体现出了重大价值。宋廷于当年"三月辛未，诏四川安抚制置副使彭大雅削三秩"[6]819，应该是针对蒙古军破万州、涪州而言。之后，对彭氏个人行为的攻击开始出现。曾任潼川运判的吴申于该年四月壬寅，因论蜀事为上言："郑损弃边郡不守，桂如渊启溃卒为乱，赵彦呐忌忠勇不救，彭大雅险谲变诈、殊费关防。"[6]820次年，即淳祐元年（1241）十二月，"侍御史金渊言：'彭大雅贪黩残忍，蜀人衔怨，罪重罚轻，乞更窜责。'诏除名赣州居住"[6]823。所谓"贪黩残忍"，应指彭大雅筑重庆城"劳民伤财"而言。同时杜范亦上书言："且有实状并言签书枢密院事李鸣复与史寅午、彭大雅以贿交结，曲为之地。鸣复既不恤父母之邦，亦何有陛下之社稷。"[6]12282杜范在之前任台谏官时便多次上书劝理宗罢免李鸣复，其理由基本可以归纳为两点：其一，"李鸣复甘心谄郑损得荐入朝，……又结寅午得登政府……史寅午又素与清之父子相交结"[6]12283。郑损即前任四川制置使，是个"弃边郡不守"的庸才，郑清之与权相史弥远党同，清议对此不满已久。其二，杜范指责李鸣复"妄言和战"，置朝廷的安危于不顾[6]12283。其实杜范本人在对待蒙古的问题上并没有一个具体的倾向，他一生的主要事迹也在于规劝理宗远佞近贤，肃清"奸臣"，其道德主义作风于当时危难之时局难有裨益。要之，彭大雅只是杜范用来弹劾李鸣复、郑清之的附带物，为朝臣党争之牺牲品。这种争斗的结果是李鸣复并未垮台，川东重庆一个有勇有谋、胆识过人的地方大员却被无辜罢黜。幸而接替彭大雅的新任四川制置使是守蜀名臣余玠，否则川蜀之事便在朝中士大夫的党争中无可挽回了。

四、彭大雅与四川制置使陈隆之不合缘由

彭大雅在蜀时尝与四川制置使陈隆之不协,交章于朝。名将孟珙曾批评说:"国事如此,合智并谋犹惧弗克,而两司方勇于私斗,岂不愧廉、蔺之风乎?" [6]12377关于此二人因何不合,史料上均无明确记载。董其祥先生在《彭大雅事绩考辨》中仅据上引文字,便认定他们之间的不合是在"城成都"和"城重庆"问题上,下语略显轻率。细按史籍,二人不合缘由并非无迹可寻。蜀人吴泳在《论坏蜀四证及救蜀五策札子》中说:"金、洋、夔、峡之屯亦不必创添,譬如盗从前门入,而欲牢闭后户,非所以保蜀也。" [11]192虽然此札并非陈隆之所上,但其后来行动实际为此策的执行者。陈隆之在任四川制置使之前,多年在蜀为官,曾任兴元府安抚、利州路转运判官,对守蜀有自己的一套意见,这便是应将重点放在蜀口,这样既可以保蜀,又可以防止蒙古"斡腹"包抄。据李鸣复所言,陈隆之曾"具申朝廷,谓敌人欲由大渡河攻破大理等国斡腹入寇",希望朝廷能够实施堵截,而不要把防守的重点一味地放在川东[12]467。可以说,陈隆之与吴泳持有相同的战略观点。在朝廷任命其担任知沔州兼利州路提刑兼提举的诏书中说:"沔当要冲,积吾百年之经营,空于一旦之蹂躏。孰宽忧顾,宜得伟材",沔州治理得好,"进可以瞰秦陇,退可以蔽梁益"[13]238。显然,朝廷之所以让陈隆之经略四川,与其战略观点获得朝廷及吴泳等一部分士大夫支持有关,他必须对此战略的实践负责。因此,当彭大雅治重庆时,由于资金、兵员的不足,两人在分配上便产生矛盾,同时政务上又相互掣肘。所以他们之间不合,不能仅仅说成是"城成都"和"城重庆",而是整个四川防守战略、战术上的冲突。后来事实证明陈隆之是错误的,成都城在此前遭受蒙古军攻击后已经十分残破,加之平原作战恰为蒙古骑兵优势所在,故而陈隆之"因成都城故基增筑,识者逆知其难守"。时仓部郎官李铢问其方略,陈隆之"但云誓与城存亡而已"[8]2561。淳祐元年(1241)蒙古军攻打成都,陈隆之被裨将田世显出卖,被俘杀,可足见其忠勇有余而智谋不足。

参考文献

[1]张政烺.宋故四川制置副使知重庆府彭忠烈公事辑[J].国学季刊,1946.

[2]刘道平.钓鱼城与南宋后期历史[M].重庆:重庆出版社,1991.

[3]王国维.王国维遗书:第13册[M].上海:上海古籍书店,1983.

[4]佚名.宋季三朝政要[M].王瑞来,笺证.北京:中华书局,2010.

[5]江西通志[M].雍正版.影印文渊阁四库全书本.台北:台湾商务印书馆.

[6]脱脱.宋史[M].北京:中华书局,1977.

[7]杨士奇.还山遗稿[M].影印文渊阁四库全书本.台北:台湾商务印书馆.

[8]佚名.《宋史》全文[M].台北:台湾文海出版社,1969.

[9]宋濂.文宪集[M].影印文渊阁四库全书本.台北:台湾商务印书馆.

[10]陶宗仪.说郛[M].影印文渊阁四库全书本.台北:台湾商务印书馆.

[11]吴泳.鹤林集[M].影印文渊阁四库全书本.台北:台湾商务印书馆.

[12]杨士奇.历代名臣奏议[M].影印文渊阁四库全书本.台北:台湾商务印书馆.

[13]洪咨夔.平斋集[M].影印文渊阁四库全书本.台北:台湾商务印书馆.

【注】[1]摘录于《兰台世界》2012年12月,有修改。陈晔,历史学博士,重庆大学人文社科高等研究院讲师;杨槐,历史学硕士,成都八中教师。

王登朝修桥逸事

王登朝,原籍安徽,祖居丽阳镇。自幼家境清贫,母子二人难以温饱。王登朝十五六岁时,在丽阳义茂仁南货店学徒,三年师满,回家小本经营豆干制品维持生活。经过40多年的商海打拼,家况渐好,店号"王培元"。

1.修建种德桥　种德桥位于丽阳镇丽阳村口,是丽阳前往鱼山和景德镇的必经之路。原仅有木板桥1座,事故频发,人畜受害。1935年,王登朝请当地知名匠人胡鞋喜设计,建起石板桥1座。此桥为三拱石桥,桥面由5根竖状长条石拼接而成,桥长约15米,桥高约3米,桥宽1.5米,工期近1年,取名种德桥,共花费银圆 2000 块左右。此桥后由政府出资重建,由丽阳知名匠人李伯和主持修建,即现三拱石拱桥,桥面由 5 根竖状长条石和 2 根横状短条石拼接而成,桥长约 28 米,桥高约 6 米,桥宽 4.2 米。

2. 修建汪家桥 汪家桥位于丽阳镇丰田村茅畈上前往邻县上饶市鄱阳县金盘岭镇方向的路上,既是当地农民耕种来往的要道,又是通往金盘岭的要冲。原来,此桥修建简单,总被洪水冲垮,历年失修,无人过问。1937 年,王登朝在修建种德桥后的第二年,便请当地知名匠人李伯和设计制造,将此桥改建成石桥。此桥为三拱石桥,桥面由 5 根长条石竖状拼接而成,桥长约 10 米,桥高约 3 米,宽 1.5 米,共花费银圆约 1000 块。

3. 修建刘家坑桥 刘家坑桥,位于鲇鱼山镇关山村口的小溪上。该地上半年因洪水猛涨无法过河,下半年也要涉水而渡,给当地农民耕种与附近村庄的交通带来不便。1938 年,王登朝请名建筑师在此修建石桥。此桥为三拱石桥,桥面由 3 根长条石竖状拼接而成,桥长约 9 米,桥高 1.5 米,桥宽 1 米,共花费银圆 1000 多块。

4. 修建凰岗桥 1940 年的一天,王登朝因经商从鄱阳归来,途经凰岗东坡渡附近,一条小河阻断了交通,当地群众都是摆渡过往,既不方便,又不安全。他目睹此景之后,对当地群众说:"我出钱,你们出工,造一座石桥,行吗?"当地群众立即响应。于是,王登朝返回丽阳后便着手筹建。不久,他便购齐了全部石料,并雇人运送到工地,运送工人的工资也由他全部支付,共花费银圆 700 多块。

5. 修建周坞桥 周坞桥是丽阳村、余家村前往三门村和小南坞村的必经之路,也是当地群众生产、生活往来的必经之处。这里原有 1 座单拱石拱桥,抗战中遭到破坏。1947 年,王登朝花费银圆近 100 块将此桥重新修复。

6. 修复丽阳街 修建汪家桥时,全部桥石都是经丽阳街运往工地,当时虽然设计安装了"地车"(用若干圆木承受重物,然后以力牵引,是运输大件重物省工、省力的一种工具),但终因石料过重,经丽阳街时,将街上部分麻条石压断。王登朝深感内疚,当即采购大号麻条石,将丽阳街道修复一新,共花费银圆 800

多块。

从 1935 年至 1947 年的 12 年间，王登朝共修建石桥 5 座、街道 1 条，花费银圆 5600 多块。他一生修桥补路的善事义举，被传为佳话。

寺 山 传 说

寺山，位于丽阳镇"三水"（昌江、汪源垄溪水、山田垄溪水）交汇之处。此地为昌江扼守之天险，因山上原有法云寺，香火旺盛，故名寺山。山势临江，悬崖峭壁，怪石嶙峋，惊涛拍岸，訇然有声。

传说在元末约 1350 年间，陈友谅派一支人马扼守在寺山天险，在寺山山顶筑起炮台，准备将顺昌江而下的朱元璋一举消灭在寺山脚下。朱元璋得知探马消息后大惊失色，愁眉不展。晚上，朱元璋设香坛仰天朝拜，暗自祷告："天啊，你若无灭我之心，请另开一条水路让我军逃过这一劫难，他年朱某若有福登基，必将厚爱黎民，拯救苍生……"也许是朱元璋的真情感动了上天，当晚乌云密布，大雨滂沱，几天几夜不息，导致山洪暴发，在昌江上游新桥至关山处冲开了一条小河，水势湍急，这就是当地民间广为流传的"水打四季港"的故事。朱元璋的船队避开寺山，经"四季港"从寺山下游的关山顺昌江而下到鄱阳湖去了。陈友谅闻讯，仰天长叹："天不灭朱，其奈我何。"

此后，朱元璋、陈友谅在鄱阳湖上多次交锋，留下了"朱元璋、陈友谅大战鄱阳湖十八年"的动人故事。

参 考 文 献

[1]彭大雅,徐霆.黑鞑事略[M].中华再造善本.北京:国家图书馆出版社,2009.

[2]毕沅.续资治通鉴[M].长沙:岳麓书社,1996.

[3]王国维.黑鞑事略笺证[M].北京:文殿阁书庄,1936.

[4]董其祥.董其祥历史与考古文集[M].重庆:重庆出版社,2005.

[5]陶福履,胡思敬.豫章丛书:集部十一[M].江西省高校古籍整理领导小组,整理.南昌:江西教育出版社,2007.

[6]张政烺.文史丛考[M].北京:中华书局,2012.

[7]许全胜.黑鞑事略校注[M].兰州:兰州大学出版社,2014.

[8]池开智.合川·钓鱼城:一座震撼古今的城塞[M].重庆:重庆出版社,2016.

[9]江西省委党史研究室,景德镇市委党史工作办公室.回望峥嵘读初心:发生在景德镇红土地上的经典革命故事[M].南昌:江西教育出版社,2018.

[10]江西省方志敏研究会.方志敏年谱(1899—1935)[M].北京:中央文献出版社,2009.

[11]景德镇陶瓷史料编委会.景德镇陶瓷史料(1949—2019)[M].南昌:江西人民出版社,2019.

[12]景德镇市昌江区地方志编纂委员会.昌江区志[M].西安:三秦出版社,2008.

[13]景德镇市昌江区政协文史委.鄱风饶韵话昌江[M].南昌:江西高校出版社,2014.

附　　录

一、丽阳籍历代人物表

朝代	姓名	字号	乡籍	主要职务、著作及家庭出身
唐	彭玙		丽阳	进士,肃州刺史、饶州刺史。生于唐武宗会昌四年(844)
北宋	彭汝砺	器资	丽阳	英宗治平二年(1065)状元,吏部尚书、大学士,著有《易义》《诗义》《鄱阳集》,《宋史》有传记。胞兄弟彭汝发、彭汝霖、彭汝方
北宋	彭汝霖	岩老	丽阳	神宗熙宁年间进士,殿中侍御史、侍御史、泰州知州
北宋	彭汝方		丽阳	进士,临城主簿、衢州知州
北宋	彭汝执		丽阳	进士,江东节度使。生于仁宗庆历八年(1048),彭汝砺同族兄弟
北宋	黎万甫	元弼	丽阳村	哲宗元符三年(1100)进士,户部尚书
北宋	黎琬	器之	丽阳村	徽宗政和五年(1115)进士,河南节度使
南宋	彭括		丽阳	高宗建炎四年(1130)进士,常德府通判。子彭大雅、彭中雅、彭正雅
南宋	彭大雅	子文	丽阳	理宗嘉定七年(1214)进士,四川制置副使兼管剑门关事、重庆太守,著有《黑鞑事略》《葬书》。子彭志孙、彭应孙,孙彭克绍
南宋	彭志孙		丽阳	兵部郎中兼枢密院使
南宋	彭应孙		丽阳	司农寺丞、惠州路同知

续表

朝代	姓名	字号	乡籍	主要职务、著作及家庭出身
南宋	黎兴	思文	丽阳村	高宗建炎二年(1128)进士,黄州(今湖北黄冈市)刺史
南宋	黎泰		丽阳村	宁宗嘉定七年(1214)进士,金紫光禄大夫
南宋	黎安朝		丽阳村	宁宗嘉定十三年(1220)进士,大理寺少卿、袁州(今江西宜春)知府,重刊晁公武撰《郡斋读书志》
南宋	黎景		丽阳村	理宗宝祐四年(1256)进士,春官郎中
南宋	黎元秀	叔文	丽阳村	理宗开庆元年(1259)进士,丽水县尹。黎安诗同族兄弟
南宋	黎会卿		丽阳村	理宗景定三年(1262)进士,临安(今浙江杭州)府录事参军。黎元秀四弟
南宋	黎滂		丽阳村	迪功郎。子黎安诗、黎天定,曾孙黎希夷
南宋	黎天定		丽阳	乡贡进士
南宋	黎希夷	秩卿	丽阳村	度宗咸淳元年(1265)进士,监广州盐场事、承直郎
南宋	黎廷瑞	祥仲	丽阳村	度宗咸淳七年(1271)进士,肇庆府司法参军,著有《芳洲集》《芳洲诗余》
南宋	黎安诗	癸叔	丽阳	房州(今湖北房县)通判
南宋	黎节		丽阳	庐州舒城县主簿
明	余祐	子积	丽阳	弘治十二年(1499)进士,南京刑部员外郎、山东副使、云南布政使、吏部侍郎,著有《性书》《敬斋集》《游艺至论》,《明史》有传记
明	刘莘	志尹	童子坞村	永乐十六年(1418)进士,福建参议、山东布政使,著有《恩荣集》《获轩稿》

续表

朝代	姓名	字号	乡籍	主要职务、著作及家庭出身
明	史桂芳	景实	古田村	嘉靖三十二年（1553）进士，南京刑部郎中、延平知府、汝宁知府、两浙转运使，著有《英风纪异》《惺堂文集》
明	史稽古	心尧	古田村	拔贡、上虞县丞。史桂芳孙
明	史乘古	尔力	古田村	拔贡、蓟镇同知，著有《仅存集》。史桂芳孙
明末清初	史简	文令	古田村	崇祯十二年（1639）举人，著有《鄱阳五家集》《书经旨要》《越芝堂日记》。胞弟史白
明末清初	史白	坚又	古田村	隐居读书，著有《复堂杂说》。子史既济，孙史珥
明末清初	史彪古	焕章	古田村	顺治九年（1652）进士，户科掌印给事中，著有《耿庵文集》《善恶明征》
明	史秉彝		古田村	太医院太医
清	黎延瑜		丽阳村	钦赐举人
清	史珥	师戬	古田村	乾隆十九年（1754）进士，吏部验封司主事，著有《胡忠烈遗事》《四史勦说》
清	史斑		古田村	进士，广西兴业县知县，著《橘南诗稿》
清	史大壮		古田村	潜心教学，著有《弧矢算法》《大礼图说》《嫌剑吟诗稿》
清	史虞		古田村	著有《日省录》《长啸斋诗文集》
民国	史世珍	聘珊	古田村	留学美国，中央陆军军官学校（黄埔军校）外语主任教官、复旦大学教授

二、丽阳籍革命烈士英名录

姓名	出生年份	乡籍	身份	牺牲时间及地点
沈可代	1883	丽阳	先锋队副分队长	1931 年在鄱阳县鄱阳镇牺牲
史广荣	1891	丽阳	赤卫队长	1931 年在鄱阳县牺牲
江长青	1892	丽阳	贵溪县（今贵溪市）自卫团负责人	1927 年在南昌牺牲
黎亦喜	1898	丽阳村	红军班长	1930 年在鄱阳县古县渡被国民党反动派杀害
方苟头	1899	丽阳	红军分队长	1930 年 9 月在鄱阳县金盘岭被国民党反动派杀害
张节厚	1902	丽阳	先锋队队员	1929 年在鲇鱼山被国民党反动派杀害
袁金明	1906	丽阳	红军战士	1929 年在鲇鱼山作战牺牲
黎云兰	1906	丽阳村	红军战士	1930 年在鄱阳县古县渡被国民党反动派杀害
黎驼子	1910	丽阳村	红军战士	1930 年在鄱阳县古县渡被国民党反动派杀害
王登竹	1960	丽阳	红军队长	1930 年在南昌牺牲
王旭	1979	山田村	武警水电第十四支队五中队一级士官	2001 年 6 月在西藏执行抗洪抢险任务时牺牲

后　记

说起景德镇市昌江区丽阳镇，人们常将它与千年古镇联系起来。然而，丽阳古镇的历史文化却鲜为人知，文物遗存更为少见，历史文献更是少之又少，以至于"新丽阳人"和曾到过丽阳镇的人，对其古色文化一脸茫然，徒留遗憾。因此，深入挖掘丽阳历史文化，讲好丽阳古镇故事，在注重优秀传统文化传承创新发展的今天显得尤为迫切。

2020年，丽阳镇着手对镇域历史文化进行收集整理，并形成了初稿。2022年2月，昌江区委党史地志办公室接手推进后续编纂工作。近三年来，我们一次次深入、细致地对与丽阳镇相关史志、碑铭、谱牒等文献资料进行收集、查考、实地探访，全面、系统地对丽阳镇近现代经济社会发展的一项项成就进行梳理，七度增删，终成其稿。由此，丽阳镇的辉煌历史原貌逐渐被复原，丽阳镇的当代发展新貌也跃然纸上。

在本书成书过程中，我们深切地感受到，在景德镇市肩负"国家陶瓷文化传承创新试验区"这一神圣使命而感恩奋进的今天，得天时、地利、人和之势的昌江区丽阳镇正乘风腾飞，令人欢欣鼓舞！我们热切希望，本书的编纂出版能够助昌江区高质量发展和主动融入国家陶瓷文化传承创新试验区建设一臂之力。

本书的编纂出版，得到了昌江区四套班子领导的高度重视和关心关注，也得到了相关单位和个人的热心帮助。景德镇市党史和地方志工作办公室对本书编纂出版提出了工作要求，丽阳镇各村（社区）、各办站所及李志勇、谭新成、王亮、安卫星等对本书编纂出版给予了大力支持，李景春、王国保、白光华、余昭彦等专家学者给予了具体指导，董国助、江高章提供了部分史料，戴四维、洪亦昕、赵献国（航拍）提供了部分图片，余小丽、黄红玉、吴丽芳参与了校对。在此,一并致以诚挚的谢意。

由于所涉年代跨度大、资料收集难度大,加之编者水平有限,本书难免有疏漏和不妥之处,敬请广大读者不吝赐教!

编纂委员会

2023 年 3 月